U0593752

刑事模拟法律诊所实验教程

主　　编　张　静　周黎笋

参编人员　彭　夫　陈赤峰　李艳芳

　　　　　田　淼　罗亚东　刘　宇

厦门大学出版社
XIAMEN UNIVERSITY PRESS
国家一级出版社
全国百佳图书出版单位

图书在版编目（CIP）数据

刑事模拟法律诊所实验教程 / 张静，周黎笋主编. -- 厦门：厦门大学出版社，2024.11
ISBN 978-7-5615-8880-2

Ⅰ. ①刑… Ⅱ. ①张… ②周… Ⅲ. ①刑事诉讼-审判-中国-教材 Ⅳ. ①D925.218.4

中国版本图书馆CIP数据核字(2022)第223322号

责任编辑 李 宁 郑晓曦
美术编辑 李嘉彬
技术编辑 许克华

出版发行 厦门大学出版社
社 址 厦门市软件园二期望海路 39 号
邮政编码 361008
总 机 0592-2181111 0592-2181406(传真)
营销中心 0592-2184458 0592-2181365
网 址 http://www.xmupress.com
邮 箱 xmup@xmupress.com
印 刷 厦门市金凯龙包装科技有限公司

开本 787 mm×1 092 mm 1/16
印张 16.25
插页 2
字数 340 千字
版次 2024 年 11 月第 1 版
印次 2024 年 11 月第 1 次印刷
定价 88.00 元

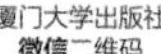

前言

“刑事法律诊所”是法学专业实践教学的重要组成部分，由于主题的特殊性，刑事诊所的开设和运行有一定的难度，基于此，笔者萌生了将刑事模拟诊所教学的相关资料及个人意见编撰成册的想法。在编撰本教程的过程中，引起笔者反复思考的问题是：如何呈现给学习者一个能接触复杂刑事司法体系的平台，以及让学习者感受这个体系带给当事人的影响。如何帮助学习者构建个案过程式、开放的、悬而未决的空间，由此连结认识主体与外在案例情境，激发学习者主动构建刑事法律实践知识体系的能力。由此，本教程的编撰采用了一种纯粹“自下而上”的问题研究路径，所选案例均来自参编作者工作实务，呈现方式以最大化“搬运”而非形式上“贴近”实务案例为原则。同时，为进一步延展学习者的思考空间，将实训案例结论性意见及观点设为附录，与主体部分分离，单独制作生成二维码。这样的编撰方式，或许无法完全满足体系的自足，但希冀借助这一研究路径开拓发现实际问题的新通路。

本教程除绪论外，共分八章，总分结构。第一章为入门篇，介绍辩护人代理一审刑事案件一般工作流程和技巧；后七章按刑法分则体例编排，以“刑事司法实务全流程模拟教学”展开刑事诉讼案例训练，包括刑事第一审、第二审、审判监督程序案件，其中刑事第一审程序除重点实训公诉案件普通程序外，另选取一例认罪认罚案件适用简易程序展开实训。每个案例中，除当事人基本情况、案发地点、法院、检察院、律师事务所名称、案号等做技术处理外，其他基本保持原貌。

本教程参编人员既有从事诊所教学的教师，又有刑事法官、专职律师，不同背景人员的参与，为更好地评价和展示刑事模式诊所教学实效发挥作用。具体的写作分工如下（以撰写章节先后为序）：

张静：法学博士，硕士研究生导师，湖北经济学院讲师（原湖北省武汉市中级人民法院审判员），硕士研究生导师，撰写绪论、第六章。

彭夫：法学博士，硕士研究生导师，北京天达共和（武汉）律师事务所高级合伙人，撰写第一章。

陈赤峰：湖北省随州市中级人民法院刑一庭副庭长，四级高级法官，撰写第二章。

李艳芳：法学硕士，湖北省高级人民法院三级高级法官，撰写第三章。

田淼：法学博士，硕士研究生导师，湖北省法官进修学院二级调研员，撰写第四章。

罗亚东：湖北省孝感市中级人民法院少年审判庭庭长，四级高级法官，撰写第五章。

刘宇：法学硕士，湖北省高级人民法院法官管理处副处长，三级高级法官，撰写第七章。

周黎笋：法学硕士，湖北省天门市人民法院党组书记、院长，三级高级法官，撰写第八章。

在写作过程中，参编者引用和参考了国内外学者的研究成果、观点和数据资料，并在脚注中作了说明，如有遗漏、曲解或错误，敬请学界前辈和同行专家指出并谅解。

张　静

2024 年 8 月

教程使用说明

本教程的案例全部来自于参编作者亲自审理或代理的刑事案件，具有典型性、活态性、时代感和一定程度的疑难性。在借鉴章武生教授及其团队"个案全过程教学法"基础上，教程以个案为指引，每章一个真实案例，以法的运行过程为场域构建章节。整体教学方案的设计，教师可以分阶段将相关材料布置给学生，以角色扮演为前提，学生可以根据这些材料审查判断证据、构造案件事实、法律检索、研究案件诉讼策略、撰写法律文书，开展模拟法庭实训、展开涉案件焦点问题小组讨论，也可以在教师指导下进行刑事鉴定式案例分析教学。同时，案例素材将影响案件事实认定和法律定性的"题眼"隐藏在大量碎片化的证据材料中，使得学生首先从证据入手、着手事实本身，进而优化通过对证据的审查、判断，构筑事实、识别焦点问题的训练路径，由此实现证据的审查判断、事实认定这一法律技能与法律适用同步的实训目的。在整个证据构成的案件图景中，以角色体验为前提，学生可以选择体验律师的处境及诉讼策略，也可以像检察官、法官那样思考；抑或在对比中预测法官的行为，从而以更为开阔的视野面临实践中的问题情境。由此通过实训，学生获得在法律运行具体情形下解决具体问题的技术，实现培养法律实践技能这一目标。

教程除第一章外，每章分为五部分：(1)选择本案的理由；(2)本案的训练方法；(3)本案需要展示的法律文书和证据；(4)相关法律及规范性文件；(5)裁判及审理思路。各部分作用分述如下：

第一部分"选择本案的理由"。以教学目标为导向，该部分主要说明选取案例的原因及目的。甄选的案例，除考虑案件难易程度这一一般要求外，还应立足于刑事法律职业技能的培养，通过一个案例映射多个知识点，并针对某一焦点问题深入探讨。以第五章"被告人冠艺、冠一铭、冠璐非法狩猎案二审"说明，非法狩猎罪为行政犯，契合当下备受关注的涉野生动物犯罪问题；本案适用一审简易程序，被告人认罪认罚、签署具结书，一审法院未予采纳检察机关的量刑建议，由此引发检察机关抗诉、被告人上诉，围绕个案量刑的实质合理性，法检两家展开博弈，故本案的选取具有时代、新颖和典型性。同

时，刑罚裁量部分，本案涉及非监禁刑、社区矫正及具体执行方法的适用；法律文书除刑事判决书、刑事裁定书外，还涉及认罪认罚具结书、适用简易程序建议书、量刑建议书、调整量刑建议函、不予调整量刑决定书、委托审前社会调查函、社会调查评估意见书等，学生不仅“亲历”诉讼进程，也直观感受了认罪认罚从宽制度，同时增强各类法律文书的写作能力。

第二部分“本案的训练方法”。在明确教学目标基础上，说明教学框架的搭建及具体安排，便于任课教师组织教学。以第六章“被告人刘东运输毒品案一审”说明，该案一方面公安机关在被告人车内查证的毒品数量远超实际掌握的死刑数量标准，另一方面，事实查明及被告人的主观罪过存在诉讼证明困难。该案实训可以设置 6 课时 3 阶段。阶段一，展开公诉案件一审普通程序模拟法庭实训，根据庭审引导学生归纳本案焦点问题。阶段二，以法官为视角，围绕被告人运输毒品主观故意的证明、罪与非罪的认定、潜在证据的补查补正等专题展开讨论。阶段三，以辩护人为视角，针对以下问题组织讨论：(1)本案中的无罪辩护是成功的吗？(2)诉讼过程中，辩护人如何正确预测法官的行为，在罪轻辩护和无罪辩护之间选取最佳的辩护策略？除此之外，还可以选取毒品犯罪的死刑适用、证据的审查判断、法律文书写作、鉴定式案例分析、法律检索等展开教学。需要说明的是，本教程的教学内容是法律运行具体情境下解决具体问题的能力，学生法律思维的培养也直接来自于问题导向下个案式的体验式学习，故教材既定的训练方法仅具有建议、启发性，授课教师可以根据其教学目标设置具体的问题情境及教学方法。

第三部分“本案需要展示的法律文书和证据”。叶圣陶先生认为写作的源头在于“获得完美的原料，”[①]该部分作为学生法律职业技能实训的基础性材料，以已审结的一个完整刑事案例为范本，按照诉讼流程依次展示。其中证据材料占据主体篇幅，其次为控、辩、审三方相关法律文书及庭审材料。反映全过程、全貌的原审卷宗材料及旁枝细节尽量不做过多剪裁、如实展示，由此避免基本事实及焦点问题经提炼过于固化的缺陷。以第二章“被告人杨磊、程菲以危险方法危害公共安全案一审”说明，按照一审普通程序，训练素材依次展示为：起诉书、公诉机关移送的证据材料、附带民事诉讼原告人提交的刑事附带民事诉状及证据材料、被告人提交的证据材料、庭审笔录、公诉意见书、辩护词。当然，随着刑事诉讼案件进程推进，刑事二审、再审案件训练材料也将更为丰富和复杂。

第四部分“相关法律及规范性文件”。一定意义上，司法的过程是寻求规范和事实的对应关系，而具体个案的适用，需要从数量惊人的条文中寻找应该适用的规则，法律方法论语境下称之为法律发现。这些规则，不仅包括基本法及其司法解释，还包括行政法规、地方性法规、部门规章及地方政法规章等。以第一章“被告人张义博掩饰、隐瞒犯罪

① 叶圣陶：《怎样写作》，中华书局 2007 年版，第 2 页。

所得案一审”说明，该案涉及的规范性文件除《刑法》《刑事诉讼法》外，包括但不限于：《最高人民法院关于修改〈关于审理掩饰、隐瞒犯罪所得、犯罪所得收益刑事案件适用法律若干问题的解释〉的决定》、最高人民法院、最高人民检察院《关于常见犯罪的量刑指导意见(试行)》、湖北省高级人民法院《关于〈常见犯罪的量刑指导意见(试行)〉实施细则》《被盗财物价格认定规则》《钟表价格认定规则》。这一找法的过程属于法律检索的训练范畴，一方面以具体个案为背景，通过学生检索需求情境的创设，该部分可以作为刑法案例教学中“嵌入式法律检索”训练的一环；同时，也为学生提供了个案司法三段论推理中，作为大前提的法律规范的参考性意见。

第五部分“裁判及观点”。判决是诉讼程序的终点，是对诉讼发起人和参与者的回应，该部分主要展示裁判案件的终局性意见及思路。为辅助学习者构建过程式、开放、悬而未决的诉讼空间，如前文所述，该部分与主体章节分离，单独制作生成二维码附于每章“本案的训练材料目录”后。以第三章“申诉人李铭、申诉单位天洁公司逃避缴纳税款案再审”说明，该案入选最高人民法院指导性案例(第 1511 号)，承办法官作为编撰作者，将其判决说理的论证思路及架构在该部分展示。作为疑难案件，部分观点虽存在探讨空间，亦为学生实训展开提供了参考范本。

目　录

绪　论

走进刑事模拟法律诊所

——刑事模拟法律诊所实验教学的理论探索和实践创新

2023 年 2 月 26 日，中共中央办公厅、国务院办公厅印发《关于加强新时代法学教育和法学理论研究的意见》（以下简称《意见》），设定了新时代法学教育和法律理论研究的宏伟目标和施工路线。《意见》指出，“改革完善法学院校体系，法治工作部门要加大对法学院校支持力度，积极提供优质实践教学资源，做好法律职业和法学教育之间的有机衔接。更新完善法学专业课程体系，一体推进法学专业理论教学课程和实践教学课程建设。强化法学实践教学，深化协同育人，推动法学院校与法治工作部门在人才培养方案制定、课程建设、教程建设、学生实习实训等环节深度衔接”[①]。《意见》直面新时代法学教育和法学理论研究的挑战，是“创新法治人才培养模式和法学理论研究范式的号角”[②]，也是回应实践短板的现实需要。刑事模拟法律诊所教学作为诊所实践教学的重要分支，以习近平法治思想为引领，以《意见》精神作为根本遵循，在介绍域外法律诊所产生与移植这一背景知识后，立足本土化的人才培养机制及我国司法实践，在微观层面通过“个案全过程教学法”展开刑事模拟法律诊所实践教学，以期创造出适合中国国情的实践教育模式，以法律职业精神与中国法治实践成就促进法学学科发展。

一、诊所法律教育的内涵及背景

明确诊所法律教育（clinical legal education）的含义是理解刑事模拟法律诊所实验教学的前提。根据弗兰克·S.布洛克的观点，所谓诊所法律教育，就是在教师的指导和监督下，通过学生积极地参与法律程序的不同方面来教学。[③] 它经常被简洁地描述为

① 参见中共中央办公厅、国务院办公厅印发《关于加强新时代法学教育和法学理论研究的意见》，https://www.gov.cn/gongbao/content/2023/content_5745286.htm，最后访问时间：2024 年 7 月 28 日。

② 刘坤轮：《中国法学教育与研究之新蓝图——详解两办〈关于加强新时代法学教育和法学理论研究的意见〉》，载《北京理工大学学报》2023 年第 5 期。

③ 章武生：《模拟法律诊所实验教程》，法律出版社 2013 年版，绪论第 3 页。

"通过实践学习"。实施诊所法律教育的机构称为法律诊所。

诊所法律教育起源于美国,美国最早的法律教育模式是"学徒式"。18世纪末以前,美国的法学教育尚未形成标准化、系统化的科学体系,其教育模式是放在律师事务所进行,学生作为助理跟着一名有经验的执业律师学习,主要包括阅读文献、分析研究案例、复印资料、观察有经验的律师办案等。[①] 18世纪末,"学徒式"教育逐步被法学院教育取代,以"案例教学法"为代表的一系列教学方法随之出现。"案例教学法"由兰德尔于1870年至1895年担任哈佛大学法学院院长时推行,兰德尔主张法律是一门科学而非技艺的传承,学习的重点是法律研究而不是一味强调法律技能培养,学习方式为案例研读。"案例教学法"要求学生从司法审判中解读法学知识,通过案例进行推理,从特殊演绎出一般原理。这种教学法突破了传统教学法将法律与现实抽离,机械理论灌输的弊端。

诊所法学教育的出现建立在批判传统教学乃至"案例教学法"的基础之上。"案例教学法"侧重法律分析,忽略了大量细节和程序问题,同时"案例教学法"存在着"法律中心主义"倾向,忽略了法律规则与法律实践的巨大差距。19世纪20年代,法律现实主义运动在美国兴起,现实主义法学代表人物弗兰克指出,课堂上的案例教学和大量初审法院处理的实务案件相去甚远,法学教育应更多地发现法律规则的不确定性和事实的不确定性,将实务案件中的非法律因素纳入学习的范畴。1920年至1940年,弗兰克等人开创了诊所法学教育的方法论,主张法学教育应当学习医学诊所教育模式,让学生在诊所接触实际案例的过程中构建法学知识体系,由此提倡一种室内诊所[②](in-house clinic),作为健全的法学教育的组成部分,法律诊所也在这一时期逐渐开始成为一种正式的法律教育内容。1930年耶鲁大学法学院首创"法律诊所",为纪念弗兰克为法律诊所教育所作的贡献,耶鲁大学法学院的所有法律诊所统一冠名为"杰罗姆.弗兰克法律服务机构"(Jerome N. Frank Legal Services Organization)。

真正推动法律诊所在全美的建立是20世纪60年代,美国民权运动高涨[③],加之整个西方世界掀起的"接近正义"浪潮,促使律师和法学院学生重视法律规则在实践中的运用,尤其是在履行宪法和正当程序中的作用。在这样的时代背景下,美国律师界和法学院校开始更多地思考法学教育除提供法律知识外,还应当在承担社会责任、培养学生有意识地参与社会服务等方面起积极作用。在福特基金会的支持下,诊所法律教育在全美高校引入并推广,成为美国法学院的特色教学模式。目前,美国90%的法学院采用

---

① 李傲:《互动教学——诊所式法律教育》,法律出版社2004年版,第3页。

② 这种室内诊所是相对于校外实习(externships)而言的,在室内诊所的法学院学生就像医院的实习生,在专职教师的监督下独立处理案件,全面负责在整个司法程序中代理客户,具体包括会见、咨询、谈判、事实调查、起草法律文书、出庭代理等。

③ 胡铭:《司法竞技、法律诊所与现实主义法学教育》,载《法律科学》2011年第3期。

诊所教育模式。诊所法律教育为处于不利地位的一方委托人提供法律帮助，在培养学生的法律职业技能、职业道德的同时，也在实现“法律面前，人人平等”的法治目标。以耶鲁大学法学院的法律诊所为例，截至 2017 年，耶鲁法学院共开设了 29 个不同主题的诊所，包括移民诊所、律师伦理诊所、最高法院诊所、环保诊所、社区发展诊所、家暴诊所、死刑诊所等。

美国的法律诊所教育形成经过长时间的发展，形成了“内置式诊所”“外置式诊所”“模拟诊所”三种模式①。第一种“内置式诊所”，是指学生在指导老师的具体指导下，为当事人直接提供案件代理服务。第二种“外置式诊所”，是指学生被安排在法学院之外的一定机构中，在非教师的法律从业人员（主要指律师）的指导下从事法律服务工作。第三种“模拟诊所”，是指由教师带领学生进行法律实务技能模拟训练，学生在模拟的环境中学习律师工作程序，提高律师职业技能和职业素养。如果说第一种、第二种诊所模式是法律援助的力量和资源的组成部分，那么模拟法律诊所更像法学教育的具体课程，其以真实案例为素材，采用法律诊所的教育方法而，但不从事法律援助的具体活动。②例如，纽约大学法学院（NYU）强调基于模拟方式的法律诊所教学，法学院本科一年级学生需选修律师工作基本技能课程，该课程要求学生参加一系列角色扮演和模拟训练，培养学生基本的法律协作和口头辩护技能；二年级开设以模拟训练方式讲授的辩护课程；完成上述基本技能课程后，学生进入第三学年，将有机会接触真实案件代理。

二、单独开设刑事模拟法律诊所实验课程的必要性

从目前看，刑事法律诊所虽然在部分高校引入，但长期以来，我国法学教育尤其是刑事法学教育的现状仍然是以理论教学为主，案例分析角度单一，刑事法律诊所特别是刑事模拟法律诊所很少被作为一门独立课程开设，甚至完全没有进入教学环节。有必要将刑事模拟法律诊所作为独立的课程开设，理由如下：

（一）进一步加强实践教学是我国法学人才培养的客观要求

纵观两大法系的法学人才培养，无不注重法律职业技能教育。在英美法系的美国，根据其本国的法律制度和法官遴选体制，检察官属于公职律师，法官从律师中产生，因此其法学教育在本质上是以培养律师为目标的职业教育。法学院“集中力量进行律师的技能培训，学生一毕业就可以进行法律实务的实际操作……法学教育的任务在于为

① 也有研究者将美国法律诊所归纳为四种模式，如李傲在《互动教学法——诊所式法律教育》中将法律诊所归纳为虚拟法律诊所、真实当事人法律诊所、校外实习法律诊所以及街道法律诊所。

② 陈建民：《从法学教育的目标审视诊所法律教育的地位和作用》，载《环球法律评论》2005 年第3 期。

学生提供分析和解决法律实务方面的各种技能"[①]。在大陆法系的德国,法学教育的培养以法官为职业导向[②],并分为两个阶段——理论学习和实务训练。第一阶段的理论学习由法科学生在大学期间进行,在这期间,除理论学习外,精准的问题把握能力和法律思维的培养同样重要,代表性案例教学模式为"实例研习"。第二阶段的实务训练采取"分步走"的培养模式,根据德国司法执业资格考试制度,法科学生毕业时必须通过所在州的考核,之后继续为期两年的实务训练。在通过考核后的实务训练阶段,毕业生接触的不再是抽象并简化的案例,而是真实案例,他们需要模拟法官、检察官、律师等主体进行案件处理工作,将第一阶段所学内容完全转化为实务中的决策和行动,并在实际案件中接受考验。这种培养模式及目标设定和美国的法律诊所教育具有很强的相似性。反观国内实践教学,在美国福特基金会的支持下,自 2000 年 9 月,北京大学、清华大学、中国人民大学、复旦大学、华东政法大学、中南大学开设了诊所法律教育课程。2002 年 7 月,"中国法学会法学教育研究会诊所法律教育专业委员会"成立,极大地推动了诊所法律教育事业的中国普及和发展,国内各法学院陆续开设诊所法律教育课程。但整体而言,时至今日我国高校法学人才培养模式还存在一些亟待解决的问题,实践教学无论在广度和深度上均无法与理论教学相比拟,实践教学在强化学生法律职业伦理教育、法律实务技能培养,提高学生解决实际法律问题的能力,以及促进法学教育与法律职业的深度衔接等方面,仍需要进一步拓展和改革。

(二)刑事模拟法律诊所是法律诊所教育细化部门法分支、向纵深方向探索的必然要求

从中国诊所法律教育发展历程看,法律教育界不断探索诊所教育的本土化和多元化发展,经过 20 余年的发展,中国诊所法律教育体系得以建立,形成了多种类型的法律诊所,并正在卓有成效地开展工作。尽管诊所法律教育发展迅速,但整体而言发展并不平衡,目前只有少数项目涉及刑事法和刑事辩护,刑事法律诊所在整个诊所法律教育体系中发展薄弱。与此相应,在教程建设方面,相对于相对丰富的综合性诊所法律教程,公开出版的刑事法律诊所相关教程较少,刑事模拟法律诊所教程并未出现。随着我国诊所法律教育的深入发展,根据各种类型法律诊所的特点,有针对性地编写专门的刑事法律诊所教程成为刑事法律诊所法律教育向纵深方向发展的必然诉求,也是现代刑事司法与法律职业发展的客观需要。

---

① 洪浩:《法治理想与精英教育——中外法学教育制度比较研究》,北京大学出版社 2005 年版,第 53 页。

② 王泽鉴:《法学案例教学模式的探索与创新》,载《法学》2013 年第 4 期。

(三)相比于刑事法律诊所教学,刑事模拟法律诊所实验教学在我国更具有推广价值

在我国,刑事法律诊所面临一些现实的问题,并不能完全通过同步、现实运行的真实案例教学来解决,而应走一条真实与模拟相结合的道路。首先,真实刑事法律诊所立足于在真实环境中使法科学生学习职业技能,这一点恰恰是我国诊所教育无法克服的障碍。刑事法律诊所一般通过法律援助系统获得案件来源,通过提供免费的法律服务,作为公益性法律服务的一部分。例如,日本早稻田大学的刑事法律诊所通过义务律师系统受理案件,并通过以下诉讼活动对学生进行法学素养、实务技能的培养:第一,会见当事人,日本法律未明确规定或禁止刑事法律诊所的学生跟随指导律师和当事人进入调查室,因此部分警察局允许法律诊所学生参与调查;第二,参与审前活动,通过审前活动,诊所可以申请取消犯罪嫌疑人的拘禁令、保释嫌疑人;第三,参与庭审,诊所学生可以参与所有职业律师审前的准备工作(调查证人、起草辩护书等),旁听案件。[①] 一定意义上而言,真实刑事诊所教育目标或效果的实现以法科学生能够直接接触刑事审判程序的真实面为前提。反观我国,依据《刑事诉讼法》第 35 条的规定,法律援助机构指定辩护的主体仅限于律师;《法律援助条例》虽然"支持和鼓励社会团体、事业单位等社会组织利用自身资源为经济困难的公民提供法律援助",但未明确授权高校法学院系学生在法律诊所案件中的参与地位。因此,在真实的刑事诊所教学中,诸如会见被羁押的犯罪嫌疑人、被告人,调查取证、参与庭审等关键刑事诉讼活动,法科学生基本不具备处理真实案件的可能,这也是国内高校刑事法律诊所教育未能全面铺开的客观情况。

其次,真实刑事法律诊所的教育对象的范围相对有限。正常的课堂教学,一名教师可以同时指导数量较多的学生,并保证教学效果的实现,但在真实刑事法律诊所中,实际代理案件的复杂性、教师资源的有限性以及教学成本高的特点,决定了真实诊所教学必须将人数限定在较小的范围内,而其培养效率较低,特别是在经费不足的情况下,实践效果也不甚理想。刑事模拟法律诊所教学主要适应大班教学的特点,有助于解决刑事法律诊所课程选课人数多、教学成本高与师资不足、案源有限的矛盾,通过角色扮演和模拟训练提高学生的参与度。

再次,针对我国法学教育的实际情况,刑事模拟法律诊所教学可以作为传统刑事法理论教学与真实刑事诊所教学的过渡和衔接。我国是成文法国家,刑法思维侧重于体系化、系统化的理论构架,理论教学深受以法条为中心的概念法学和注释法学影响,长期将教学重点置于在相对封闭的教学环境下对法学理论和法学教义的研究和传授,整体而言,法科学生相对缺乏直接接触真实刑事案件的积淀或前期准备。刑事模拟法律诊所的设置对于弥合理论学习与实践技能的脱节具有天然的优势。Kris Franklin 教授

---

① 徐岱主编:《刑事法律诊所教程》,高等教育出版社 2018 年版,第 32 页。

认为，模拟法律诊所课程是学生既学习基础知识，又整合复杂问题，还是培养学生法律思维的一个很好的场所。配合之前的学理性课程、法律检索、法律写作课程，这一课程的开放使学生将自己武装在一个更高的概念化层次上，然后能更好地从事更为复杂的法律问题的学习研究，并在接下来的真实当事人的法律诊所更游刃有余。①

最后，刑事模拟法律诊所有其自身特点。刑事模拟法律诊所的本质是课堂教学，以真实案件为基础，课程采用法律诊所的某些教学方法，但不从事法律援助的具体活动。教程设计上，刑事法律诊所以法律援助为依托，刑事案件的案由相对单一、视野相对较窄，学生在诊所接待中接受的援助类案件有相当部分并不真正适合学生律师职业技能的训练；刑事模拟法律诊所教程中的案例经精心甄选，案例类型、选择范围及诉讼程序远较法律援助类案件丰富，甄选的每一个案件均包含较多的焦点问题，更有助于教学效果的实现。教学内容上，目前各高校开设的刑事法律诊所，通常 1/3 的时间留给教师用于课堂教学，教授律师执业基本技能；刑事模拟法律诊所课程内容以刑事办案流程为线索，教师采用“刑事司法实务全流程模拟教学法”，围绕具体刑事案件办理及诉讼流程展开，将诊所教育的培养目标全部融入个案，学生能够得到更为系统、深入的法律实务训练。教学流程设计上，诊所教师作为个案流程的操控者，诉讼流程可以暂停或切换，并兼顾不同学生的发展能力、特殊需求以设计理想的教学目标；学生也可以轮换角色、切换不同的审理程序，在单个案例中培养多角度观察、多维度思维的能力。

三、中国话语权下的刑事模拟法律诊所实验课程设计

（一）课程体系的设计：以案例为主体的实训模式

纵观大陆法系、英美法系法律教育模式，通识教育和职业训练曾是主导法律教育各自发展方向的两种价值取向，以英美法系为代表的英国、美国，其早期的法律教育均从“学徒制”开始，具有实践性法律教育的传统；而德国、日本等大陆法系国家则继承了罗马法传统，更为重视通识教育。目前来看，虽然具体的发展路径不同，但存在实质上的趋同——走向职业教育与通识教育相结合的道路。

在教学思维方式上，不同于以经验主义为法哲学基础的英美法系国家，在理性主义思想影响下，大陆法系侧重于法律的法典化、逻辑性与先验主义，法典的制定极大地依赖于法学家的立法技术，法学家醉心于抽象的理论法学，热衷于构建恢宏的概念化法学架构。在理论研究上，偏爱注释之法，对法律条文的含义、适用范围、构成要件等进行注释和说明。这种法律文化的发展进路决定了大陆法系国家法学教育的基本模式，即强

---

① Kris Franklin, Sim City: Teaching Thinking Like a Lawyer in Simulation-Based Clinical Courses, 转引自章武生主编：《模拟法律诊所实验教程》，法律出版社 2013 年版，绪论第 3 页。

调学生对于法律概念、法律原则及规范进行系统的理论学习，故教程编撰及课程设计实际上以法教义学为路径，侧重基本概念、原理、制度的讲授，追求法律体系内在的逻辑圆融与自洽，凸显出概念主义与形式主义的特征。我国法律的发展，深受大陆法系理性主义的影响，故传统的法学培养模式是以部门法划分下的法学课程为中心。具体而言，课堂教学通常为单一学科体系下的理论灌输；在教程编排上，努力构建通才式的精密知识体系；在教学方式上，以教师教授为主；在教学内容上，侧重于对基本概念、原理、制度的掌握；在法律思维上侧重从一般到个别的演绎推理。这种模式下，学生几乎处于封闭、单一的部门法学科中，无法搭建全方位、系统化、网络化的知识体系。

现阶段刑事模拟法律诊所教育，首先遇到的问题就在于如何设置诊所教育的课程体系。本质而言，刑事模拟法律诊所教学是一种实践教学，它与概念式教育模式显著区别在于它是法律职业技能训练而不仅仅是课程传授，这样的定位势必要求教学理念与课程体系的转变。具体而言，模拟法律诊所的实训目标以培养实践技能为导向，“而不是获得关于法律的体系的全面的知识”①；教学内容是法律运行的具体情境下解决具体问题的技术；具体个案的法律适用从“个别”出发；法律思维培养直接来自问题导向下的个案体验式学习。同时，从方法论意义而言，根据 Macfarlane 教授的观点，法律诊所教育具有五个显著的特点：积极参与、交互作用、动态训练、学生对结果负责、多学科综合②，这种积极、动态的交互作用及评估过程，决定了诊所教学及课程体系设计应强调个案中以角色分配为前提的行动中、体验式学习。以个案为指引，学生被分配了特定角色，就具体问题参与讨论、辩论，从而避免传统研究型教学中学生参与度不高，特定个体把自己隐藏在同学们当中的弊端。故针对法律诊所课程体系设计，本教程寻求与我国法学教育更为契合的路径，直接面临与概念式教育模式的碰撞与对接。

具体而言：第一，宏观。较之概念式课程编撰，即以“概念、理论、种类、基本内容、特点、目标等”通才式法律系统知识体系的构建，教程体系设计以精选案例为主体，采“个别——一般—个别”的思维实训模式，围绕具体技能展开实训，希冀提供一种自下而上的问题路径。第二，微观。较之分散、孤立的个案分析，借鉴章武生教授及其团队的“个案全过程教学法”。个案全过程教学法是章武生教授及其科研团队在原有模拟法庭和法律诊所形式上推出的新型实训模式，以此为基础，将案例的所有事实材料提供给学生，由学生根据这些材料还原案件事实，并在此基础上查阅相关资料，确定案例处理策略的全过程。他的法哲学和法学方法论立足于英国经验主义哲学。正如洛克、休谟等英国经验论哲学家所主张的，“我们的全部知识是建立在经验上面的”③。其优势在于，以法

---

① J. H. Baker, *An Introduction to English Legal History*, London Butterworths, 2002, pp.147-148.

② 栾爽、平旭：《英国法律诊所教育研究》，载《教育教学论坛》2017 年第 9 期。

③ ［英］洛克：《人类理解论》（第 2 卷），载北京大学哲学系外国哲学史教研室编译：《西方哲学原著选读》（上卷），商务印书馆 1981 年版，第 450 页。

的运行过程为场域，引导学生对案件进行全局性、整体性、综合性的分析与思考，以此培养学生的职业技能。[①] 故，这是一种最具可操作性的、能够最快掌握诉讼流程的教学方法。学生掌握案件流程全貌，在刑事一审、二审、再审流程处理中，可以选择以法官、检察官、律师思维或视角，在每个阶段思考自身行为的合法性和正当性，并不断修正原本的想法和观念，层层把握并构建每一个阶段"该怎么做"的认知体系，从而避免片段、碎片化的知识或经验。

(二)课程内容的编排：培养多维度法律思维

目前引入的法律诊所课程，大多侧重学生律师思维训练，忽视法官、检察官思维和视角的培养，一定程度上反映出传统诊所教学强化的是西方话语体系下的"法律思维"，这种思维在学生走出校门未来的司法实践中将难以与中国现实问题对接，甚至产生功能异化。一方面，与美国相比，诊所教学在中国实践中突出问题之一是在中美两国不同的法律体制、司法体系下，培养目标的功能性缺陷。纵观当今世界案例教学的主要模式，影响较大的主要有以美国为代表的"个案教学法"、以德国为代表的"实例研习"，以及起源于美国并风靡全球的法律诊所教育。教学方式的不同选择是其背后各国理念、目标的差异，美国法律教育以律师培养为单一目标。司法官制度决定了在美国绝大部分法官、检察官需要从律师中产生，故其培养模式以法学院的培养与法律职业实践紧密结合，法律诊所隶属于法学院，法律诊所训练的主要是律师的思维和技能。我国法官、检察官任职条件和程序与美国完全不同，并且我国法学教育培养目标具有多维度、人才具有多样性——法科毕业生进入公检法等国家机关的不是少数，而非单一的律师工作，在我国的法学教育背景下，这一点恰恰成为法律诊所教学法无法克服的功能缺陷。另一方面，目前法律诊所教学所选择的案例一般为高校教师(兼职律师)亲自代理的案件，故相关案例的描述主要以律师撰写的法律文书为基础，以律师接受委托环节作为训练重点，从而导致案例视角的律师化问题。案例视角的单一化一方面导致法学培养和法律实用之间的认知张力，另一方面也不利于法科学生对不同类型法律职业需要的法律知识和技能的掌握。

在职业化语境中，刑事辩护人和法官的思维方式虽均具有实践性、应用性，但侧重点不同，辩护人思维以当事人合法利益最大化为依归，其适应司法竞技主义和对抗式诉讼的需要，强调个人视角和立场；刑事法官从超越当事人各自利益的立场来审视整个案件，这种审判思维具有求同思维、平衡意识和中立理念等特点，在一定法律制度体系内，在司法认知过程中，两者所遵循的价值取向、技术准则及工作方法均存在差异。故，法律诊所对于我国法学教育的意义，应当定位为培养学生从经验中学习的能力，而不仅仅是律师职业技巧。在这一前提下，在引入诊所教育合理内核及有效吸收现有教学法精

① 章武生：《"个案教学法"的新探索》，载《法学》2014 年第 4 期。

髓的同时，将刑事模拟法律诊所的教学模式进行适当拓展、调整，以培养学生多维度法律思维为目标，即思维模式的选择——在整个证据构成的案件图景中，学生可以选择体验律师的处境，并鼓励他们提出自己的诉讼策略；也可以像法官、检察官那样思考；抑或在对比中正确预测法官的行为，从而以更为开阔的视野应对实践中的问题情境。

（三）课程编撰：职业法官、检察官、律师群体的参与

教程中案例除部分来源于参编的专职律师外，其余全部来自法院及参编法官，同时对案例选取遵循严格的标准。法律诊所是美国现实主义法学教育的一个重要载体，从历史的角度，窥见现实主义法学教育的侧面，美国现实主义法学代表人物卢埃林在批判与修正兰德尔所创立的案例教学法时，重新诠释了关于法律的理解，即认为法律不能单独地理解成一种规则，而必须将法律置于法官、执行官适用规则的情境中加以理解。传统案例书往往是围绕案件如何判决而展开的辩论编写的，卢埃林认为，案例书更有价值的地方在于预测法官、执法官对社会问题的举措，其应当成为法律职业教育中解决现实问题的材料。刑事司法作为动态的刑法活动，应当成为刑事法实践教学的主要场域。自 1977 年恢复高考后 40 余年的法学教育及司法体制改革的深入推进，中国的职业法官、检察官群体渐序形成，且是新一轮司法改革的推动者、实践者，法官作为刑事法效力由应然到实然的桥梁和中介，“是法律由精神王国进入现实王国控制社会生活关系的大门”①。同时，培养目标的多维度，决定了其将审判、检察业务专家、学者型法官、检察官引入教程编撰中的必要性。为保证刑事法律诊所的实践效果，与当地法院、法官建立良好的互动、协作关系，并且在实务技能传授等方面提供良好的平台，是建立中国话语体系下的法学职业教育的关键一步。

从案例及材料来源以及后期追加、甄选看，依据档案管理规定，检察机关移送起诉的法律文书卷、证据卷、补充侦查卷及检察卷，一并移送人民法院，经人民法院依法判决后连同审判卷装订成册，由人民法院存档保管。依托人民法院这一大数据时代的司法“富矿”，是解决课程编撰过程中精品案源的现实需要，也是法学教育培养学生理解中国法治现实的客观需要，故将生动鲜活的真实案例由法院走向课堂，以法官（检察官）主导或参与下的刑事模拟诊所教学是诊所教育在中国长足发展的内生动力，在该教程编撰过程中，在优秀律师群体参与编撰的基础上，糅合固有和新生元素，使该教程编撰更加科学并富有生命力。

（四）课程资料的选取：以真实案件为教程基础

1.案例的原始、完整和真实性

刑事模拟法律诊所教程以已审结刑事案件为教学基础，将原始刑事卷宗材料“搬”入教程，以刑事司法运行过程再现刑事诉讼全程，已选取的案例，除当事人基本信息、法

---

① ［德］拉德布鲁赫：《法学导论》，米健译，中国大百科全书出版社 1997 年版，第 101 页。

院名称、案号等做必要的技术处理外，基本保留卷宗原貌。需要指出的是，为避免基本事实、法律关系及争议焦点经提炼、细节固定的缺陷，案例编排上，在“本案需要展示的法律文书和证据”部分，尽量提供原始未经裁剪的真实案件，反映全过程、全貌的原始资料，甚至将相当多的旁枝细节如实呈现；同时将撰写该案的承办法官或辩护人的观点纳入附录中与主体章节分离，以构建过程式、开放式、悬而未决的空间。由此，法律事实及其后的法律适用问题处于学习者的主观构建之下，能够真正通过沟通认识主体与外在客观情景，引导学习者主动构建自身的刑事法律实践知识体系。

2.证据审查判断、事实认定这一法律技能与法律适用同步

刑事模拟诊所教程采用的“个案全过程教学法”与案例教学法，都是通过透析案例的方式提升学生的刑事法律实训思维，不同的是，传统案例教学法一般以已经查明的事实即案例为载体，学生讨论的主要是案例中的法律适用问题，对证据收集、事实查明的关注相对被忽视。即使在英美法系，案例教学法所使用的案例也大多是经过裁剪的案例，且以上诉法院案例居多，证据审查判断相对被弱化。反观刑事诉讼实践，相当一部分法官和律师认为，刑事个案中，占据 90％以上时间的是事实而非法律。故实训样本及编撰应尽量克服传统案例教学中“重法律，轻事实”的缺陷，将影响案件事实认定和法律定性的“题眼”隐藏在大量碎片化证据材料中，使得学习者必须首先从证据入手、着眼于事实本身，进而优化通过对证据的审查、判断，构筑事实、识别焦点问题的训练路径。这意味着，在给学生传授案例中的程序法、实体法知识的同时，也达到了诉讼策略方面的训练。

3.案件典型性、活态性、时代感、疑难性

甄选的案例，除考虑案件的难易程度这一一般要求外，还应立足于刑事法律职业能力需求及能力培养的目标，具有代表性，典型、可辩，体现案件的冲突性；具有活态性，通过一个案例映射多个知识点，连接实体法和程序法；具有时代感，反映社会矛盾较为突出的刑事犯罪问题；同时，具有一定程度的疑难、复杂性，可以针对某一焦点问题深度探讨，学习者以不同视角发表见解，实现对思维的启发和对案件本质的认识。

4.体现刑事司法改革精神及最新成果

“以审判为中心的诉讼制度”与“认罪认罚从宽制度”是当前刑事诉讼制度的两项重要改革举措，也是刑事法领域最引人注目的两项制度。2014 年 10 月，党的十八届四中全会通过《关于全面推进依法治国若干重大问题的决定》，明确要求“推进以审判为中心的刑事诉讼制度改革”，“完善刑事诉讼中认罪认罚从宽制度”；2016 年 6 月和 7 月，中央全面深化改革领导小组分别审议通过《关于推进以审判为中心的刑事诉讼制度改革的意见》和《关于认罪认罚从宽制度改革试点方案》；同年 9 月，全国人大常委会表决通过《关于授权最高人民法院、最高人民检察院在部分地区开展刑事案件认罪认罚从宽制度试点工作的决定》，授权最高人民法院、最高人民检察院（以下简称“两高”）在北京、天津

等18个城市开展刑事案件认罪认罚从宽制度试点工作，其中刑事速裁程序被纳入认罪认罚试点工作中[①]，刑事速裁程序试点改革由此展开。为严格贯彻落实改革部署，同年8月和11月，最高人民法院、最高人民检察院、公安部、国家安全部和司法部（以下简称“两高三部”）分别出台《关于推进以审判为中心的刑事诉讼制度改革的意见》和《关于在部分地区开展刑事案件认罪认罚从宽制度试点工作的办法》，后又相继出台最高人民法院《关于全面推进以审判为中心的刑事诉讼制度改革的实施意见》、“三项规程”（《人民法院办理刑事案件庭前会议规程（试行）》《人民法院办理刑事案件排除非法证据规程（试行）》《人民法院办理刑事案件第一审普通程序法庭调查规程（试行）》）和“两高三部”《关于办理刑事案件严格排除非法证据若干问题的规定》，以及最高人民检察院、公安部、国家安全部《关于重大案件侦查终结前开展讯问合法性核查工作若干问题的意见》等部分被纳入《中华人民共和国刑事诉讼法》《人民检察院刑事诉讼规则》《最高人民法院关于适用〈中华人民共和国刑事诉讼法〉的解释》。由此，刑事诉讼制度改革的方向、框架及具体路径予以确立，并步入“正在进行时”状态。以两项改革为重心，包括速裁程序改革、扫黑除恶专项斗争、深化量刑规范化改革、健全完善类案检索制度等在内的一系列举措全面深入推进。

刑事司法制度改革既是实践领域刑事法前沿动态，也是刑事诉讼法学研究的重中之重，本教程案例的选取，充分体现了对“庭前会议制度”“庭审实质化”“证据裁判规则”“非法证据排除规则”“证人出庭作证”“认罪认罚从宽制度”，以及“扫黑除恶专项斗争”“量刑规范化”“类案检索”等领域问题的认真考量。

---

① 2014年6月，全国人大常委会通过《关于授权最高人民法院、最高人民检察院在部分地区开展刑事案件速裁程序试点工作的决定》，授权“两高”在北京、天津等18个城市开展刑事速裁程序试点工作，刑事速裁程序试点改革由此展开。

第一章
如何代理刑事诉讼
——以被告人张义博掩饰、隐瞒犯罪所得案一审为例

一、选择本案的理由

第一，本案属于较为基础、常见的刑事案例，涉及律师接受当事人委托代理刑事案件的一般工作流程与技巧，比较适合学生入门实践训练，具体包括：学生熟悉并初步掌握律师如何第一时间明确案件核心问题、会见当事人、跟进案件流程、确定诉讼策略、制定发问提纲及执业须注意事项等基础性问题。

第二，2021 年最高人民法院对《关于审理掩饰、隐瞒犯罪所得、犯罪所得收益刑事案件适用法律若干问题的解释》作出修改，新的司法解释的适用对本案量刑具有重要指导意义。

第三，本案涉及主要的律师实务文书，如变更强制措施申请书、重新鉴定申请书等，能够让学生对律师实务文书有更全面的了解。

二、本案的训练方法

本案训练共分两个阶段，每阶段 2 学时。

第一阶段：上课后，首先，授课教师向学生讲授律师代理刑事诉讼案件的一般工作流程与技巧等基础性事项。其次，教师就选定案例向学生介绍该案件背景、相关法律知识以及课程训练拟达成的目的与课堂要求，并将提前准备好的本阶段训练案例材料发放给学生。最后，向学生布置本阶段学习后的课后作业，要求学生对本案焦点问题进行总结，并由学生自行选择为当事人撰写程序性申请书或辩护词。

第二阶段：课前，教师对学生的课后作业进行收集、审阅。上课后，首先，教师要求学生自行分组，对各自文书写作思路及案件辩护思路进行分享，并在组内评选出优秀作品进行发言。其次，教师与其他同学对各小组发言进行提问后，教师针对课后作业进行点评，对刑事诉讼案件文书写作重点以及本案辩护思路进行分享与教学。最后，教师应鼓励学生在课堂中分享对代理刑事诉讼案件的理解与困惑，对学生提出的问题答疑解惑，并对本章案例训练进行总结。

三、律师代理刑事案件一般工作流程与技巧

（一）建立委托关系

当潜在客户向律师事务所提出案件委托意向后，代理律师可对案情进行大致了解，以初步决定是否接受客户的委托，从而为犯罪嫌疑人、被告人进行辩护。从委托人进行咨询直至接受委托这一过程可具体细分为“咨询接待”“利益冲突审查”“接受委托”三个阶段。

1.咨询接待

第一，刑事辩护律师在接受咨询前应该明确了解律师参与刑事诉讼的业务范围。(1)担任犯罪嫌疑人、被告人的辩护人。(2)担任涉嫌犯罪的未成年人或精神病人的辩护人。(3)担任公诉案件的被害人、自诉案件的自诉人、刑事附带民事诉讼当事人的诉讼代理人。(4)担任刑事案件当事人、被刑事判决或裁定侵犯合法权益的案外人申诉案件的代理人。(5)代被不起诉人进行申诉、控告。(6)在公安机关、人民检察院作出不立案或撤销案件或不起诉的决定后，代被害人为申请复议或起诉。(7)在违法所得没收程序中，担任犯罪嫌疑人、被告人或其他利害关系人的诉讼代理人。(8)在强制医疗程序中，接受被申请人或被告人的委托，担任诉讼代理人；在复议程序中，接受被决定强制医疗的人、被害人、法定代理人、近亲属的委托，担任诉讼代理人。(9)其他刑事诉讼活动中的相关业务。律师应严格在上述业务范围内接受咨询与委托。

第二，在委托人进行咨询时，律师应明确案件进程。首先，需要明确的是，犯罪嫌疑人或被告人委托辩护时间为：(1)自犯罪嫌疑人被侦查机关第一次讯问或采取强制措施之日起；(2)被告人有权随时委托。其次，值得注意的是，在侦查期间，犯罪嫌疑人只能委托律师作为辩护人。案件全程中，律师并非委托人能够选择的唯一辩护人群体，委托人还可以委托人民团体或者犯罪嫌疑人、被告人所在单位推荐的人，犯罪嫌疑人、被告人的监护人、亲友作为辩护人。因此，律师在接受咨询时应对上述时间节点进行询问与审查，若案件尚在侦查阶段，应明确告知委托人侦查期间只能委托律师作为辩护人。

第三，委托人首次咨询时，律师应向委托人了解案件基本信息。首先，应明确委托人与犯罪嫌疑人、被告人的关系，以确定委托人是否有资格代表犯罪嫌疑人、被告人进行委托。同时，应对犯罪嫌疑人、被告人基本身份信息，咨询时所涉嫌罪名，有无犯罪前科以及家庭基本情况等信息进行了解。其次，咨询过程中应始终对案件所处阶段进行

询问，确定案件阶段、办案单位、承办人信息与沟通情况等具体信息，以便接受委托后能够及时跟进案件情况。最后，应与委托人明确犯罪嫌疑人、被告人采取强制措施的情况，包括但不限于羁押情况、地点、期限等具体事项，同时应询问委托人是否收到自司法机关处出具的相关通知书，以便再次判断案件所处阶段，由此推断批捕、移送审查起诉等具体时间节点，更好地准备相应阶段所需材料并提出相应申请等。在接受咨询时，应注意向委托人确认，在本所律师接受委托前是否还有其他律师介入过本案件；若存在其他律师介入，应与委托人确认有几名律师，委托关系是否解除等相关问题，以免在接受委托后递交委托材料、预约会见过程中出现辩护人名额已满或尚未解除前述委托的情况，导致无法会见、阅卷，无法统一辩护策略等延误案件办理进程的状况出现。

需要注意的是，在委托人到所进行案件咨询的过程中，一般建议应尽量由两名律师共同提供咨询服务；且不论委托人是否委托律师进行案件办理，律师均应恪守执业原则，对上述全部信息与材料进行保密。同时，在咨询过程中不得引导委托人隐匿、毁灭、伪造相关涉案证据；若咨询人员中存在多名同案犯罪嫌疑人的情况下，应分开进行咨询或要求其进行回避。无论委托人在何种阶段到所进行咨询，律师均只能也只应针对案情，结合相关法律法规、司法判例等向委托人进行说明，并提供相应建议，但绝不能对任何案件结果进行承诺；面对委托人对案件结果的咨询，应结合专业知识进行分析，并告知委托人，法院的判决不以律师的建议为转移，应强调相关判决结果仍应结合案件实际发展情况进行综合判断。

2.利益冲突审查

律师执业利益冲突是指本律师事务所代理的委托事项与本所其他委托事项的委托人之间有利益上的冲突，继续代理会直接影响相关委托人利益的情形。与民事诉讼相同，在接受刑事诉讼委托时也应通过利益冲突审查，尽快确认接受该潜在客户委托是否与本所其他代理业务有所冲突，由此确保本所各委托人合法权益均能在最大限度上得以保全。

在接受委托代理刑事案件时，辩护律师应明确在同一案件中，同一名律师只能为一名犯罪嫌疑人、被告人进行辩护。在律师事务所内部进行利益冲突审查时，应明确若同一律所要代理两名及以上同案犯罪嫌疑人、被告人时，需分别指派不同的律师进行代理，同时要告知并取得委托人的同意后才能够进行代理。

3.接受委托

律师在对案件基本情况、案件阶段以及犯罪嫌疑人、被告人基本信息有所了解并初步决定接受委托时，还应对相关注意事项进行审查后方可确定是否接受委托。相关注意事项主要分为“委托人身份确认”“相关材料收集”“签订刑事代理委托合同”三个阶段。

第一，接受委托前，律师应对委托人身份进行确认。有权委托律师为犯罪嫌疑人、

被告人提供法律帮助的人当然可以是犯罪嫌疑人、被告人本人；但若犯罪嫌疑人、被告人为在押人员或监视居住人员，则可由其监护人、近亲属即夫、妻、父、母、子、女、同胞兄弟姐妹代为委托辩护人。也就是说，除了法律明确规定的上述人员外，男、女朋友，朋友等其他人无权为犯罪嫌疑人、被告人委托辩护人。由此可知，委托人与当事人之间的亲属关系是辩护工作的基础与前提，这也要求律师在接受委托时对此进行严格核实，以免在身份关系不明的情况下接受委托，从而对辩护造成风险。

第二，在接受委托前，律师应向委托人收集相关资料。首先，应对委托人的身份信息进行确认，留存委托人身份证复印件，并要求委托人在身份证复印件上签字捺印。其次，应要求委托人提供与犯罪嫌疑人、被告人的身份关系证明，该证明包括但不限于结婚证、户口簿等相关材料；在核对后应留存相关身份关系证明文件的复印件，以便后续会见时向羁押机关进行出示。最后，应由委托人向律师出具授权委托书。对于授权委托书，可分别办理各阶段委托手续，也可以根据需要一次性办理全阶段授权委托手续；实践中，一些办案单位或看守所均会要求律师提供委托人与当事人之间的亲属关系证明，但这一要求在法律上并未进行明文规定；因此，为了避免风险，在首次会见当事人时，可以要求当事人本人在授权委托书上签字捺印，以便更好地证实委托关系的成立。

第三，正式接受委托时，应由律所与委托人签订刑事委托代理合同。合同中应明确约定律师费用的具体金额，律所指派的相应律师姓名，并根据委托人委托辩护阶段的不同，签订不同阶段的委托代理合同；值得注意的是，律师在接受委托后应及时告知办理案件机关，并根据接受委托时案件阶段的不同，及时向有关机关递交授权委托材料。同时，在正式签订委托合同时应与首次咨询时相同，需再次向委托人强调法院判决不以律师、委托人的意志为转移，律师不得为获取委托而向委托人承诺案件具体结果。

上述全部材料均应由委托人本人提供复印件并签字捺印，每份材料至少应开具一式三份进行留存，其中一份交由相关办案机关，一份由律师本人留存以便进行会见，一份由律所存档保管；但实践中，因办案机关或看守所可能要求会见时留存授权委托书原件，委托人与律师可根据实际需要适当调整留存份数；同时，以上材料均需与原件核对无误，以免造成不必要的纠纷。

（二）会见当事人

在介绍如何会见当事人之前，辩护人应首先意识到会见当事人在办理刑事案件中的重要性。律师在接受刑事案件委托后，当务之急是明确案件具体情况以及案件事实。律师当然可以通过阅卷、核对证据材料等方式来了解案件事实，但会见当事人能够更加直观地了解当事人自接受讯问开始的全部情况，由此更好地判断其主观意图，掌握案件发生当时的具体情况等通过其他方式无法得知的信息。不论是在阅卷前或阅卷后会见当事人，都有不同阶段的重要作用。因当事人才是亲临案件现场的人，因此，在阅卷前

会见当事人能够从当事人口中得知案件事实，判断当事人的主观意图，如是否故意或过失等，有利于辩护人有针对性地阅卷，核验当事人所述事实的真实性。在阅卷后会见当事人，则更有利于律师核对证据，通过当事人的态度及说法判断供述的真实性与合法性，便于律师制定更加完善的辩护策略。

由此可知，律师不论在案件的何种阶段接受委托，均应及时会见当事人，以便进一步了解案情，同时也可以向当事人普及相关法律知识、提供相应建议等。正式会见当事人主要围绕“准备会见手续”“会见注意事项”“会见内容与模板”三个阶段展开。

1.准备会见手续

第一，在会见当事人之前，律师应充分了解会见基本规定。首先，法律明确规定，辩护律师可以与在押犯罪嫌疑人、被告人会见与通信；在会见监视居住人员时也应遵守与在押犯罪嫌疑人、被告人会见时相同的规定，并办理相应手续。其次，会见同一名犯罪嫌疑人或被告人的律师不得超过两名；辩护律师在会见时可以带一名律师助理、实习律师共同会见，但该律师助理、实习律师的名字应在授权委托书中载明，且实习律师在任何情况下都无权单独会见在押犯罪嫌疑人、被告人。

第二，律师应与看守所预约会见时间。实践中，部分看守所不需预约直接前往即可，但较多看守所仍需通过电话预约或监所服务相关网站进行预约后才能安排会见。不论看守所是否需要预约，律师均应致电看守所，对会见要求与所需材料进行确认。若是需要电话预约，律师可直接将在押犯罪嫌疑人、被告人姓名告知看守所，并根据看守所提供的可选择时间直接进行预约；若会见需进行网络预约，根据不同省市或地区的不同要求，在致电看守所时应确认具体预约网址，按照操作流程填写相关信息、上传相关文件进行预约。需要注意的是，看守所的地理位置多较为偏僻，且不在各类地图软件中进行显示，在会见前应提前确认好看守所具体地点，以免耽误会见的进行。

第三，律师在会见前应准备好相应会见手续。实践中，律师进行会见时应向看守所出示三证：律师执业证原件与复印件、加盖公章的律师事务所会见专用证明、授权委托书（各阶段首次会见时应为空白授权委托书）与委托人身份证复印件。根据不同省市、不同地区看守所的需要，律师还应准备如下材料或信息：(1)携带身份证，以便部分看守所需用身份证换取门禁卡；(2)委托人与当事人身份证明文件，以便看守所查验委托关系的合法性；(3)犯罪嫌疑人、被告人身份号码以及委托人联系方式，以便进行会见前需在看守所进行现场登记。

2.会见注意事项

第一，会见当事人时应严格遵守法律规定。首先，律师不能向被会见人传递违禁物品，包括但不限于坚硬物、烟、手机等；也不得向被会见人传递信件等纸质材料，家属信件等相关材料可通过看守所的管教递交被会见人，一般情况下材料将由管教查阅后交

与被会见人。其次，律师在使用讯问室进行会见时，有权利也应当要求看守所工作人员关闭录音录像，律师本人也不得携带任何通信工具入内。最后，律师每次会见当事人时都应做好记录，记录的会见内容应与当事人口述内容一致，在有条件的情况下交由当事人逐页签名捺印。

第二，会见结束后，律师应对相应会见情况进行整理。首先，律师应从看守所办理会见窗口取走律师证以及相关递交材料，看守所要求留存原件的除外。其次，根据律师办理案件习惯，以律师习惯的方式将会见时间、对象、地点等情况进行书面记录，以便后续梳理与留存等。最后，律师作为家属与在押犯罪嫌疑人、被告人之间沟通的桥梁，应将被告人的生活需要等不涉及案情的部分向家属转告；对于涉案秘密事项，应严格保密，在任何情况下不得向家属进行透露。

3.会见内容与模板

会见内容与模板会根据代理案件的不同阶段有所变化，模板并非律师所必需准备的材料，律师可根据需求进行调整。针对案件不同代理阶段，会见的内容也有所不同，内容可从普法逐渐转变为辩护方案、认罪认罚等较为具体的事项。

第一，初次会见。不论在何种阶段，律师初次会见时均应表明身份，并再次询问被会见人前科情况、到案情况以及到案经过。在此过程中应着重询问到案经过、到案派出所信息、具体承办警官信息、提审情况、认罪态度以及签署书面材料的具体状况。在这一阶段，一方面可以了解被会见人是否具备自首、坦白等法定从宽情节，另一方面也能够了解办案机关的具体信息，以便律师在办理案件时与承办人及时取得联系。

在对案情进行了解后，可向被会见人介绍近期工作进展以及后续案件可能的走向，告知被会见人后续流程并进行罪刑沟通；在会见的最后向被会见人转达一些家属交代的事项。

第二，针对案件的不同阶段调整会见内容。首先，侦查阶段。该阶段应先明确案件具体批捕情况，如是否符合批捕条件、批捕是否正确等；在此阶段主要如上述初次会见内容，与被会见人再次梳理案情，分析罪与非罪、罪刑等问题，制定初步辩护方案与被会见人进行沟通，告知后续案件处理情况。

第三，审查起诉阶段。该阶段应告知被会见人起诉意见书情况，并询问其意见；在此阶段，辩护人已完成阅卷，可就卷内事实、证据等与被会见人进行核对；再次与被会见人沟通辩护方案，并就是否要认罪认罚与辩护人进行确认后，向辩护人告知后续案件流程。

第四，审判阶段。开庭前应就前述内容再次与被会见人沟通，并告知其整体辩护策略与庭审注意事项；宣判后主要应针对被告人是否需要上诉与其进行沟通，若被告人仍需上诉，还应询问其是否继续委托并签署相关委托手续。

（三）侦查阶段法律服务

侦查阶段的刑事案件，大部分当事人通常都已被采取了强制措施，若要在此阶段终结案件，辩护人应从变更强制措施上进行切入。若律师在侦查阶段受理该刑事案件，应考虑从如下几个方面向在押犯罪嫌疑人、被告人提供相应法律服务：

1.判断逮捕后羁押期限

犯罪嫌疑人被采取强制措施后，应在 37 日内进行批捕。在此期间，律师首先应确认逮捕的具体时间，包括但不限于通过查阅逮捕通知书、与案件具体经办人联系、会见当事人等方式进行确认。其次，应对逮捕后的侦查羁押期限有所预估，一般为 2 个月，但针对案件具体情况可延长至 7 个月，特殊情况则另行计算。

2.程序性申请

在侦查阶段，除去会见当事人、了解基本案情等基础事项外，提交相应申请至关重要。首先，律师可代为申请变更强制措施。变更强制措施申请时间贯穿刑事诉讼全程，在此阶段，律师可根据相应情况，向侦查机关办案人员提交取保候审、监视居住、变更强制措施申请书。

其次，律师可代为申请不予批准逮捕。当事人被采取强制措施后，侦查机关会向检察机关提请批准逮捕，检察机关决定是否批捕的时间为 7 日；因此，律师多会在此 7 日间提交相关手续材料以及不予批准逮捕申请书，以求在侦查阶段结束此案件。

最后，律师可代为申请羁押必要性审查。在检察院对犯罪嫌疑人进行批捕后，律师可视情况准备相应手续材料、羁押必要性审查申请书提交检察院刑事执行部门承办检察官。在这一阶段，律师工作总体上围绕释放当事人或变更强制措施进行展开。

（四）审查起诉阶段法律服务

案件进入审查起诉阶段后，辩护律师对案情将有更深入的了解。在此阶段辩护律师可以阅卷，对证据进行审查、核对，判断当事人是否有必要认罪认罚等，初步制定诉讼方案与策略。

审查起诉阶段中，最重要的环节即阅卷，后续证据核对、认罪认罚等均是在阅卷程序完成之后才能进行的事项。由前文可知，要了解案件经过与案件事实，阅卷并非唯一的选项。但相较于会见当事人，阅卷是最为完整呈现案件事实与案件情节的方式。阅卷与会见实际上是相辅相成的，应将二者结合起来以判断案件事实。阅卷的重要之处就在于阅卷后辩护人能够仔细从侦查机关搜集的证据中找出前后矛盾、程序瑕疵之处，直接突破案件的证据体系，从证据层面推翻案件事实。

1.阅卷

根据地区的不同，各检察院的阅卷方式与要求也有所不同。律师在前往检察院进行阅卷前，应与检察院案管部门、具体承办人进行核实，在提交委托手续材料后方可阅卷。一般来说阅卷主要分为以下几种方式：(1)案管中心提供案卷材料光盘；(2)律师自带空白光盘至案管中心后，对卷宗材料进行拷贝；(3)案管中心或承办检察官当面向律师提供纸质案卷材料，由律师自行拍照留存。

若在接受委托时了解到此前已有其他律师介入的，在无法前往检察院阅卷时，也可联系此前介入本案的律师对卷宗进行交接，以求第一时间进行阅卷。

2.证据审查

证据审查在代理刑事诉讼案件中尤为重要，只有在对证据进行充分研读与分析，并找出证据本身存在的前后矛盾或潜在的问题后，才能够削弱或彻底消除证据的证明力，由此推翻司法机关在案件中构建的证据体系。据此，律师应在阅卷过程中对证据分门别类地进行审查并提出相应的质证意见。

第一，言词证据审查。首先，辩护律师应集中审查言词证据的取得过程是否合法，是否存在刑讯逼供、疲劳审讯、冻烤晒饿，以及非法收集口供、证词等情况，笔录的内容是否存在逼供、诱供等。其次，应就讯问笔录本身内容进行审查。主要针对办案场所、讯问地点，审讯人员，对证人、犯罪嫌疑人等有否分开询问、讯问等合法性进行审查，以防止出现同一审讯人员在同一时间在不同地点进行讯问或询问等现象。在查阅询问、讯问笔录时应着重查看是否向犯罪嫌疑人、证人出示过权利义务告知书，笔录中是否有犯罪嫌疑人、证人逐页的签名捺印。最后，应将提讯证上记载的讯问次数与卷内讯问笔录进行核对，以确保次数与时间、同步录音录像等相应记录的正确性、完整性。

第二，物证、书证审查。辩护律师应对物证、书证收集程序的合法性进行审查，确认物品扣押时是否出具扣押决定、扣押物品/文件清单，是否有侦查人员、物品持有人以及见证人签名；对于毒品案件，还应着重审查缴获的毒品是否当场进行扣押、称量，是否进行同步录音录像等合规、合法性审查。

第三，鉴定意见审查。首先，应确认鉴定意见中是否载明检材来源、鉴定所需衡器证明文件等必要材料。其次，应确定鉴定机构与鉴定人资质，并着重对鉴定方法中所列明的文件进行查看与比对。最后，审查鉴定检材的保管是否符合规定，会否影响检材的质量。

第四，现场勘验、辨认笔录审查。首先，应着重查看上述笔录是否有见证人签名，并对见证人资质进行审查，若见证人与案件及办案机关有利害关系，则该笔录程序与效力上均存在瑕疵。其次，应对辨认的真实性与合法性进行审查，如辨认是否存在引诱、暗示，是否组织了单独辨认、混杂辨认等。

第五，视听资料、电子数据审查。首先，应对上述证据手机提取过程的合法性进行审查，如是否制作笔录、清单，是否附有相关人员签字，清单中是否列明电子数据名称、类别、形式等。其次，应对上述证据的真实性进行审查，确保其未被删减、增加或修改，尤其是对复制件进行查阅时，应严格审查其复制原因、流程与原件存放地点等。

总的来说，对于证据审查而言，应根据不同的证据分类进行逐份审查，尤其是着重于对证据的真实性、合法性、关联性展开，对于各类各份证据中的辩点进行审查并整理出证据质证意见，以便后续形成完整诉讼策略。同时，在完成证据审查后，可以在审查起诉阶段或后续的审判阶段提出非法证据排除申请，为当事人争取其合法权益。

3.认罪认罚

在审查起诉阶段，对于犯罪嫌疑人自愿认罪认罚的案件，可以根据相关规定进行认罪认罚的处理。在这一阶段，律师应在会见当事人时充分听取当事人本人的意见，告知其认罪认罚的后果，尊重其意愿来办理认罪认罚。同时，律师应积极联络案件承办检察官，了解检察院的量刑建议，与委托人、家属、犯罪嫌疑人充分沟通后协助犯罪嫌疑人进行或不进行认罪认罚。

4.注意事项

第一，核验证据。律师在完成阅卷并对相关证据进行审查后，应及时预约会见，向犯罪嫌疑人就证据以及卷内其他事实或程序性问题进行核验。在核验时，应着重询问笔录中犯罪嫌疑人与同案犯、证人描述不一致的问题；针对案卷内有疑惑的内容重点询问，或要求被告人再次口述等。但在核验全程均不建议直接将案卷给犯罪嫌疑人查阅。

第二，卷宗材料严格保密。律师在进行阅卷后，不得以任何方式向委托人、家属等透露案卷信息；委托人、家属要求查阅卷宗材料时应向其说明缘由并拒绝该要求。律师对于卷宗材料应谨防泄露、遗失，对其内容严格保密。

(五)审判阶段法律服务

案件移送至法院后，律师应积极联系承办法官，沟通再次进行阅卷，对案卷材料进行查漏补缺。因案卷是辩护人全盘掌握案件事实，制定辩护策略的重要材料，若案卷材料有所缺失则应及时重新按照前述程序阅卷，并再次对证据进行仔细核对。自案件进入审判阶段后，大致可以分为庭前会议、法庭调查、法庭辩论、庭后工作四个部分。

1.庭前会议

第一，辩护人应明确庭前会议的召开情形。首先，庭前会议并非所有案件都需要的必经程序，仅针对：(1)证据材料较多、案情疑难复杂的案件；(2)社会影响重大、舆论广泛关注的案件；(3)控辩双方对事实证据存在较大争议的案件；(4)当事人提出的申请或异议可能导致庭审中断的案件四种类型召开。其次，庭前会议的召开由控辩双方提出申请，法院审查后再决定召开与否。最后，在对证据进行审查、核对后，需要申请排除非法证据并且提供了相关线索、材料的，应当召开庭前会议。

第二，辩护人需充分了解庭前会议内容并进行准备。庭前会议内容主要分为处理程序性事项与组织展示证据，并由此归纳案件的争议焦点问题。

首先，庭前会议中，公诉人与辩护人可就案件管辖权、有关人员回避、案件公开审理、排除非法证据、重新勘验或鉴定、证据有否随案移送、申请证人出庭等相关程序性问

题进行申请；在进行程序性事项申请时，应尽量全面，以免在庭审中出现需要中断等情况。

其次，法官会组织双方展示证据，进一步确认对事实有无争议这一庭审中的重点问题；对于没有争议的事实问题，在正式的庭审中将对上述证据的举证、质证进行简化。值得注意的是，在庭前会议中所提出的意见哪怕未被法官采纳，也应要求书记员对相关问题进行记录；在此阶段不必对证据作具体质证或对辩护观点进行阐述，在组织展示证据时，还应尽力向法官争取让被告人亲临现场，尽最大可能维护当事人权益。

2.法庭调查

法庭调查阶段，辩护人应主要集中于对当事人进行发问，让当事人、证人、鉴定人(若出庭)等当庭陈述案件事实，从而得出自己代理的当事人无罪或罪轻的证明内容。在庭审开始时，法官将当庭强调法庭纪律，询问是否需要申请回避等程序性问题后正式开庭，依次进行发问、举证、质证、证人、鉴定人出庭。

第一，发问。法庭调查阶段依次以审判长、公诉人与辩护人这一顺序进行。辩护人在发问前应与被告人进行充分沟通，并对问题进行设计；现场发问时应以起诉书为基础，可以根据需要准备书面发问提纲，尽可能地围绕定罪量刑事实进行发问。同时，在公诉人发问时应仔细聆听，对于公诉人发问方式不当或与本案无关的问题出现时应立刻请求审判长制止，并通过公诉人的发问查漏补缺，进一步完善辩护思路与方法。

第二，举证与质证。举证、质证顺序与发问相同，由公诉人、被告人、辩护人依次进行。公诉人将对案件的不同类别证据进行全面举证，一般为一罪名一举证、一事实一举证；举证时先出示定罪证据，即主要证据，后出示量刑证据、次要证据。辩护人对公诉人出示的证据进行质证时，应始终围绕证据的三性，即真实性、合法性、关联性展开质证，质证意见要围绕证据的证据能力、证明力等展开。

辩护人对案件证据进行举证时，也应尽量全面，始终围绕证据收集的合法性以及证据内容的真实性、关联性展开。

第三，询问证人、鉴定人。在询问证人、鉴定人时均应采取一问一答的方式进行，发问应围绕案件事实，简单、清楚地从多角度对事实进行询问。在询问鉴定人时应提前对鉴定报告等进行研究，加强一定的专业知识储备，找准鉴定意见或报告中的错误或疑点所在，有针对性地发问。

3.法庭辩论

法庭调查结束后，由审判长组织并主持公诉人、辩护人双方进行法庭辩论。辩护人在法庭调查阶段已经通过发问、举证、质证等对案件进行了全面剖析，已将焦点问题进行总结。因此，在法庭辩论阶段，辩护人应明确并重申辩护观点，根据庭审具体情况及时作出调整；应在辩论时着重围绕争议焦点问题展开，强调对己方当事人有利的法律法规以及事实，提出强有力且明确的辩护意见。

4.庭后工作

辩护人应对庭审全程进行记录,并在庭审后将有关记录整理成庭审笔录:一方面能够对照庭审现场书记员所作笔录,另一方面能够帮助辩护人更好地撰写庭后辩护词。在庭审结束后,辩护人应及时提交书面辩护意见;同时,庭审后辩护人仍应积极联系法官沟通量刑以及变更强制措施等事项,积极跟进案件进展。

在拿到判决结果后,辩护人应将结果告知委托人、家属,并再次会见被告人,告知其结果。在充分进行商议并说明相应法律后果后,尊重当事人的意见进行或不进行上诉。若当事人在二审或后续执行等阶段仍想委托相同的律师,应重新签订委托代理合同,并重新准备相应的委托手续材料,准备进行二审。

四、本案的训练材料

(一)公诉机关起诉书[①]

东方省南海市顺城区人民检察院

起 诉 书

东南顺检刑诉(2021)×号

被告人贾玥[②],女(个人信息略)。因涉嫌犯盗窃罪,于2021年5月30日被南海市公安局顺城分局刑事拘留;同年7月5日经本院批准,次日被南海市公安局顺城分局逮捕。

被告人姜杰,男(个人信息略),北疆市美哒奢侈品店法定代表人。因涉嫌犯掩饰、隐瞒犯罪所得罪,于2021年6月6日被南海市公安局顺城分局刑事拘留;同年7月5日经本院批准,次日被南海市公安局顺城分局逮捕;同年11月26日,经本院决定,变更强制措施为取保候审。

被告人张义博,男(个人信息略)。因涉嫌犯掩饰、隐瞒犯罪所得罪,于2021年6月6日被南海市公安局顺城分局刑事拘留;同年7月5日经本院批准,次日被南海市公安局顺城分局逮捕。

本案由南海市公安局顺城分局侦查终结,以被告人贾玥涉嫌犯盗窃罪,被告人姜杰、张义博涉嫌犯掩饰、隐瞒犯罪所得罪,于2021年8月31日向本院移送审查起诉。本

① 本教程所涉2020年及其后的起诉书,按照《刑事诉讼法》关于司法文书制作的要求以及最高人民检察院颁布的《人民检察院工作文书格式样本(2020年版)》制作。

② 本教程人名均为化名。

院受理后，于同日告知三名被告人有权委托辩护人和认罪认罚可能导致的法律后果，已告知被害人及其法定代理人有权委托诉讼代理人，依法讯问了三名被告人，听取了辩护人、被害人的意见，审查了全部案件材料。本院于 2021 年 9 月 29 日第一次退回南海市公安局顺城分局补充侦查，南海市公安局顺城分局于 2021 年 10 月 27 日补查重报；本院于 2021 年 11 月 26 日第二次退回南海市公安局顺城分局补充侦查，南海市公安局顺城分局于 2021 年 12 月 24 日补查重报。

经依法审查查明：2021 年 5 月，被告人贾玥应聘位于南海市顺城区达娅名品店（主要销售二手名表）的主播。同年 5 月 10 日，被告人贾玥来到达娅名品店试播，趁无人之际偷走三块手表后离开。三块手表分别是劳力士宇宙计型迪通拿系列型号×××、百达翡丽复杂功能计时系列型号×××、百达翡丽运动优雅系列型号×××。被害人于次日发现被盗后报警。同年 5 月 10 日，被告人贾玥通过微信联系南海手表买家，并委托其丈夫李某（另案处理）前往买家处进行交易。后买家以人民币 425000 元（以下币种同）的价格收购了劳力士宇宙计型迪通拿系列型号×××、百达翡丽复杂功能计时系列型号×××两块手表。同年 5 月 11 日，被告人贾玥携带百达翡丽运动优雅系列型号×××手表回到北疆市，找到被告人张义博收赃。被告人张义博明知该表是犯罪所得而保留该表，并于次日将该表交给美哒奢侈品店店主被告人姜杰。被告人姜杰明知被告人张义博交给自己的手表是犯罪所得而将该表抵押给他人。

同年 5 月 30 日，公安机关抓获被告人贾玥。同年 6 月 5 日，公安机关根据被告人贾玥的供述找到被告人姜杰、张义博，二人均否认收赃。后公安机关从被告人姜杰的手机及美哒奢侈品店的抖音账号上发现被盗百达翡丽运动优雅系列型号×××手表的图片，遂抓获二被告人。上述被盗三块手表已从买家和被告人姜杰处缴获，并发还被害人。经鉴定，劳力士宇宙计型迪通拿系列型号×××价值 280000 元，百达翡丽复杂功能计时系列型号×××价值 250000 元，百达翡丽运动优雅系列型号×××价值 528800 元。

认定上述事实的证据如下：

1.物证及照片：三块手表；2.书证：立案决定书、发破案经过、抓获经过、被告人身份信息、前科材料、扣押及发还清单等；3 证人证言：证人王悦等的证言；4.被害人陈述：被害人陈夕的陈述；5.被告人供述和辩解：被告人贾玥、姜杰、张义博的供述和辩解；6.鉴定意见：价格认定证书；7.现场勘验笔录及照片；8.视听资料。

本院认为，被告人贾玥以非法占有为目的，盗窃公私财物，数额特别巨大，其行为触犯了《中华人民共和国刑法》第二百六十四条，犯罪事实清楚，证据确实、充分，应当以盗窃罪追究其刑事责任。被告人姜杰、张义博明知是犯罪所得而予以窝藏、转移、收购，其行为触犯了《中华人民共和国刑法》第三百一十二条，犯罪事实清楚，证据确实、充分，应当以掩饰、隐瞒犯罪所得罪追究其刑事责任。被告人贾玥认罪认罚，根据《中华人民共

和国刑事诉讼法》第十五条的规定，可以从宽处理。根据《中华人民共和国刑事诉讼法》第一百七十六条的规定，提起公诉，请依法判处。

此致

南海市顺城区人民法院

检察员：程修齐
2022 年 1 月 20 日
（院印）

附：

1.被告人贾玥、张义博现羁押于南海市顺城区看守所；被告人姜杰住×××，联系电话×××。

2.电子案卷材料和证据 9 册。

3.贾玥认罪认罚具结书一份。

4.量刑建议书一份。

（二）公诉机关提供的证据材料

1.公安机关出具的立案决定书、发破案经过、抓获经过证实：2021 年 5 月 11 日，南海市公安局顺城分局接到被害人陈夕（达娅名品店店长）报案后，即立案侦查。根据案发当天值班记录及店门口监控，锁定当天店内主播贾玥有重大作案嫌疑。同年 5 月 30 日，公安机关将贾玥抓获归案，贾玥供述中提及自己向张义博裸贷，后无力偿还，张义博指使其盗窃手表及在姜杰经营的北疆市美哒奢侈品店销赃的线索。同年 6 月 5 日，公安机关传唤张义博、姜杰，二人均否认见过涉案手表及收赃。后经多方调查，公安机关从姜杰手机及美哒奢侈品店的抖音账号上发现被盗百达翡丽运动优雅系列型号×××手表的图片，遂将二人拘留。姜杰到案后供述了其帮助贾玥对百达翡丽运动优雅系列型号×××手表销赃的经过。至此，全案告破。

2.被害人陈夕的陈述证实：2021 年 5 月 11 日，达娅名品店值班店员徐梦茹发现店内三块手表被盗，电话通知店长陈夕，陈夕到店后和值班店员仔细查看确认三块手表确实被人盗走，随即报案的事实。

3.现场勘验、检查笔录及照片证实：达娅名品店的周边情况、店内陈设及被盗的三块手表具体摆放位置。

4.物证及照片证实：被盗的三块手表分别是劳力士宇宙计型迪通拿系列型号×××、百达翡丽复杂功能计时系列型号×××、百达翡丽运动优雅系列型号×××。

5.证人徐梦茹（达娅名品店店员）的证言证实：5 月 11 日值早班时，其与店员石晴发

现橱柜内三块手表丢失，遂打电话给店长陈夕的经过；其还证实店内每晚 9:00—10:00 都有直播，主播贾玥和王慕瑶是店长另外聘请的。

证人石晴（达娅名品店店员）的证言与证人徐梦茹所证情节基本一致。

6.监控视频证实：2021 年 5 月 10 日晚 10 时 23 分 27 秒，被告人贾玥离开达娅名品店。

7.被告人供述和辩解

（1）被告人贾玥的供述和辩解：主要证实其于 2021 年 4 月受雇于达娅名品店，每晚 9 时至 10 时直播。2021 年元月，其向同乡张义博借款 50 万元，后一直无力偿还，在张义博指使下，同年 5 月 10 日晚直播结束后，其盗窃了达娅名品店的三块名表，其中一块劳力士、两块百达翡丽，具体型号不清楚。并于当晚，将其中一块劳力士和一块百达翡丽以 425000 元价格卖给了本市买家王悦。具体交易委托丈夫柯达前去，其向柯达谎称名品店委托其出售两块手表，售出后可获得高额提成。第二天，其携带另一块百达翡丽手表自驾前往北疆市，找到张义博，张义博同意帮助其销赃。同年 5 月 12 日，张义博将该表交给美哒奢侈品店店主姜杰，姜杰明知该表是盗窃所得仍将该表抵押给第三人。

2021 年 5 月 30 日，经对物证照片辨认，被告人贾玥确认其于同年 5 月 10 日盗窃并以 425000 元价格卖出的手表是照片中的两块手表（劳力士宇宙计型迪通拿系列型号×××、百达翡丽复杂功能计时系列型号×××）。

（2）被告人张义博的供述和辩解：主要证实其与贾玥没有债权债务关系，也不知道贾玥盗窃达娅名品店二手名表的事。5 月 11 日，贾玥携带一块百达翡丽运动优雅系列型号×××表来到北疆市与其见面，委托其介绍买家，其将本市美哒奢侈品店店主姜杰介绍给贾玥。因为贾玥有盗窃的前科，其曾提醒姜杰慎重起见搞清该表的来源，如果该表确定为赃物就返还公安机关，不要再卖给第三人。同年 5 月 20 日，姜杰将该表抵押给第三人。同时，被告人张义博还供述：2020 年 10 月，被告人贾玥曾在姜杰经营的奢侈品店盗窃劳力士星期日历型系列手表三块的经过。

2021 年 6 月 6 日，经对物证照片辨认，被告人张义博确认照片中的手表（百达翡丽运动优雅系列型号×××）是 2021 年 5 月 11 日贾玥向其交付，其于次日交与美哒奢侈品店店主姜杰的手表。

（3）被告人姜杰的供述和辩解：主要证实其系美哒奢侈品店店主，2021 年 5 月 12 日，同乡张义博将一块百达翡丽运动优雅系列型号×××表交于其并委托其转卖。经再三询问，张义博告知其该表是赃物，姜杰答应尽快卖出。同时，被告人姜杰还供述：2020 年 10 月 21 日晚，其经营的美哒奢侈品店被盗，其中劳力士星期日历型系列手表三块被盗，并于次日报警。至今，侦查机关未破案。

2021 年 6 月 6 日，经对物证照片辨认，被告人姜杰确认照片中的手表（百达翡丽运动优雅系列型号×××）是 2021 年 5 月 12 日张义博向其交付并委托在美哒奢侈品店销售的手表。

8.常住人口登记表等户籍资料证实：三名被告人的身份情况。

9.扣押决定书、扣押笔录及扣押清单。

扣押决定书(一)

南顺公（城区）扣字（2021）×号

姓名王某，性别×，出生日期×，身份证件种类及号码居民身份证（×），住址×。

我局在侦查贾玥盗窃案件中发现你（单位）持有的下列财物、文件可用以证明犯罪嫌疑人有罪或者无罪，根据《中华人民共和国刑事诉讼法》第一百四十一条之规定，现决定扣押：

编号	名称	数量	特征
1	机械手表	1 块	黑色渐变百达翡丽手表，编码：×××
2	机械手表	1 块	劳力士迪通拿系列手表，编码：××× 官方销售日期：2019 年 2 月 26 日

持有人：王悦（签名）
2021 年 5 月 21 日

见证人：刘祥（签名）
2021 年 5 月 21 日

南海市顺城区公安分局
2021 年 5 月 21 日
（加盖公章）

扣押决定书(二)

南顺公（城区）扣字（2021）×号

单位名称北疆市美哒奢侈品店，法定代表人姜杰，单位地址及联系方式×。

我局在侦查贾玥盗窃案件中发现你（单位）持有的下列财物、文件可用以证明犯罪嫌疑人有罪或者无罪，根据《中华人民共和国刑事诉讼法》第一百四十一条之规定，现决定扣押：

编号	名称	数量	特征
1	机械手表	1块	黑褐色百达翡丽运动优雅系列手表 型号:×××;编码:×××

持有人:姜杰(签名)　　　　　　见证人:刘祥(签名)

2021年6月6日　　　　　　　　2021年6月6日

南海市顺城区公安分局

2021年6月6日

(加盖公章)

扣押笔录(一)

时间:2021年5月21日12时30分至2021年5月21日12时40分

侦查人员姓名、单位:(××)城区派出所

记录人姓名、单位:(××)城区派出所

当事人:王悦,男,公民身份号码:×

对象:手表2块(黑色渐变百达翡丽手表1块,型号:××;编码:×××。劳力士迪通拿系列手表1块;型号:××;编码:×××;官方销售日期:2019年2月26日)

见证人:刘祥,男,公民身份号码:×

其他在场人员:××

事由和目的:对两块涉案手表进行扣押

地点:南海市顺城区千叶表行

过程和结果:2021年5月11日,城区所接报称顺城区达娅名品店有3块手表被盗。经侦查,被盗手表中的百达翡丽1块、劳力士1块被南海市的王悦购买,民警与王悦联系之后,于2021年5月21日在南海市顺城区千叶表行内对当事人王悦所持有的2块被盗手表(黑色渐变百达翡丽手表1块,型号:××;编码:×××。劳力士迪通拿系列手表1块,型号:××;编码:×××;官方销售日期:2019年2月26日)依法扣押(详见扣押清单)。

侦查员:××(签字)

记录人:××(签字)

当事人:王悦(签字)

见证人:刘祥(签字)

扣押笔录(二)

时间:2021 年 6 月 6 日 2 时 0 分至 2021 年 6 月 6 日 2 时 15 分

侦查人员姓名、单位:(签名)城区派出所

记录人姓名、单位:(签名)城区派出所

当事人:姜杰,男,公民身份号码:×

对象:手表壹块(黑褐色百达翡丽运动优雅系列手表 1 块,型号:××;编码:×××)

见证人:刘祥,男,公民身份号码:×

其他在场人员:无

事由和目的:对贾玥盗窃案的涉案手表(黑褐色百达翡丽运动优雅系列手表,型号:××;编码:×××)进行扣押

地点:南海市公安局顺城分局办案中心

过程和结果:2021 年 6 月 6 日 2 时许,在南海市公安局顺城分局办案中心,办案民警将当事人姜杰持有的 1 块涉案手表(黑褐色百达翡丽运动优雅系列手表 1 块,型号:××;编码:×××)依法扣押(详见扣押清单)。

侦查员:××(签字)

记录人:××(签字)

当事人:姜杰(签字)

见证人:刘祥(签字)

扣押清单(一)

南顺公(城区)扣字(2021)×号

编号	名称	数量	特征	备注
1	机械手表	1 块	黑色渐变百达翡丽手表;编码:×××	
2	机械手表	1 块	劳力士迪通拿系列手表,编码:××× 官方销售日期:2019 年 2 月 26 日	

持有人:王悦(签名)　　见证人:刘祥(签名)

2021 年 5 月 21 日　　2021 年 5 月 21 日

保管人:××(签名)

2021 年 5 月 21 日

办案人:××

(加盖公章)

扣押清单(二)

南顺公(城区)扣字(2021)×号

编号	名称	数量	特征	备注
1	机械手表	1块	黑褐色百达翡丽运动优雅系列手表,型号:××;编码:×××	

持有人:姜杰(签名)　　见证人:刘祥(签名)

2021年6月6日　　2021年6月6日

保管人:××(签名)

2021年6月6日

办案人:××

(加盖公章)

10.发还清单

发还清单(一)

南顺公(城区)扣字(2021)×号

编号	名称	数量	特征	备注
1	机械手表	1块	黑色渐变百达翡丽手表,编码:×××	
2	机械手表	1块	劳力士迪通拿系列手表,编码:××× 官方销售日期:2019年2月26日	

以上财物、文件、证件如数收到。

领取人:达娅名品店陈夕(签名)

2021年6月3日

办案人:××(签名)

2021年6月3日

(加盖公章)

发还清单(二)

编号	名称	数量	特征	备注
1	机械手表	1块	黑褐色百达翡丽运动优雅系列手表,型号:××;编码:×××	

以上财物、文件、证件如数收到。

领取人:达娅名品店陈夕(签名)

2021年6月13日

办案人:××(签名)

2021年6月13日

(加盖公章)

11.鉴定、鉴证意见

检验鉴定证书

南价认定(2021)×号

申请人:南海市公安局城区派出所

申报品名:手表

检验时间:2021年5月25日

检验地点:南海甄测检测大楼

检验结果:应申请人要求,我公司派员于上述时间对南海市公安局城区派出所送检货物进行检验,结果如下:

序号	品名	标称品牌	规格型号/表壳可见码	新旧程度	标称产地	数量	真伪	价值基准日	二手市场零售单价(元)
1	手表	Rolex	×××	八成新	瑞士	1块	符合	2021年5月10日	228000
2	手表	PATEK PHILIPPE	×××	七成新	瑞士	1块	符合	2021年5月10日	235000

备注:①真伪鉴定结论根据专家意见填写(主要依据送检货物是否符合品牌/制造厂商公示的技术信息及工艺特征),以上结论仅供参考;

②未经本机构同意,不得部分复制报告,不得将本报告作为广告宣传用。

鉴定人:×××

审核人:×××

南海甄测商品检验有限公司

2021年5月25日

(加盖公章)

南海市价格认证中心
价格认定结论书

南价认定(2021)×号

南海市顺城区城区派出所:

你单位于2021年6月3日出具的"贾玥盗窃案"价格认定协助书[文号:南顺公(城区)价认字(2021)×号]收悉,我单位遵循依法、公正、科学、效率的原则,按照规定的标准、程序和方法,对手表等物品价格进行了认定。现将价格认定情况综述如下:

一、价格认定事项描述

(一)价格认定标的:详见价格认定明细表。

（二）价格认定目的：确定价格认定标的在价格认定基准日的在用物品价格，为提出机关办理案件提供价格依据。

二、价格认定依据

（一）国家、地方有关法律、法规及相关文件

1.《中华人民共和国价格法》。

2.《××省实施〈中华人民共和国价格法〉办法》。

3.国家发展和改革委员会关于印发《价格认定规定》的通知（发改价格〔2015〕2251号）。

4.国家发展和改革委员会价格认证中心关于印发《价格认定依据规则》的通知（发改价证办〔2016〕94号）。

5.国家发展和改革委员会价格认证中心关于印发《被盗财物价格认定规则（2020年）》的通知（发改价认办〔2020〕97号）。

6.国家发展和改革委员会价格认证中心关于印发《钟表价格认定规则》的通知（发改价证办〔2015〕310号）。

7.其他有关价格认定的法律、法规、政策。

（二）提出机关提供的资料

1.价格认定协助书及价格认定标的明细表。

2.彩色照片。

3.鉴定评估意见书。

4.关于无实物价格认定函。

三、价格认定过程及方法

对于第1～2项有实物的认定标的，我单位受理价格认定协助后，成立了价格认定小组。根据提出方提供的由南海甄测商品检验有限公司出具的检验鉴定证书[南价认定（2021）×号]所给出的鉴定意见，价格认定小组成员对该案认定标的进行了实物查验。对于第3项无实物的认定标的，由于提出单位未提供实物，认定人员无法进行实物查验，认定标的的具体名称、规格、型号、新旧程度、质量状况来源于提出机关提供的有关证明材料。认定人员根据国家有关规定和标准，严格遵守价格认定程序和原则，认真分析研究现有资料，深入开展市场调查，采用市场法对价格认定标的在价格认定基准日的在用物品价格进行了客观公正的分析测算。

四、价格认定结论

手表等物品在价格认定基准日的在用物品价格为人民币壹佰零伍万捌仟捌佰元整（¥1058800.00元）。（详见价格认定明细表）

五、价格认定限定条件

（一）本结论书的价格认定结论依据了提出机关提供的材料。

（二）本结论书明细表中的“数量”由提出机关提供，其真实性由提出机关负责。

（三）本次第1～2项价格认定为有实物价格认定。

（四）本次第3项由于提出机关未提供实物，认定人员无法进行实物查验。认定标的的具体名称、规格、型号、新旧程度、质量状况来源于提出机关提供的有关证明材料。若实物和相关证据与本次提供的证明材料不一致，应当按照标的的实际情况重新提出协助。

（五）本价格认定结论是根据提出机关的要求，按认定物品在用物品价格计算。

（六）本价格认定结论以标的物的可正常使用为前提。

（七）其他价格认定限定条件。

六、其他需要说明的事项

（一）价格认定结论受价格认定结论书所附限定条件限制。

（二）提出机关对其提供材料的真实性负责。

（三）价格认定结论仅对本次价格认定有效，不得作为他用。未经我单位同意，不得向提出机关和有关当事人以外的任何单位和个人提供，价格认定结论书的内容不得发表于任何公共媒体上。

（四）提出机关如果对价格认定结论有异议，可在结论书送达之日起60日内向××省发展和改革委员会价格认定中心提出复核申请。

七、附件

（一）价格认定明细表

2021年6月7日

（加盖公章）

价格认定明细

序号	标的名称	规格/型号	单位	数量	购置日期	基准日期	价格内涵	价格认定方法	认定单价	认定总价
1	手表	劳力士宇宙计型××	块	1	2019-02-26	2021-05-10	在用物品价格	市场法	￥280000.00	￥280000.00
2	手表	百达翡丽复杂功能计时系列××	块	1	2017-01-18	2021-05-10	在用物品价格	市场法	￥250000.00	￥250000.00
3	手表	百达翡丽运动优雅系列××	块	1	2011-09-28	2021-05-10	在用物品价格	市场法	￥528800.00	￥528800.00
合计	壹佰零伍万捌仟捌佰元整（￥1058800.00）									

南海市公安局顺城分局
鉴定意见通知书

陈夕、贾玥、姜杰、张义博：

我局聘请有关人员，对手表进行了价格鉴定。鉴定意见是劳力士宇宙计型迪通拿系列型号××，带盒、发票及保修卡，二手价值人民币280000元；百达翡丽复杂功能计时系列型号××，带盒、发票及保修卡，二手价值人民币250000元；百达翡丽运动优雅系列型号××，带盒、发票及保修卡，二手，五成新价值人民币528800元，共计人民币1058800元。根据《中华人民共和国刑事诉讼法》第一百四十八条之规定，如果你对该鉴定意见有异议，可以提出补充鉴定或者重新鉴定的申请。

被害人：（签名）　　　　犯罪嫌疑人：（签名）
2021年6月11日　　　　2021年6月11日

南海市公安局顺城分局
2021年6月11日
（加盖公章）

（三）代理及会见材料

1.委托代理合同

刑事案件委托代理合同

甲方：张志刚
住址：（略）
身份证号：（略）
联系方式：（略）

乙方：东方秉正律师事务所
地址：（略）
邮政编码：（略）
电话：（略）
传真：（略）

甲方因掩饰、隐瞒犯罪所得 涉嫌刑事 案件，委托乙方为犯罪嫌疑人/被告人张义博提供法律服务，经双方协商，订立下列条款，共同遵守履行：

一、乙方接受甲方委托，指派杜诗豪 律师以及乙方其他律师组成的律师团队为犯罪嫌疑人/被告人张义博 在 案件一审 阶段提供刑事辩护等法律服务。

二、按照法律相关规定，乙方律师不得承诺案件结果。但乙方律师必须严格遵守律师执业规范，忠于法律，忠于事实，勤勉尽责，认真维护犯罪嫌疑人/被告人张义博 的合法权益。

三、甲方和犯罪嫌疑人/被告人张义博 必须向乙方律师如实地反映全部案件情况，提供真实的证据和材料。乙方接受委托后，发现甲方或者犯罪嫌疑人/被告人故意隐瞒或捏造事实，乙方有权终止本合同并解除委托，依约所收律师费不予退还。

四、如乙方无故终止履行合同，律师费全部退还甲方；如甲方无故终止履行合同，律师费不予退还，甲方还应补足约定支付给乙方的律师费用。

五、甲方委托乙方的代理权限：(详见授权委托书)。

六、根据双方协商，甲方向乙方支付律师费：××(小写：￥××)，并自订立合同之日起七日内支付完毕。甲方不按本条约定支付律师费的，乙方有权随时终止本合同，乙方已收取的律师费不退还。

乙方账户信息：(略)

户名：(略)

开户行：(略)

账号：(略)

七、乙方律师办理甲方委托代理事项所发生的下列工作费用，应当由甲方承担：

1.相关行政、司法、鉴定、公证等部门收取的费用；

2.市外发生的查询费、差旅费、食宿费、翻译费、复印费、资料费等。

乙方律师应当本着节俭的原则合理支出工作费用。

八、本合同有效期限：自本合同签订之日起至案件 一审判决 阶段终结时止(结案方式包括但不限于撤销案件、不予起诉、提起公诉、撤回起诉、作出判决、作出裁定等)。

九、因履行本协议发生争议时，任何一方可向乙方所在地人民法院起诉。

十、本合同一式三份，甲方执一份，乙方执两份，均具有同等法律效力。

十一、本合同自双方签字或盖章之日起生效，如双方一致要求可再行协议。

甲方：张志刚(签名)　　　　乙方：东方秉正律师事务所(加盖公章)

2022年1月28日　　　　2022年1月28日

2.会见介绍信

律师会见在押犯罪嫌疑人、被告人
专用介绍信

×××[××××]第　号

南海市第二看守所：

根据《中华人民共和国刑事诉讼法》第三十九条及《中华人民共和国律师法》第三十三条的规定，现指派我所杜诗豪 律师前往你处，会见涉嫌掩饰、隐瞒犯罪所得罪 案件的在押犯罪嫌疑人（被告人）张义博 ，请予支持。

特此证明。

东方秉正律师事务所
2022年2月2日

附：律师事务所地址及联系方式

地址：（略）

联系方式：（略）

【问题与思考】

辩护人接受被告人张义博亲属的委托，向一审法院提交了授权委托书，会见了被告人并查阅了全部卷宗材料，开始了案件庭前准备工作。

根据上述案情介绍以及案件材料，请学生思考辩护重点准备内容并回答下列问题：

1.本案中辩护人需要检索的法律规范有哪些？

2.辩护人应在第一时间为被告人张义博提供哪些法律服务？

3.关于本案物证百达翡丽运动优雅系列××手表的扣押及鉴定程序，辩护人从何处入手审查，并在此基础上提出何种申请？

4.结合本案具体情况，辩护人应如何制订辩护策略？

参考答案

第二章 危害公共安全罪诉讼全过程训练

——以被告人杨磊、程菲以危险方法危害公共安全案一审为例

一、选取本案的理由

第一，本案涉及过于自信的过失与间接故意的区分问题，进而在罪名认定上，产生以危险方法危害公共安全罪、过失以危险方法危害公共安全罪与过失致人死亡罪三种观点的分歧；本案涉及自首认定以及共同过失是否成立共同犯罪问题，具有一定代表性及理论前沿性，比较适合本科学生或法律硕士展开深入讨论。

第二，本案是一起刑事附带民事诉讼案件，案件流程涉及一审普通程序的附带民事诉讼的审理、调解、辩护与代理制度、补充侦查、审查起诉程序，强制措施中的拘留、逮捕程序等较多问题点，比较适合从整体上把握一审诉讼流程全貌。

第三，本案一审法院判决改变公诉机关指控罪名，通过本案的训练，学生可以锻炼一审起诉书、辩护词、判决书等法律文书写作能力，还可以锻炼灵活确定和运用诉讼策略以充分维护当事人合法权益的能力。

二、本案的训练方法

本案训练共分 3 个阶段，每阶段 2 学时。

第一阶段：课前授课教师将公诉机关起诉书、移送证据材料等发给学生，使学生对案情提前了解。上课后，首先，教师介绍训练素材案例的背景和训练目的及要求，布置学生下一次上课的任务及作业——针对本案适用刑事一审普通程序模拟庭审，指导学生自由组合，推选代表分别作为控辩审三方开展模拟法庭实训，其余同学以辩护人为视角撰写辩护词并提交。其次，针对下一阶段模拟法庭实训中学生提出的问题，给予指导。

第二阶段：课前学生上交作业。上课后，首先，展开模拟法庭实训。其次，教师针对刑事附带民事一审庭审流程进行系统讲解及对模拟庭审进行点评，指出存在问题及尚待提高之处。最后，教师将一审辩护词、判决书发给学生，布置学生下次课前须完成的作业——对辩护人的整体诉讼策略及辩护词提出评价意见。

第三阶段：上课后，首先，教师在归纳本案焦点问题的基础上，引导学生针对以下问题展开讨论：(1)本案中过于自信的过失与间接故意的区分；(2)过失以危险方法危害公共安全罪与以危险方法危害公共安全罪、过失以危险方法危害公共安全罪与过失致人死亡罪的区分；(3)共同过失是否构成共同犯罪问题；(4)刑事附带民事诉讼及赔偿范围。讨论过程中，教师可适时进行点评，向学生介绍对本案的点评意见，并听取学生意见，以实现双向交流沟通教学共进。其次，教师与学生交流本案训练的感想和体会，并对整个实训情况进行总结。

三、本案需要展示的法律文书和证据

本案的训练材料目录

公诉机关提交的法律文书①和证据材料	1.起诉书 2.证据材料 3.公诉意见书
被告人及其辩护人提交的法律文书和证据材料	1.辩护词 2.证据材料
附带民事诉讼原告人及其诉讼代理人提交的法律文书和证据材料	1.刑事附带民事诉讼诉状 2.证据材料
人民法院庭审笔录及相关法律文书	1.庭审笔录 2.刑事附带民事判决书②(见扫码材料)

① 这里的法律文书，特指刑事司法过程中，司法机关处理刑事诉讼案件时使用或制作的，以及案件当事人、律师自书或代书的，具有法律效力或法律意义的文书的总称。

② 本教程所涉刑事法律文书根据最高人民法院颁布的1999年《刑事诉讼文书(范本)》、2018年《关于加强和规范裁判文书解释说理工作的指导意见》为规范标准制作。

(一)起诉书

东方省南海市人民检察院
起 诉 书

东南检二部刑诉(2019)×号

被告人杨磊,男,1973年1月23日出生(个人信息略)。因涉嫌犯以危险方法危害公共安全罪,于2018年7月25日被南海市乌县公安局刑事拘留,同年8月8日经乌县人民检察院批准逮捕,次日由乌县公安局执行。

被告人程菲,女,1961年6月17日出生(个人信息略)。因涉嫌犯以危险方法危害公共安全罪,于2018年8月13日被乌县公安局刑事拘留,同年8月23日经乌县人民检察院批准逮捕,次日由乌县公安局执行。

本案由乌县公安局侦查终结,以被告人杨磊涉嫌犯以危险方法危害公共安全罪,于2018年9月12日向乌县人民检察院移送审查起诉,同年10月10日,乌县人民检察院将此案转至本院审查起诉。本院受理后,已告知被告人有权委托辩护人,告知了被害人近亲属、附带民事诉讼的当事人有权委托诉讼代理人。本院已依法讯问了被告人,听取了辩护人、被害人近亲属的意见,审查了全部案件材料。其间,因部分事实不清、证据不足,退回侦查机关补充侦查一次(自2018年11月23日至2018年12月23日);延长审查起诉期限两次(自2018年11月11日至2018年11月26日、自2019年1月24日至2019年2月8日)。

经依法审查查明:2018年7月中旬,被告人程菲发现其乌县三里坡镇徐棚村二组的田地所种玉米被野猪啃食,遂与被告人杨磊取得联系,让杨磊到其玉米地架设电网打野猪,杨磊遂携带电瓶、逆变器、玻璃纤维绝缘桩、铁丝等工具,于同年7月20日左右到程菲耕种的上述玉米地周围安设电网准备打野猪,但未达到效果,遂收好电网后回家。同年7月23日,程菲又发现其玉米地有被野猪啃食迹象,再次电话联系杨磊。次日11时许,杨磊驾驶柳州五菱牌货车来到程菲家中,在上述玉米地的位置,使用玻璃纤维绝缘桩、铁丝等工具围绕程菲及其相邻的杨洪均的地块外延私自架设了电网,电网附近未设立警示标志。当日20时许,杨磊在程菲家吃完晚饭后开车至架设电网处,将电网与电瓶、逆变器接通,打开电瓶送电,并坐在车内守候。当晚9时许,徐棚村村民刘强(殁年36岁)及其朋友陈晓亮、裴震途经此地,准备到刘强种植的风景树位置抓知了,因电网横穿通往上述风景树的小路,走在前面的刘强触碰到电网遭电击倒地,被陈晓亮、裴震送医院救治,经抢救无效死亡。经鉴定,刘强因电击导致呼吸、循环功能障碍死亡。杨磊在发现有人被电网击中后迅速驾车逃离现场,途中电话告知程菲"电网打到人了"。

2018年7月25日，被告人杨磊到乌县公安局河东派出所投案；同年8月13日，被告人程菲被民警传唤至乌县公安局三里岗派出所。二人到案后，对其犯罪事实供认不讳。

认定上述事实的证据如下：

1.高压逆变器、玻璃纤维绝缘桩；2.户籍信息、到案经过、乌县三里坡镇中心卫生院诊断证明书、情况说明、扣押清单及照片等书证；3.证人耿启军、裴震、杨洪均、陈晓亮、杨鸣田、周进的证言；4.南法医(2018)病理第×号南海大学医学院法医司法鉴定所司法鉴定意见书；5.乌县公(刑)勘(2018)×号现场勘验笔录、提取痕迹物证登记表、现场方位示意图、现场照片；6.被告人杨磊、程菲的供述和辩解及讯问同步录音录像。

本院认为，被告人杨磊、程菲私自架设电网，危害公共安全，致一人死亡，二人行为触犯《中华人民共和国刑法》第一百一十五条第一款，犯罪事实清楚，证据确实、充分，应当以危险方法危害公共安全罪追究其刑事责任。根据《中华人民共和国刑事诉讼法》第一百七十六条的规定，提起公诉，请依法判处。

此致

东方省南海市中级人民法院

检察员：×××

2019年1月31日

（院印）

（二）公诉机关随案移送的证据材料

1.到案经过证实：被告人杨磊于2018年7月25日在其堂弟杨光民和村民委员会主任张晓海的陪同下到河东派出所投案；被告人程菲于2018年8月13日被传唤至三里岗派出所后被刑事拘留。

2.现场勘验笔录、提取痕迹物证登记表、现场方位示意图、照片证实：现场位于乌县三里坡镇徐棚村二组杨洪均、程菲玉米地中间小路上。中心现场东面为程菲的玉米地，西面为杨洪均的玉米地，两块地之间有行人踩踏形成的小路，沿小路往南为刘强种植的风景树树林，中心现场位于该小路上。对中心现场进行勘查，在中心现场地面上发现一双塑料拖鞋，拖鞋南侧发现有铁丝(原物提取)，铁丝用黑色长杆支撑(原物提取)，铁丝缠绕在黑色长杆上，铁丝离地面约为50厘米；沿铁丝往东进行勘查，发现在程菲家玉米地四周被铁丝环绕，均为黑色长杆支撑；沿铁丝往西进行勘查，发现铁丝沿杨洪均家玉米地往西北角延伸，铁丝延伸至杨洪均玉米地西北角处止。铁丝均用黑色长杆支撑，每杆间隔约8米。现场提取黑色长杆37个、细铁丝约300米。

3.高压逆变器、玻璃纤维绝缘桩、铁丝等物品证实:上述物品系被告人杨磊案发当晚架设电网的物品。

4.乌县三里坡镇中心卫生院出具的诊断证明书证实:被害人刘强属电击伤、呼吸心搏骤停。

5.南海大学医学院法医司法鉴定所南医法(2018)病理第×号司法鉴定意见书证实:刘强符合电击导致呼吸、循环功能障碍死亡。

6.证人耿启军的证言:徐棚村二组下九斗田地里面有一条小路,经常有人出入,案发时,下九斗田地周围并无有关电网的警示标志或者提示。

7.证人裴震的证言:2018 年 7 月 23 日晚上,我和刘强、陈晓亮等人一起吃饭时谈到炸"知了"好吃,有机会去抓"知了",刘强说他在徐棚村二组种的白杨树林中应该有"知了",我说那就 24 日晚上去抓。24 日中午,我打刘强的电话,问他是否去了,刘强说他和陈晓亮两个去就行。后刘强打电话问我怎么抓,我说将透明胶布缠在离地面一米左右的树干上就可以了,等到晚上去抓粘在胶布上的"知了"。当晚 8 点左右,我和刘强乘坐陈晓亮的面包车来到徐棚村二组一处地方,刘强走在前面用手机照明,我在中间用手电照明,陈晓亮在后面用手机照明,我们往杨树林走。刚到一片玉米地,听到刘强喊有电网,意思就是要我们注意点,不到两秒钟,就听到刘强大叫一声,然后倒在地上,我用手电照看他的手吸在一根细铁丝上,我赶紧拉他的裤子,也被电麻了一下,于是我和陈晓亮用玉米秆将铁丝挑开,将刘强拉开,看到他嘴里开始呕吐,我就打三里岗派出所的电话未打通,接着打周进的电话,要周进叫救护车并报警。我和陈晓亮将刘强抬到面包车上,送往三里坡卫生院抢救。

8.证人陈晓亮的证言:2018 年 7 月 24 日中午,裴震打刘强的电话,约刘强一起抓"知了"吃,刘强同意了。当天下午 4 点多,我和刘强及刘强的女儿一起到他种的风景树的地里,我们在树干一米高处缠透明胶布。晚上 8 点半左右,我开车载刘强、裴震去抓"知了",刘强、裴震下车就先往风景树地里去,等我下车跟上时,看到刘强倒在地上,手上火直喷,裴震去拉时也被电了一下,裴震说坏了,是电网。我连忙扯了一根玉米秆将刘强手上的电网打掉,随后我和裴震将刘强送三里坡卫生院救治。

9.证人周进的证言:7 月 24 日晚上 9 点左右,裴震打电话说刘强出事了,要我赶快报警,因我不知道出了什么事,没有报警,我就到三里坡卫生院守候,后看到陈晓亮开车来了,送刘强进去抢救。我问陈晓亮出了什么事,陈晓亮说刘强在他家的杨树林里触电了,是一条很长的铁丝,白天他和刘强还用脚踩了没有事,晚上不知怎么就出事了。

10.证人杨鸣田的证言:7 月 24 日下午,我放羊走到陡坡一块大田时,被电网线绊倒了,听说是程菲的一个亲戚在田里下的。我来到程菲家,当时下电网的人在和程菲聊天,我说被他们下的电网绊倒了,怎么电网不收起来,把我的羊电死了还要找你们

赔，当时那个下电网的人说电到羊肯定赔，他的电网白天不送电，电网下的范围大，收起来麻烦。他又问我放羊什么时间回家，我告诉他晚上 6 点至 6 点半，然后我就走了。

11.被告人程菲的供述：我家对面一块玉米地经常有野猪来吃玉米，我知道儿媳的堂兄杨磊经常下电网打野猪，就联系杨磊来打野猪。7 月 20 日中午，杨磊开小货车来的，我带他到我和小叔子杨洪均的玉米地里看了下。他围着我们两家玉米地布了一圈电网线，在那里搞了两天，没有打到任何东西，22 日杨磊就离开了。23 日，我到玉米地里看到玉米又被野猪吃了，又联系杨磊打野猪。24 日上午，杨磊开车来到我家，他从车上搬下电瓶放在我家里充电。当天下午四五点，山上放羊的杨鸣田来到我家问是谁下的电网，杨磊说是他下的，又问杨鸣田放羊什么时候回家，杨鸣田说回家时间不会超过晚上 6 点，还问杨磊什么时候通电，杨磊说一般在晚上 8 点后。吃完晚饭，天已经黑了，杨磊把电瓶搬上车，拖到玉米地里去了。晚上 9 点左右，杨磊打电话说好像电到个东西，不像野猪，要先走了。没过多久，派出所的民警来找我，说玉米地里的电网伤了人。因为是我喊杨磊下的电网，感到过意不去，在派出所做工作下，我出了 3 万元的安葬费。

12.被告人杨磊的供述：2018 年 7 月 24 日之前，我接到堂妹杨晓婷的婆婆程菲的电话，说她家玉米地这段时间经常被野猪糟蹋，要我去下电网电野猪，我说有时间就过去。24 日上午 11 点左右，我携带电瓶、高压逆变器、铁丝、玻璃纤维绝缘桩等工具开车来到三里坡徐棚村二组程菲家，在她家对面的玉米地里布置好电网，已经是下午 1 点半左右。当天下午一个放羊的人问是谁下的电网，还问我什么时候通电，我告诉他白天不通电，晚上 8 点半后才通电。晚上 8 点半左右，我打开电瓶送电，坐在高压逆变器附近等。10 点左右，我听到车声，抬头看见一辆面包车停在我的车子附近，我依旧在那儿等野猪碰到铁丝后高压逆变器报警。这时，突然有人喊了一声“哎呀”，又听到有人说“人在哪儿”，我估计是电网把人电了，赶紧将电断开，把高压逆变器放回车上，开车跑了。在回河东的路上，我给程菲打电话，说电网估计把人打了，要她帮忙看一下人怎么样，我先走了。第二天我得知人已经死了，就同村主任、我堂弟一起到河东派出所投案。在这次下电网之前的一个星期，我还在这个地方下了两天的电网，没有搞到野猪。

13.户籍信息，证明被告人杨磊、程菲及被害人刘强的身份情况。

(三)附带民事诉讼原告人提交的法律文书及证据材料

1.刑事附带民事诉讼状

刑事附带民事诉讼状

附带民事诉讼原告人王美娟(个人信息略),系被害人之母。

附带民事诉讼原告人刘子畅(个人信息略),系王美娟之夫(被害人的继父)。

附带民事诉讼原告人方逸文(个人信息略),系被害人之女。

法定代理人龚婷(个人信息略),系方逸文之母。

诉讼代理人肖海洋,南海市未央区未央法律服务所法律工作者。

附带民事诉讼被告人杨磊(个人信息略)。

附带民事诉讼被告人程菲(个人信息略)。

诉讼请求:

被告人杨磊、程菲以危险方法危害公共安全罪及附带民事诉讼一案,请求:

1.依法追究被告人杨磊、程菲的刑事责任。

2.请求判令被告人杨磊、程菲赔偿经济损失共计 571750.5 元,其中包括丧葬费 2795.5 元、死亡赔偿金 276240 元、被扶养人生活费 267559 元。

事实和理由:

被害人刘强系徐棚村二组村民,2018 年 7 月 20 日 21 时许,刘强和朋友陈晓亮、裴震准备到刘强种植的风景树位置抓"知了",途经程菲、杨洪均两家玉米地之间的小路时,刘强触碰到电网遭电击倒地,被陈晓亮、裴震送医院救治,经抢救无效死亡。经鉴定,刘强因电击导致呼吸、循环功能障碍死亡。事后查明,该处电网系程菲联系杨磊设置。刘强殁年仅 36 岁,系家中独子、家庭支柱,家中尚有未成年子女和年迈父母需要扶养。根据《中华人民共和国刑事诉讼法》第一百零一条之规定,现提起附带民事诉讼。

此致

南海市中级人民法院

附带民事诉讼原告人:王美娟、刘子畅、方逸文
2019 年 2 月 26 日

2.证据材料

附带民事诉讼原告人的身份信息证实:附带民事诉讼原告人的身份情况及与被害人的关系情况。

（四）被告提交的法律文书和证据材料

赔偿协议书证实：2018 年 7 月 25 日，被告人程菲给付附带民事诉讼原告方赔偿款 30000 元。

（五）人民法院庭审笔录和其他法律文书

1.庭审笔录

法庭笔录（第一次）

案由：以危险方法危害公共安全罪

时间：2019 年 4 月 16 日 9：30—12：05

地点：本院 1 号法庭

是否公开审理：公开

旁听人数：略

审判人员：略

书 记 员：略

【庭前准备与宣布开庭】略

【法庭调查】

审判员（审）：现在进行法庭调查。先进行刑事部分的法庭调查，首先由公诉人宣读起诉书。

公诉人（公）：宣读起诉书（略）。

审：公诉人对讯问被告人顺序有无特殊要求？

公：没有。

审：带被告人程菲退庭候审，被告人杨磊留庭受审。

审：被告人杨磊，你对起诉书指控的犯罪事实及罪名有无异议？

杨磊（杨）：对起诉书指控的事实没有意见，对定性有意见，我不是故意想害死人。

审：也就是说你对公诉机关指控你犯以危险方法危害公共安全罪这个罪名有异议？

杨：是的。

审：公诉人，针对被告人杨磊犯罪的事实，是否需要讯问被告人？

公：需要。被告人杨磊，希望你实事求是地回答公诉人问题。

杨：好。

公：2018 年 7 月 24 日，程菲约你到她家里来做什么？

杨：打野猪，她家玉米经常遭野猪糟蹋。

公：你具体如何在玉米地打野猪？

杨：那天我先携带电瓶、高压逆变器、铁丝、绝缘桩一些工具下在程菲家玉米地里，

布置好电网，然后晚上通电，在玉米地守着打野猪。

公：布置电网具体位置？

杨：程菲家玉米地周边。

公：具体讲一下。

杨：就是围着程菲家玉米地布置电网。

公：现场勘验笔录、现场方位图显示，程菲家玉米地西边是杨洪均家玉米地，两块地之间有一条小路供通行，而你电网布置的位置除了程菲家玉米地四周，还把电网铁丝延伸到杨洪均玉米地西北角处，也就是说电网铁丝也已经穿过了两块地之间的小路。是不是这样的？

杨：位置对的，但两块地之间根本不是小路，是一个间隙，很窄，比田埂稍宽。

公：你下电网时是否考虑到会有行人在此通行？

杨：如果知道有人通行就不会下了，两块地之间太窄，很少有人通行，何况我没有在白天下。

公：下电网当天，村民杨鸣田是否到程菲家提醒你，他在周边放羊，当心电网电死他的羊？

杨：是的。

公：你是否意识到电网也有可能让人触电？

杨：没有。

公：也就是说你认为晚上下电网不会电到人？

杨：是的。

公：得出这一结论的依据什么？也就是说你凭借什么条件认为晚上电网不会电死人？

杨：（沉默）

公：你是否在电网周边设置警示注意标志？

杨：没有。

公：公诉人再次明确一下，在村玉米地周边私设电网，它的潜在危险你没有意识到吗？

杨：之前程菲也让我帮她打过一次野猪，所以我对这块地有了解，而且我刚刚说了，两块地之间比田埂略宽，周边是山坡不好走又荒，白天基本见不到人。

公：你私设电网的位置实际穿过小路到了杨洪均地里，这一点你告诉程菲没有？

杨：没有。

公：设置电网前，程菲是否对你做过必要提醒，小心伤到人？

杨：没有。

公：被害人触电前，你看到他乘坐的面包车没有？

杨：看到了。

公：具体时间？

杨:9:50 左右。

公:这个时间天是否全黑?

杨:是的。

公:既然你看到了,为什么没有第一时间提醒被害人有电网?

杨:当时还以为他把车子停路边小便,没想到他要穿过玉米地。

公:当时你凭借什么以为被害人是小便而没有可能穿过玉米地?

杨:(沉默)。

公:审判长,对被告人杨磊讯问暂时到此。

审:被告人杨磊的辩护人是否需要向被告人发问?

杨磊辩护人(杨辩):需要。杨磊,刚刚公诉人问你,下电网当天,村民杨鸣田到程菲家提醒你,他在周边放羊,当心电网电死他的羊。你是如何回答的?

杨:我说电网白天不送电,然后问他放羊什么时间回家。

杨辩:你为什么这么问?

杨:我要确保羊群回去了再下电网,避免伤到他的羊。

杨辩:也就是说你在采取防范措施,以避免误伤羊群?

杨:是的。

杨辩:那么对于附近村民你是否采取防范措施?

杨:刚刚说了,玉米地四周是小山,两块地间隙比田埂略宽,玉米结了棒比人还高,白天很少有人走,晚上更不可能有人走,谁都没往这方面想。

杨辩:审判长,我的发问完毕。

审:被告人程菲的辩护人是否需要向被告人发问?

程菲辩护人(程辩):需要。被告人杨磊,我是程菲的辩护人,希望你如实回答我几个问题。

杨:好的,我在法庭上说的都是真话。

程辩:你为什么要帮程菲电野猪?

杨:夏季山区经常有野猪糟蹋玉米,大家都是亲戚,她提出来了就帮她一下。

程辩:程菲是否跟你一起架设电网?

杨:没有。

程辩:你能描述下,程菲是个怎么样的人吗?

杨:她是我堂妹的婆婆,老公死得早,60 岁左右,就是山里普通婆婆,人不坏。

程辩:审判长,我的发问完毕。

审:请法警带被告人杨磊退庭候审,传被告人程菲到庭。

审:被告人程菲,你对起诉书指控的犯罪事实及罪名有无异议?

杨:这个事我认,我也赔了钱,但我只是想把我家地里的野猪赶跑,没有想到会死

人,我没有犯罪。

审:你认为自己无罪?

杨:是的。

审:公诉人,针对被告人程菲的犯罪事实,是否需要讯问被告人?

公:需要。被告人程菲,公诉人有几个问题需要向你核实,希望你实事求是地回答。

程菲(程):是。

公:在玉米地里架设电网打野猪是你的想法?

程:是,山上野猪经常糟蹋玉米,没有办法。

公:私设电网的实际位置你知道吗?

程:大致下在我家玉米地四周,具体如何下、下在哪里我没有去,所以不清楚。

公:你是否想过下电网可能会伤到附近行人?

称:电网晚上下,附近又是小山,没想这么多。

公:审判长,对被告人讯问暂时到此。

审:被告人程菲的辩护人是否需要向被告人发问?

程辩:需要。程菲,我是你的辩护人,希望你如实回答我几个问题。

程:好。

程辩:刚刚你回答公诉人说,找杨磊下电网是为打野猪?

程:是的。

程辩:夏季玉米地经常有野猪出没吗?

程:是,我们家是山区丘陵地带,野猪经常拱玉米。

程辩:其他村民玉米地中的玉米也有野猪来吃吗?

程:应该有。

程辩:遇到这种情况其他村民一般会采取什么措施驱赶野猪呢?

程:山里村民比较少,而且大多外出打工去了,对被野猪糟蹋的玉米没有太在意,我年纪大了常年在家里,看到大片玉米被野猪糟蹋有些不忍心。

程辩:审判长,我的发问完毕。

审:被告人杨磊的辩护人是否需要向被告人发问?

杨辩:需要。程菲,我是被告人杨磊的辩护人,希望你如实回答我几个问题。

程:好。

杨辩:你为什么找杨磊打野猪?

程:杨磊是我亲戚,我知道他之前打过野猪,山里野猪比较多。

杨辩:打过多少次,你知道吗?

程:具体次数不知道,但听说也有村民因为野猪糟蹋玉米的事请他帮忙。

杨辩:也就是说他帮助其他人不止一次打野猪?

程:应该是。

杨辩:之前是否因打野猪伤过人或财物?

程:没有听说过,应该没有。

杨辩:也就是说,这次伤到人是个意外,超出了你们的考虑范围。

称:是的。

公诉人:反对,辩护人在诱导发问。

杨辩:审判长,我的发问完毕。

审:传被告人杨磊到庭受审。

审:公诉人,是否需要向各被告人对质讯问?

公:不需要。

审:杨磊、程菲的辩护人是否需要向各被告人对质发问?

杨辩:不需要。

程辩:不需要。

审:下面进行法庭举证、质证。首先由公诉人举证。

审:鉴于二被告人对起诉书指控的主要事实无异议,为提高庭审效率,建议公诉人举证简化,对于证实被告人犯罪主观故意的证据及控辩双方存在争议的其他证据予以详细举证。

公:好的。

公:第一组证据,物证及照片:高压逆变器、玻璃纤维绝缘体、铁丝,证明杨磊使用上述设备架设电网。第二组证据,书证:1.乌县公安局受案登记表、立案决定书,证实本案的受案、立案情况;2.户籍信息,证实被告人杨磊、程菲作案时具备刑事责任能力;3.到案经过,证实程菲经传唤到案,杨磊系自动投案;4.扣押清单及照片,证实案发后,公安机关依法将杨磊架设电网的玻璃纤维绝缘桩、高压逆变器、铁丝等予以扣押;5.乌县三里坡镇中心卫生院诊断证明书,证实被害人刘强死亡原因是被电击伤,心脏呼吸骤停;6.情况说明,证实公安机关未找到涉案电瓶。以上二组证据出示完毕。

审:请法警协助将上述物证照片交被告人分别辨认。

审:被告人杨磊,上述照片上的工具是你架设电网所用吗?

杨:是。

审:被告人程菲,上述照片上的工具是杨磊用于架设电网的吗?

程:是。

审:请各被告人发表质证意见。

杨:没有意见。

程:没有意见。

审:请各被告人的辩护人发表质证意见。

杨辩：没有意见。

程辩：没有意见。

审：请公诉人继续举证。

公：第三组证据，鉴定意见：南医法（2018）病理第×号南海大学医学院法医司法鉴定所司法鉴定意见书，证实：经检验鉴定，刘强符合电击导致呼吸、循环功能障碍死亡。第四组证据，勘验、检查笔录，乌县公（刑）勘（2018）×号现场勘验笔录、提取痕迹物证登记表、现场方位示意图2张、现场照片12张，主要内容：公安机关对案发现场进行了勘验，提取了相应的物证，并根据勘查情况绘制了现场方位图，拍摄了现场照片，证实案发现场的情况，杨磊架设的电网横穿程菲、杨洪均玉米地之间的小路，该小路是通往风景树位置的必经之路。

审：请法警协助，将上述勘验笔录、登记表、示意图及现场照片出示给各被告人及其辩护人查看。

审：各被告人对上述证据有无意见？

杨：没有意见。

程：没有意见。

审：各被告人的辩护人对上述证据有无意见？

杨辩：没有意见。

程辩：勘验笔录中没有提取人的签字，该证据存在瑕疵。

审：请公诉人继续举证。

公：第四组证据，证人证言：1.证人耿启军的证言，主要证实：徐棚村下九斗田地里面有一条小路，经常有人出入，案发时，下九斗田地周围并无有关电网的警示标志或者提示。2.证人裴震的证言，证人裴震共有三次笔录，分别为2018年7月25日、同年8月10日、12月5日所做，主要证实：2018年7月24日晚上9时许，陈晓亮开着面包车载着裴震和刘强到徐棚村二组下九斗田地，准备前往杨树林抓知了。下车后，刘强走在前面，裴震走在中间，陈晓亮走在后面，刚到一片玉米地，刘强说了一声，“裴震，这有电网”，不到两秒，刘强大叫一声然后倒地。裴震拿手电照射，看到刘强的手吸在一根细铁丝上，被电住。裴震打周星电话让他叫救护车并报警后，两人将刘强送往三里坡卫生院。裴震还听周星说过，陈晓亮说他和刘强两人下午去杨树林的时候看到玉米地有人下的电网。裴震、陈晓亮、刘强三人晚上去的时候，未看到任何安全提醒的标志。3.证人陈晓亮、周星证言与证人裴震证言内容基本一致，公诉人不再当庭宣读。4.证人杨洪均的证言，主要证实：2018年7月24日下午6时，杨洪均看到程菲大儿媳的堂兄（杨磊），在程菲家吃晚饭。当晚9时许，程菲来到杨洪均门口告诉他杨磊在玉米地下电网电了一个人。5.证人杨鸣田的证言，主要证实：2018年7月24日下午，杨鸣田在放羊时被电网线绊倒，他听说是程菲的亲戚下的电网，便来到程菲家。下电网的人告诉杨鸣田电网晚上

通电，并问杨鸣田放羊什么时候回家。杨鸣田被绊倒的位置没有安全提示标语标志，也没有人看守，第二天，杨鸣田听说刘强被电死了。第四组证据出示完毕。

审：各被告人对上述证据有无意见？

杨：1.时间问题，他们过来的时间应该是晚上9:50左右，不到10:00。2.我之所以选择这个时间打野猪，是因为这个点不会有人走下九斗田地里的小路，说明我采取了必要的防范措施。

程：没有意见。

审：各被告人的辩护人对上述证据有无意见？

杨辩：同意杨磊本人的意见。

程辩：没有意见。

审：请公诉人继续举证。

公：第五组证据，被告人供述和辩解，该组证据公诉人予以详细举证：1.被告人杨磊关于作案情况的供述一共4次，分别为2018年7月25日乌县公安局办案中心的供述，同年8月9日、8月13日、11月26日在南海市看守所的供述，主要内容：2018年4月，杨磊在南海市南郊响水桥附近外环路边以1300元购买了电瓶和逆变器，又在河东包家巷街上购买了铁丝，通过淘宝购买了绝缘接线桩。事发前一个星期左右，杨磊在事发地点下了两天电网，但一无所获。7月23日晚上，杨磊接到程菲（杨磊堂妹的婆婆）的电话，称其家玉米地经常有野猪糟蹋，要杨磊去下电网电死野猪。次日中午11时许，杨磊驾驶南SFP580柳州五菱汽车，携带电瓶、高压逆变器、铁丝、玻璃纤维绝缘桩来到程菲家中，程菲对杨磊指明其玉米地位置后就回去了。杨磊将细铁丝绕着程菲与杨洪均玉米地布置，几乎绕了一圈，大概300米的样子，然后将玻璃纤维绝缘桩间隔着插在玉米地边上一圈，再将细铁丝加在玻璃纤维绝缘桩上，使细铁丝离地面约10厘米高的样子，再将细铁丝的头接在高压逆变器上，然后将高压逆变器用电线接到电瓶上，如此完成了整个电网的架设工作。下电网的地方有一条小路通向他人栽的风景树和白杨林林子，下电网时未在周围设置警示注意标志。晚上8点半左右，杨磊将电瓶打开送电，为防止他人看见下电网，其用五菱汽车挡住高压逆变器和电瓶，自己坐在副驾驶座位上休息。晚上10时许，杨磊听到有车辆的声音，探头一看是一辆面包车停在附近，杨磊以为有人停车小便，就没管，突然听到有人叫一声“哎呀”，然后又听到有人说“人在哪”，这时杨磊估计下的电网电到了人，便断开电，提起高压逆变器放在自己车上开车赶紧跑了。杨磊开车逃往河东过程中，电话告知程菲电到人的事，让程菲帮着看一下人怎么样。7月25日下午1点左右，杨磊在村干部及家属陪同下，到河东派出所投案自首。杨磊逃跑时没有带走电瓶，也不知道电瓶现在在哪里。架设电网时程菲没有到现场，也没有提醒采取必要的安全措施。

公：被告人程菲的供述和辩解共有三次，分别是2018年7月25日、8月10日、8月13日在三里岗派出所所作供述。主要内容：7月20日上午，程菲通过儿媳妇联系杨磊

来其家玉米地里下电网打野猪。杨磊当天中午过来，在程菲带领下，查看了程菲和杨洪均的玉米地并架设了电网，在那里搞了两天，没有打到任何东西，22日早上杨磊开车就走了。23日晚上，程菲又联系杨磊，叫他来打野猪，24日上午10时许，杨磊开着他的小货车来到程菲家，从车上搬了一个电瓶下来，拿到程菲屋里充电，然后开车到玉米地里去布线。过了一个小时左右，杨磊布完线就回到程家休息。天黑后，杨磊开始搬电瓶上车，拖到玉米地去接电，到晚上9时左右，杨磊跟程菲打电话说好像电到了东西，不像是野猪，要先走了。程菲当时不知道什么情况，没当回事。电网是杨磊一个人搞的，程菲没有去玉米地看过，也没有帮忙，下电网没有经过公安机关批准，也没有设置警示标志。全案证据向法庭出示完毕。

审：各被告人对上述证据有无意见？

杨：1.我布电网时程菲没有去，是我一个人布置的，晚上送电时间9点多，我采取了一定的防范措施；2.程菲虽然没去，但是她跟我讲电线布在玉米地里，我才将电网布在了玉米地旁边。

程：电网下在自家玉米地里应该没有错吧，整个过程我都不在场，也不知道具体情况。

审：各被告人的辩护人对上述证据有无意见？

杨辩：没有意见。

程辩：没有意见。

审：各被告人是否有证据向法庭提交？

杨：没有。

程：没有。

审：各被告人的辩护人是否有证据向法庭提交？

杨辩：没有。

程辩：没有。

审：（与合议庭成员交换意见后）法庭举证、质证阶段，控辩双方充分发表了各自的质证意见。本庭注意到，被告人及其辩护人对当庭出示和宣读的证据的真实性、合法性及关联性未提出异议。书记员已详细记录在案，庭后合议庭将进行综合评议，刑事部分的法庭调查完毕。

审：现在进行刑事附带民事部分的法庭调查，现由附带民事诉讼原告人宣读刑事附带民事诉状。

原：请我的律师代为宣读。

代：宣读附带民事诉状（略，详见附带民事诉状）。

审：被告人杨磊、程菲，你对刑事附带民事诉讼原告人王美娟、刘子畅、方逸文提出的诉讼请求有什么意见？

杨：没有意见。

程:没有意见。

审:被告人程菲的附带民事诉讼代理人,你对刑事附带民事诉讼原告人王美娟、刘子畅、方逸文提出的诉讼请求有什么意见?

程辩:没有意见。

审:各被告人及其附带民事诉讼代理人已针对刑事附带民事诉讼原告人提出的诉讼请求发表了意见,现由刑事附带民事诉讼原告人就诉讼请求向法庭举证。

原:由我的律师代为提交证据。

代:有两组证据向法庭提交,分别是王美娟的身份证复印件、方逸文户口簿复印件、龚婷身份证复印件、王美娟与刘子畅结婚证复印件,以及乌县三里坡镇徐棚村村委会出具的亲属关系证明。

审:各被告人对上述证据有无异议?

杨:没有意见。

程:没有意见。

审:被告人程菲的刑事附带民事诉讼代理人对上述证据有无异议?

程辩:这组证据中的结婚证显示,王美娟与刘子畅结婚时刘强已经29岁,故刘子畅与刘强之间没有形成抚养关系,刘子畅作为附带民事诉讼原告人的主体不适格。

审:刑事附带民事诉讼原告人及代理人是否有证据需要补充提交?

原:没有。

代:没有。

审:刑事附带民事诉讼被告人杨磊、程菲以及程菲的诉讼代理人有无证据向法庭提交?

程辩:有一份赔偿协议书和一张刘强家属出具的收条需要向法庭提交。

审:刑事附带民事诉讼原告人王美娟及其代理人对上述证据有无异议?

原:我们收到被告人亲属代为赔偿款3万元。

代:没有意见。

审:被告人杨磊对上述证据有无异议?

杨:没有意见。

审:控辩双方举证、质证完毕,合议庭已认真听取了双方的质证意见,书记员也已详细记录在案,庭后合议庭将进行综合评议,刑事附带民事部分的法庭调查结束。

审:现在进行法庭辩论,首先进行刑事部分的法庭辩论。在法庭辩论之前,本庭提醒控辩双方注意:1.紧紧围绕庭审争议的问题进行辩论;2.不得提出与本案无关的话题,不得使用不文明的语言,不得对对方进行人身攻击;3.一方发言时,另一方不得插话。

审:首先由公诉人发表公诉意见。

公:发表公诉意见(略,详见公诉意见书)。

审:被告人杨磊、程菲依次自行辩护。

杨：我从没有想过被害人会死亡，我不是故意的，请法庭对我从轻处罚。

程：由我的辩护人代我辩护。

审：各辩护人依次发表辩护意见。

杨辩：发表辩护意见(略，详见辩护词)。

程辩：发表辩护意见(略，详见辩护词)。

审：公诉人是否需要答辩。

公：需要。关于二被告人的主观罪过心理，公诉人坚持认为是间接故意而非过失。首先，从结论刑法理论上而言，意志因素是区分过于自信的过失与间接故意的决定性因素。在意志因素上，并非结果合乎行为人的心愿才是故意，即使结果并非行为人所愿，但为达到原定目的，必要时仍接受不希望发生的结果，就在法律意义上认可了危害后果，就属于放任，应当认定为间接故意。其次，结合证据证明：1.本案中，被告人杨磊对在玉米地之间的小路上私设电网，有致不特定公众死伤的高度可能性，这种危险二被告人具有高度认知，就用途而言，私设电网的电压足以电死野猪，更何况是普通人。此外，经现场勘查，设置电网的铁丝延伸至杨洪均玉米地西北角处，而非仅仅是程菲自家玉米地，凡经过两家玉米地小路的人均有触电危险，也就是说危险具有客观性，被告人可以预见到具体的危险，就表示二人已经清楚认识到私设电网行为——死伤后果发展过程中法益受侵害的可确定程度。根据本案事实，被告人的预见程度具有高度盖然性是判断二被告人有间接故意的主要依据。2.二被告人在相信危险结果可能发生的情况下，依然实施私设电网的行为，这种态度更倾向于被告人为了实现打野猪的目的已经接受了致人死伤结果发生的危险，被告人对实现特定目的对“附带”的可能结果是认可、接受的，即属于放任，应当认定为间接故意。3.二被告人没有为避免结果的发生采取真挚的努力。当庭两位辩护人认定被告人具有过失的辩护理由主要是被告人认为结果不可能发生，并为防止电死人采取了措施，即选择夜晚通电，但公诉人的疑问是，被告人自信夜间能够避免结果发生的主、客观依据是什么？电网附近未设置任何警示标志，也未提前告知村民夜晚电网通电，被告人希望能避免不特定人死亡结果的发生，但客观上夜间通电对防止被害人死亡结果发生的意义极为微小，也未采取其他有效阻止死亡后果发生的行为，所谓“轻信”能避免被害人死亡后果发生的判断没有实际根据。

审：被告人杨磊、程菲有无新的辩论意见发表？

杨：没有。

程：请我的辩护人为我辩护。

审：各辩护人有无新的辩论意见发表？

杨辩：公诉人将我的委托人的违法行为导致的后果一概认定为间接故意，是对我的委托人主观过错的不正确评判，杨磊的主观罪过形式是过失而非故意，应认定为过失致人死亡罪。1.杨磊设置电网的主观目的是为驱赶野猪保护玉米地，而非主观上故意追

求不法目的。2.事发之地不是村民的必经之地，更不是晚上的必经之地，我们对被害人的死亡结果表示歉意，但此类事件的发生超出了常人的预期。3.客观上，杨磊已经通过自己的行为采取了必要的防护措施，自认为能够防止危害结果的发生，比如说晚上送电、守在路边，这些措施表明杨磊主观认为能够防止危害结果的发生。

程辩：我们坚持第一轮意见，程菲无罪。这里提请公诉人注意：1.罪过心理是被告人的主观心态，认定过失还是故意的关键是诉讼证明问题，如果公诉人认为我的委托人程菲的主观罪过心理是间接故意，需要积极证明，用客观证明主观，但本案显然达不到法定证明标准。2.程菲是一个60多岁的山村农妇、丧偶，她的认知不应过分拔高；客观上被害人死亡结果的发生违背程菲的意愿，她的目的只是打野猪、保护庄稼，这是一个常识判断，对杨磊行为所造成的危害结果不具有预见可能性。3.我国刑法规定的共同犯罪以共同故意为要件，杨磊设置电网驱赶野猪的行为基于过失，故我的委托人程菲和杨磊既不构成共同犯罪，程菲也不单独构罪。4.《刑法》第115条规定的以危险方法危害公共安全罪，法定刑在十年以上，这是一个重罪，综合考虑本案的情节及被告人的主观恶性，请合议庭刑法裁量时对这一罪名慎重适用。

审：公诉人是否有新的补充意见发表？

公：没有补充意见。

审：现在法庭进行引导，公诉机关起诉罪名是以危险方法危害公共安全罪，被告人杨磊及其辩护人的辩护意见是过失致人死亡罪，被告人程菲及其辩护人的辩护意见是程菲无罪。法庭在此引导，本案是否存在过失以危险方法危害公共安全罪的空间，请公诉人、被告人及其辩护人就本案罪名在此发表意见。

公：公诉人坚持起诉罪名。

杨：请我的辩护人为我辩护。

程：请我的辩护人为我辩护。

杨辩：我们坚持杨磊是过失犯罪，在此前提下如果合议庭最终认定杨磊犯过失以危险方法危害公共安全罪，我们同意这一罪名认定。

程辩：我们坚持程菲无罪的辩护意见。

审：控辩双方对本案的事实、证据、定性、量刑等问题均发表了意见，各自的观点已阐述清楚，书记员已记录在案。如果还有其他需要补充说明的，可以在退庭后用书面方式提交给本庭。合议庭评议时将予以充分考虑。

审：现在进行刑事附带民事部分的法庭辩论，现由刑事附带民事诉讼原告人就民事部分发表辩论意见。

原：由我的律师发表意见。

审：现由刑事附带民事诉讼代理人就民事部分发表辩论意见。

代：被害人在本案中没有任何过错，请求人民法院支持关于判令被告人杨磊、程菲

赔偿丧葬费、死亡赔偿金、被扶养人生活费等经济损失共计571750.5元的诉讼主张。

审:现由刑事附带民事诉讼被告人依次发表辩论意见。

杨:没有意见。

程:我是一个农村妇女,也没有什么文化,我已经赔付了丧葬费,也配合公安机关进行调查,请求法庭对我从轻处罚。

审:现由刑事附带民事诉讼代理人就附带民事部分发表辩论意见。

程辩:我方认为:1.附带民事诉讼原告人刘子畅在本案中不具有诉讼主体资格,不应作为原告,主要理由是他与刘强母亲结婚时,刘强已29岁成年,他与刘强之间没有形成抚养关系,不具有主体资格。2.《最高人民法院关于适用〈中华人民共和国刑事诉讼法〉的解释》第155条明确规定,应当根据犯罪行为造成的物质损失结合案件具体情况确定赔偿数额,原告提出的赔偿数额的计算方法不符合法律规定,请求法院依法核定。3.程菲不是侵权行为人,与损害结果的发生不具有因果关系,故她不是赔偿义务主体。

审:附带民事诉讼原告人王美娟,你与刘子畅是什么时间结婚的?

原:2012年领的结婚证。

审:你前夫情况?

原:已经去世。

审:刑事附带民事诉讼原告人,就附带民事赔偿部分你是否同意调解?

代:同意调解。

审:请阐述你们的调解意见。

代:请求被告人除了死亡赔偿金以外的全部赔偿。

审:被告人杨磊、程菲就附带民事赔偿部分是否同意调解?

杨:同意,我现在一个人在里面,孩子还小,我们尊重法官的意见。

程:同意调解。

审:鉴于双方均有调解意向,关于附带民事诉讼赔偿问题以及调解工作,法庭需要在休庭之后对被告人的财产予以核实,附带民事部分不再继续审理。

审:(与合议庭成员交换意见后)在刚才的法庭辩论阶段,控辩双方及附带民事诉讼原告人、诉讼代理人重点围绕本案的争议焦点,就定罪的事实、证据,被告人行为的性质,以及量刑情节等,充分发表了各自意见,合议庭注意到:被告人及其辩护人对于公诉机关指控的事实均无异议,本案的焦点问题在于:1.被告人的罪过形式问题,即二被告人主观上是故意、过失还是意外事件;2.定性问题,检察机关指控罪名是以危险方法危害公共安全罪,被告人杨磊及其辩护人提出杨磊成立过失致人死亡罪,程菲及其辩护人认为程菲不构成犯罪,以及本案是否有认定为过失以危险方法危害公共安全罪的空间,故本案涉及罪与非罪、此罪与彼罪的认定问题;3.量刑情节问题,自首、坦白及赔偿等法定、酌定情节;4.民事部分,被害人刘强的继父刘子畅是不是本案适格主体,以及后续的

调解工作。争议的焦点合议庭予以充分的研究和重视，合议庭将根据全案的证据，以事实为根据，以法律为准绳，实事求是地予以评判。

审：如没有新的意见，法庭辩论结束。根据《中华人民共和国刑事诉讼法》第198条的规定，法庭辩论终结后，被告人享有最后陈述的权利。

审：被告人杨磊，现在由你向法庭作最后陈述。

杨：由于我本人法律意识的浅薄给社会带来了不良的影响，同时给死者家属带来了巨大的痛苦和无法弥补的损失，我知罪、认罪、悔罪。由于我家庭情况特殊，与前妻离异，独自抚养未成年的孩子，希望法庭对我从轻处罚。

审：被告人程菲，现在由你向法庭作最后陈述。

程：我家庭条件差，动了多次手术，我丈夫也去世了，家中还有80多岁的老母亲，请求法庭对我从轻处罚。

审：本次法庭审理结束，依照《中华人民共和国刑事诉讼法》的规定，本庭将根据庭审中查明的事实、调查核实的证据和有关法律规定，对本案进行评议，在评议中将充分注意公诉人发表的公诉意见，被告人的辩解，辩护人发表的辩护意见以及附带民事诉讼原告人及其诉讼代理人的意见。评议后，宣告判决，宣判日期另行通知。

审：现在休庭。被告人退庭还押。

2.公诉意见书

东方省南海市人民检察院
公诉意见书

案由：以危险方法危害公共安全罪

被告人：杨磊、程菲

起诉书号：东南检二部刑诉(2019)×号

审判长、审判员：

根据《中华人民共和国刑事诉讼法》第一百七十六条的规定，我们受东方省南海市人民检察院指派，代表本院，以国家公诉人的身份，出席法庭支持公诉，并依法对刑事诉讼实行法律监督。现对本案证据和案件情况发表如下意见，请法庭注意。结合案情重点阐述以下问题：

一、本案被告人杨磊、程菲构成以危险方法危害公共安全罪。(一)关于杨磊的定罪问题：首先，在案证据证实，杨磊私设电网行为与本案被害人的死亡结果之间具有因果关系。

其次，从法律层面，杨磊对自己行为的危害性有所认识和预见，主观上是放任态度。从设置电网的位置看，经现场勘查，在程菲、杨洪均两家玉米地之间，形成了行人踩踏形成的小路，中心现场实际位于小路上，也就是说，杨磊私设电网的位置实际从程菲家玉米地延伸至杨洪均家玉米地的西北角，所以在夜里如果行人经过这条小路存在高概率的触电可能性。这里需要提醒合议庭注意的是，被告人杨磊私设电网的范围已经从庄稼地延伸至公共区域田间小路，对于社会大众，该种行为产生的危害结果都会有一定的认识，因为该种行为本身就包含高危险性。当然，公诉人注意到，被告人白天未送电，而是在晚上8点半后通电，但这种所谓的措施对于"夜晚小路"这一特殊场合而言，防止结果的发生毫无意义或者意义极小，故被告人对结果的发生是抱着侥幸、碰运气的心理态度，应当认定为间接故意而非过于自信的过失。最后，被告人杨磊私设电网的行为危及的是不特定或者多数人的生命、身体、财产，应当认定为以危险方法危害公共安全罪。(二)被告人程菲授意杨磊在自己玉米地设置电网，共同导致被害人死亡结果的发生，构成共同犯罪。

二、在共同犯罪中，被告人杨磊作为实行犯起主要作用，系主犯；被告人程菲未尽到提示等必要的注意义务，在共同犯罪中起次要作用，系从犯。

三、被告人杨磊自动投案、如实供述，具有自首情节；程菲到案后如实供述，具有坦白情节，且积极赔偿，希望合议庭在量刑时对上述从轻、减轻情节一并考虑。

最后，公诉人注意到，二被告人均表达了认罪悔罪的态度，希望被告人能够从本案件中深刻吸取教训，正确面对法律的审判。

公诉人：罗明举、魏峰

3.辩护词

杨磊涉嫌以危险方法危害公共安全罪的辩护词

尊敬的审判长、审判员：

南海市法律援助中心接到贵院的指定辩护通知，指派本人担任杨磊一审期间的辩护人提供辩护。辩护人接受指定后会见了被告人，查阅了相关案卷，进行了相关调查，现结合法庭庭审情况，依据事实和法律发表辩护意见如下：

一、起诉书指控杨磊构成以危险方法危害公共安全罪不成立，应该以过失致人死亡罪追究被告人杨磊的刑事责任。理由如下：

1.以危险方法危害公共安全罪的主观要件为故意，而本案当中杨磊设置电网的目的仅为驱赶野猪，没有故意实施危害他人人身安全的危险行为，应属于过失犯罪。

2.首先，以危险方法危害公共安全罪，在客观上行为人必须是以危险方式实施了足以危及不特定多数人的生命、财产安全，即实施了危害公共安全的行为，但本案中，杨磊

拉设电网的地点在农田里，从侦查卷现场勘查照片看，该玉米地四周田埂杂草荆棘丛生，并不具备一般意义上的通行条件，正常情况下，一般人不会从此处通行。其次，杨磊将电网通电的时间设定在晚上，该时间段一般情况下也不会有人出现在该处，从杨磊实施行为的时间、地点看，他的行为具有很大的局限性，在程度上不足以危及不特定多数人的生命和财产安全。

3.以危险方法危害公共安全罪侵犯的是社会的公共安全，即不特定多数人生命、财产安全以及不特定多数人的生产、工作和生活的安全，行为人的行为一旦实施即具有广泛的危害性和严重性。从本案被告人杨磊实施的行为看，他在拉设电网的时候，多次提醒放羊人杨鸣田将羊群赶远点，并且与杨鸣田确认了将羊群赶回去的时间后，才确定通电时间，由此可见他的行为达不到危及不特定多数人的生命或财产法益的程度，他在行为时只侵犯了被害人的生命权，与以危险方法危害公共安全具有明显区别。因此，辩护人认为应当以过失致人死亡罪追究被告人杨磊的责任。

二、本案证据存在瑕疵，公诉机关指控杨磊私拉电网造成被害人死亡，杨磊所使用的通电电瓶作为本案的关键客观证据，该电瓶事发时是否完好无损，实际达到的最高电伏是认定私拉电网行为与被害人死亡结果因果关系的关键。但案发至今，该电瓶公安机关一直未收集到案，证据缺失后，不能排除其他致死可能从而得出排他性唯一结论。

三、杨磊具有多个减轻、从轻处罚情节。

1.杨磊具有自首情节，事发后，杨磊在亲友陪同下主动到公安机关投案，并如实供述，请求人民法院对其减轻处罚。

2.杨磊到案后积极配合公安机关侦破案件，如实供述，认罪悔罪。

3.杨磊系初犯偶犯，无犯罪前科及行政处罚记录，本次犯罪主观恶性较小。

4.杨磊家庭情况较为特殊，杨磊孩子于2002年4月出生，目前未满17周岁，孩子3岁时，杨磊与前妻离异，独自一人抚养孩子，目前是未成年子女的唯一监护人，请求法院在量刑时酌情考虑。

综上，辩护人请求人民法院以过失致人死亡罪追究杨磊的刑事责任，并综合考虑杨磊的实际情况，对其减轻处罚。

此致

南海市中级人民法院

辩护人：南海市法律援助中心　李天天

2019年4月16日

程菲涉嫌以危险方法危害公共安全罪的辩护词

尊敬的审判长、审判员：

东方秉正律师事务所接受本案被告人程菲的委托，指派我作为其辩护人提供辩护。

本案被害人刘强的不幸，是我们不愿意看到的悲剧，在此，请允许本辩护人表示沉痛的哀悼，对其亲属表示深切的同情和诚挚的慰问。辩护人接受委托后会见了被告人，查阅了相关案卷，进行了相关调查，现结合法庭庭审情况，依据事实和法律发表辩护意见如下，请合议庭依法采纳：

辩护人认为，起诉书指控我的委托人程菲以危险方法危害公共安全罪的定性不准，程菲不构成犯罪，理由如下：

一、程菲主观方面没有犯罪的故意，客观上没有实施危害公共安全的行为，不构成犯罪。

（一）主观方面，程菲没有犯罪的故意。

1.程菲主观上是赶走在自己玉米地里糟蹋玉米的野猪，让庄稼有所收成，而不是危害公共安全。对此，程菲有过多次供述，“我就是想看到种的庄稼不能都叫野猪吃了，想有点收成”。

2.程菲对下电网打野猪是否会危害公共安全并不具有认知能力。第一，程菲是一位近60岁偏远山区的农村妇女，丈夫已逝，独自在家种田带孙子，其认知能力受地域、年龄、能力等条件的限制，所以不能以事后电死人推定其事先就知道打野猪会危害公共安全。第二，程菲不知道怎么下设电网打野猪，更不知道杨磊打野猪会危害公共安全。对此，两被告人的多次供述相互印证，杨磊在庭审中也反复强调程菲不懂、未到场、不知道下电网的事情。由此可知，(1)程菲不懂怎么打野猪，杨磊供述对此有所交代：“问：你是否跟程菲商量过如何架设电网？答：没有，她也不懂……”由此说明程菲根本不懂怎样打野猪也未实际参与，既然不懂，又如何知道会危害到公共安全呢？(2)程菲不知道杨磊如何打野猪。杨磊供述：“问：程菲有没有帮助你架设电网？答：她去都没有去。”程菲供述：“问：你有没有帮杨磊去下电网？答：没有，都是他一个人搞的。”(3)程菲只是事先知道杨磊会打野猪，告知杨磊自家玉米地里有野猪的信息，对其危害性无法预见。综上，程菲不知道怎么下电网打野猪，杨磊既未告知如何下电网打野猪，也未在架设电网时寻求程菲的帮助；程菲亦未到过现场，不知道杨磊如何操作，自然不知道杨磊的行为会产生怎样的危害，更不清楚是否会危害到公共安全。因此，上述事实均证明程菲对下电网打野猪的行为是否会危害公共安全缺乏认知，而不是主观明知，故程菲主观上没有犯罪的故意。

（二）客观方面，程菲没有实施危害公共安全的行为。

本案中，程菲没有与杨磊商量如何打野猪，也没有参与架设电网，是否打、如何打、打哪些地方均由杨磊作出决定并实施，上述具体步骤程菲均未参与，故程菲没有实施危

害公共安全的行为。

二、杨磊主观上系过失，而非间接故意，程菲与杨磊不构成共同犯罪，不具备犯罪构成要件，故不构成犯罪。

(一)杨磊为避免危险的发生，采取了一定的防范措施，主观上属于过于自信的过失。

1.杨磊询问放羊人杨鸣田平时什么时间回家，由此确定晚上8点半以后没人活动的时间通电使用电网，说明杨磊在预见到可能产生的危害行为后及时采取预防措施，避免危险结果的发生。

2.通电后，杨磊将面包车停在附近，现场守候，也是采取措施避免危险，杨磊供述："问：你架好电网后，谁在现场守候，程菲是否知道？答：我在那守候，程菲肯定知道是我。"

司法实务中，关于间接故意和过于自信过失的区分问题，一般认为：两者行为人对其行为可能造成的危害公共安全的严重后果均已预见，并且都不希望危害结果的发生，但前者虽不希望却未采取避免结果发生的任何措施，而是心存侥幸放任其发生，危害结果的发生与否均不违背行为人的意愿；后者行为人则采取一定的措施或者相信其具有可能防止结果发生的主客观条件，只是过高地估计和轻信了这些条件，才使得危害结果未能避免，发生这种结果是违背行为人的意愿的。本案中，杨磊为防止危害结果的发生，采取了一定的防范措施，只是过高地估计了这些条件，危害结果未能避免，发生这种结果是违背杨磊意愿的，故杨磊主观上显然是过于自信的过失，而非故意。

(二)《刑法》第25条规定，"共同犯罪是指二人以上共同故意犯罪"，因杨磊不是故意犯罪，杨磊、程菲也不存在共同犯罪的前提条件，不是共同犯罪。这里辩护人所强调的是，即使合议庭根据全案最终认定程菲的行为性质是过失，因我国刑法未规定"共同过失犯罪"，故二人不是共同犯罪，提请合议庭注意。

三、案发后，程菲积极配合公安机关调查并赔偿被害人亲属损失三万元。

综上所述，程菲主观上没有犯罪的故意，客观上没有实施犯罪行为，更没有侵犯本案的犯罪客体，程菲不构成起诉书指控的以危险方法危害公共安全罪，请合议庭秉公审理，宣告程菲无罪。

此致

南海市中级人民法院

辩护人：东方秉正律师事务所　刘　敏

2019年4月16日

四、相关法律及规范性文件

中华人民共和国刑法

第六十七条 【自首】犯罪以后自动投案,如实供述自己的罪行的,是自首。对于自首的犯罪分子,可以从轻或者减轻处罚。其中,犯罪较轻的,可以免除处罚。

被采取强制措施的犯罪嫌疑人、被告人和正在服刑的罪犯,如实供述司法机关还未掌握的本人其他罪行的,以自首论。

犯罪嫌疑人虽不具有前两款规定的自首情节,但是如实供述自己罪行的,可以从轻处罚;因其如实供述自己罪行,避免特别严重后果发生的,可以减轻处罚。

第一百一十四条 【放火罪】【决水罪】【爆炸罪】【投放危险物质罪】【以危险方法危害公共安全罪】放火、决水、爆炸以及投放毒害性、放射性、传染病病原体等物质或者以其他危险方法危害公共安全,尚未造成严重后果的,处三年以上十年以下有期徒刑。

第一百一十五条 【放火罪】【决水罪】【爆炸罪】【投放危险物质罪】【以危险方法危害公共安全罪】放火、决水、爆炸以及投放毒害性、放射性、传染病病原体等物质或者以其他危险方法致人重伤、死亡或者使公私财产遭受重大损失的,处十年以上有期徒刑、无期徒刑或者死刑。

【失火罪】【过失决水罪】【过失爆炸罪】【过失投放危险物质罪】【过失以危险方法危害公共安全罪】过失犯前款罪的,处三年以上七年以下有期徒刑;情节较轻的,处三年以下有期徒刑或者拘役。

第二百三十三条 【过失致人死亡罪】过失致人死亡的,处三年以上七年以下有期徒刑;情节较轻的,处三年以下有期徒刑。本法另有规定的,依照规定。

《中华人民共和国刑事诉讼法》(2018 年修正)

第三十三条 【辩护的方式与辩护人的范围】犯罪嫌疑人、被告人除自己行使辩护权以外,还可以委托一至二人作为辩护人。下列的人可以被委托为辩护人:

(一)律师;

(二)人民团体或者犯罪嫌疑人、被告人所在单位推荐的人;

(三)犯罪嫌疑人、被告人的监护人、亲友。

正在被执行刑罚或者依法被剥夺、限制人身自由的人,不得担任辩护人。

被开除公职和被吊销律师、公证员执业证书的人,不得担任辩护人,但系犯罪嫌疑

人、被告人的监护人、近亲属的除外。

第三十四条　【委托辩护的时间】犯罪嫌疑人自被侦查机关第一次讯问或者采取强制措施之日起，有权委托辩护人；在侦查期间，只能委托律师作为辩护人。被告人有权随时委托辩护人。

侦查机关在第一次讯问犯罪嫌疑人或者对犯罪嫌疑人采取强制措施的时候，应当告知犯罪嫌疑人有权委托辩护人。人民检察院自收到移送审查起诉的案件材料之日起三日以内，应当告知犯罪嫌疑人有权委托辩护人。人民法院自受理案件之日起三日以内，应当告知被告人有权委托辩护人。犯罪嫌疑人、被告人在押期间要求委托辩护人的，人民法院、人民检察院和公安机关应当及时转达其要求。

犯罪嫌疑人、被告人在押的，也可以由其监护人、近亲属代为委托辩护人。

辩护人接受犯罪嫌疑人、被告人委托后，应当及时告知办理案件的机关。

第三十五条　【法律援助辩护】犯罪嫌疑人、被告人因经济困难或者其他原因没有委托辩护人的，本人及其近亲属可以向法律援助机构提出申请。对符合法律援助条件的，法律援助机构应当指派律师为其提供辩护。

犯罪嫌疑人、被告人是盲、聋、哑人，或者是尚未完全丧失辨认或者控制自己行为能力的精神病人，没有委托辩护人的，人民法院、人民检察院和公安机关应当通知法律援助机构指派律师为其提供辩护。

犯罪嫌疑人、被告人可能被判处无期徒刑、死刑，没有委托辩护人的，人民法院、人民检察院和公安机关应当通知法律援助机构指派律师为其提供辩护。

第四十六条　【诉讼代理人介入刑事诉讼的时间】公诉案件的被害人及其法定代理人或者近亲属，附带民事诉讼的当事人及其法定代理人，自案件移送审查起诉之日起，有权委托诉讼代理人。自诉案件的自诉人及其法定代理人，附带民事诉讼的当事人及其法定代理人，有权随时委托诉讼代理人。

人民检察院自收到移送审查起诉的案件材料之日起三日以内，应当告知被害人及其法定代理人或者其近亲属、附带民事诉讼的当事人及其法定代理人有权委托诉讼代理人。人民法院自受理自诉案件之日起三日以内，应当告知自诉人及其法定代理人、附带民事诉讼的当事人及其法定代理人有权委托诉讼代理人。

第八十条　【逮捕的权限划分】逮捕犯罪嫌疑人、被告人，必须经过人民检察院批准或者人民法院决定，由公安机关执行。

第八十一条　【逮捕的条件】对有证据证明有犯罪事实，可能判处徒刑以上刑罚的犯罪嫌疑人、被告人，采取取保候审尚不足以防止发生下列社会危险性的，应当予以逮捕：

（一）可能实施新的犯罪的；

（二）有危害国家安全、公共安全或者社会秩序的现实危险的；

（三）可能毁灭、伪造证据，干扰证人作证或者串供的；

（四）可能对被害人、举报人、控告人实施打击报复的；

（五）企图自杀或者逃跑的。

批准或者决定逮捕，应当将犯罪嫌疑人、被告人涉嫌犯罪的性质、情节，认罪认罚等情况，作为是否可能发生社会危险性的考虑因素。

对有证据证明有犯罪事实，可能判处十年有期徒刑以上刑罚的，或者有证据证明有犯罪事实，可能判处徒刑以上刑罚，曾经故意犯罪或者身份不明的，应当予以逮捕。

被取保候审、监视居住的犯罪嫌疑人、被告人违反取保候审、监视居住规定，情节严重的，可以予以逮捕。

第八十二条 【拘留的条件】公安机关对于现行犯或者重大嫌疑分子，如果有下列情形之一的，可以先行拘留：

（一）正在预备犯罪、实行犯罪或者在犯罪后即时被发觉的；

（二）被害人或者在场亲眼看见的人指认他犯罪的；

（三）在身边或者住处发现有犯罪证据的；

（四）犯罪后企图自杀、逃跑或者在逃的；

（五）有毁灭、伪造证据或者串供可能的；

（六）不讲真实姓名、住址，身份不明的；

（七）有流窜作案、多次作案、结伙作案重大嫌疑的。

第八十六条 【拘留后的处理】公安机关对被拘留的人，应当在拘留后的二十四小时以内进行讯问。在发现不应当拘留的时候，必须立即释放，发给释放证明。

第八十七条 【提请逮捕】公安机关要求逮捕犯罪嫌疑人的时候，应当写出提请批准逮捕书，连同案卷材料、证据，一并移送同级人民检察院审查批准。必要的时候，人民检察院可以派人参加公安机关对于重大案件的讨论。

第八十九条 【批捕权】人民检察院审查批准逮捕犯罪嫌疑人由检察长决定。重大案件应当提交检察委员会讨论决定。

第九十条 【审查批捕】人民检察院对于公安机关提请批准逮捕的案件进行审查后，应当根据情况分别作出批准逮捕或者不批准逮捕的决定。对于批准逮捕的决定，公安机关应当立即执行，并且将执行情况及时通知人民检察院。对于不批准逮捕的，人民检察院应当说明理由，需要补充侦查的，应当同时通知公安机关。

第九十一条 【提请逮捕和审查批捕的时限】公安机关对被拘留的人，认为需要逮捕的，应当在拘留后的三日以内，提请人民检察院审查批准。在特殊情况下，提请审查批准的时间可以延长一日至四日。

对于流窜作案、多次作案、结伙作案的重大嫌疑分子，提请审查批准的时间可以延长至三十日。

人民检察院应当自接到公安机关提请批准逮捕书后的七日以内，作出批准逮捕或

者不批准逮捕的决定。人民检察院不批准逮捕的，公安机关应当在接到通知后立即释放，并且将执行情况及时通知人民检察院。对于需要继续侦查，并且符合取保候审、监视居住条件的，依法取保候审或者监视居住。

第一百零一条　【附带民事诉讼的提起】被害人由于被告人的犯罪行为而遭受物质损失的，在刑事诉讼过程中，有权提起附带民事诉讼。被害人死亡或者丧失行为能力的，被害人的法定代理人、近亲属有权提起附带民事诉讼。

如果是国家财产、集体财产遭受损失的，人民检察院在提起公诉的时候，可以提起附带民事诉讼。

第一百零三条　【附带民事诉讼的结案方式】人民法院审理附带民事诉讼案件，可以进行调解，或者根据物质损失情况作出判决、裁定。

第一百零四条　【附带民事诉讼的审理】附带民事诉讼应当同刑事案件一并审判，只有为了防止刑事案件审判的过分迟延，才可以在刑事案件审判后，由同一审判组织继续审理附带民事诉讼。

第一百六十二条　【侦查终结】公安机关侦查终结的案件，应当做到犯罪事实清楚，证据确实、充分，并且写出起诉意见书，连同案卷材料、证据一并移送同级人民检察院审查决定；同时将案件移送情况告知犯罪嫌疑人及其辩护律师。

犯罪嫌疑人自愿认罪的，应当记录在案，随案移送，并在起诉意见书中写明有关情况。

第一百六十九条　【公诉权】凡需要提起公诉的案件，一律由人民检察院审查决定。

第一百七十五条　【补充侦查】人民检察院审查案件，可以要求公安机关提供法庭审判所必需的证据材料；认为可能存在本法第五十六条规定的以非法方法收集证据情形的，可以要求其对证据收集的合法性作出说明。

人民检察院审查案件，对于需要补充侦查的，可以退回公安机关补充侦查，也可以自行侦查。

对于补充侦查的案件，应当在一个月以内补充侦查完毕。补充侦查以二次为限。补充侦查完毕移送人民检察院后，人民检察院重新计算审查起诉期限。

对于二次补充侦查的案件，人民检察院仍然认为证据不足，不符合起诉条件的，应当作出不起诉的决定。

第一百七十六条　【提起公诉的条件和程序】人民检察院认为犯罪嫌疑人的犯罪事实已经查清，证据确实、充分，依法应当追究刑事责任的，应当作出起诉决定，按照审判管辖的规定，向人民法院提起公诉，并将案卷材料、证据移送人民法院。

【认罪认罚的量刑建议】犯罪嫌疑人认罪认罚的，人民检察院应当就主刑、附加刑、是否适用缓刑等提出量刑建议，并随案移送认罪认罚具结书等材料。

最高人民法院关于适用《中华人民共和国刑事诉讼法》的解释(法释〔2012〕21号)

第一百五十三条　人民法院审理附带民事诉讼案件,可以根据自愿、合法的原则进行调解。经调解达成协议的,应当制作调解书。调解书经双方当事人签收后,即具有法律效力。

调解达成协议并即时履行完毕的,可以不制作调解书,但应当制作笔录,经双方当事人、审判人员、书记员签名或者盖章后即发生法律效力。

第一百五十四条　调解未达成协议或者调解书签收前当事人反悔的,附带民事诉讼应当同刑事诉讼一并判决。

第一百五十五条　对附带民事诉讼作出判决,应当根据犯罪行为造成的物质损失,结合案件具体情况,确定被告人应当赔偿的数额。

犯罪行为造成被害人人身损害的,应当赔偿医疗费、护理费、交通费等为治疗和康复支付的合理费用,以及因误工减少的收入。造成被害人残疾的,还应当赔偿残疾生活辅助具费等费用;造成被害人死亡的,还应当赔偿丧葬费等费用。

驾驶机动车致人伤亡或者造成公私财产重大损失,构成犯罪的,依照《中华人民共和国道路交通安全法》第七十六条的规定确定赔偿责任。

附带民事诉讼当事人就民事赔偿问题达成调解、和解协议的,赔偿范围、数额不受第二款、第三款规定的限制。

第三章
破坏社会主义市场经济秩序罪诉讼全过程训练

——以申诉人李铭、申诉单位天洁公司逃避缴纳税款案再审为例

一、选择本案的理由

第一，本案焦点问题系法律适用问题，具体涉及偷税罪罪名修正，以及修正后条款是否具有溯及既往效力的典型案例。本案中，税务机关直接将案件移交公安机关处理及公安机关移送审查起诉时《刑法修正案（七）》尚未出台，但检察机关退回补充侦查期间《刑法修正案（七）》施行，公安机关重新移送审查起诉、检察机关提起公诉、原审法院作出一审裁判的时间均在《刑法修正案（七）》施行之后。故对于《刑法修正案（七）》出台前实施，且未经税务机关行政处罚、直接移交司法机关的逃税行为，审判时《刑法修正案（七）》已经施行的，能否适用修正后刑法第 201 条第 4 款对逃税初犯附条件不予追究刑事责任的特别条款，该法律适用问题存在很大的探讨空间。

第二，逃税罪属于法定犯，即以违反行政法规为前提，比较适合本科生或法律硕士结合行政法相关内容展开深入讨论。

第三，程序上，本案历经一审、二审、发回重审、驳回申诉、决定指令再审、提审及再审，因此通过对本案的训练，学生不仅可以全面了解再审诉讼流程也可以增强各类法律文书的写作能力。

二、本案的训练方法

裁判要旨

本案训练共分 3 个阶段，每阶段 2 学时。

第一阶段：课前授课教师将起诉书、证据材料及一审判决书发给学生，使学生对案情提前了解及预习相关法律知识。上课后，首先，教师介绍案件背景、训练目的及要求。以分组形式，分别以公诉人或辩护人立场为视角对以下问题展开讨论：(1)对于《刑法修

正案(七)》出台前实施，且未经税务机关给予行政处罚、直接移交司法机关处理的逃税行为，审判时《刑法修正案(七)》已经施行的，能否适用修正后刑法第 201 条第 4 款对逃税初犯附条件不予追究刑事责任的特别条款？(2)如果适用该规定，“不予追究刑事责任”是否等同于直接认定被告人无罪？(3)从辩护策略而言，本案查明事实部分是否有辩护空间？其次，布置学生下一次上课的任务及作业——再审程序模拟法庭实训，将申诉状、再审决定书等材料发给学生，学生以控辩审三方自由组合并各自准备庭审提纲、起诉书、辩护词等。

第二阶段：上课后，首先，展开再审程序模拟法庭实训，实训结束后教师将庭审笔录范本发给学生，并对本案模拟庭审流程进行点评。其次，教师就“申诉提出、提起审判监督程序的主体及理由、再审法院、重新审判程序”等程序性问题深入讲解、深化运用。最后，通过庭审教师引导同学归纳本案的焦点问题，布置作业——根据本案焦点问题讨论形成的意见，以法官为视角撰写再审判决书并提交。

第三阶段：课前学生上交作业，上课后，首先，教师将再审判决书发给学生，由学生自行对照、评析。其次，教师介绍法官再审判决书，评析学生的再审判决书撰写质量及优缺点，深化对再审文书撰写的认识。最后，教师与学生交流本案训练的感想和体会，并对整个实训情况进行总结。

三、本案需要展示的法律文书和证据

本案的训练材料目录

原审		1.公诉机关起诉书和随案移送的证据材料 2.刑事判决书 3.刑事裁定书
审判监督程序	申诉	1.申诉状 2.驳回申诉通知书 3.再审决定书
	再审	1.庭审笔录 2.刑事判决书

(一)原审

1.起诉书(摘要)

2009 年 6 月 29 日，东方省南海市顺城区人民检察院起诉书指控：2003 年至 2007 年期间，被告单位天洁公司应缴各项税费人民币 803413.14 元(以下币种同)，而被告单位

及被告人李铭采取欺骗、隐瞒等手段进行虚假的纳税申报，共计少缴应纳的税款446612.51元，少缴税费占应缴税费的55.59%。其中，2003年少缴税费111222.11元，2004年少缴税费30451.64元，2005年少缴税费124944.81元，2006年少缴税费97448.63元，2007年少缴税费82547.32元，案发后公安机关已追缴涉案税款458069.08元。被告单位天洁公司及被告人李铭触犯了《中华人民共和国刑法》第201条第1款，犯罪事实清楚，证据确实、充分，应当以犯逃避缴纳税款罪追究其刑事责任。根据《中华人民共和国刑事诉讼法》第176条的规定，提起公诉。

2.公诉机关随案移送的证据材料①

序号	证明名称	证明对象
1	公安机关出具的发破案经过及情况说明	2006年4月南海市地方税务局稽查局接原任天洁公司办公室主任黄道发(李铭亲戚)实名举报开始调查后，因受到了举报人以自杀相要挟，稽查单位认为本案数额不大，未行通知补缴、进行行政处罚即于2006年9月11日作出涉税案件移送书，直接移送顺城区公安局。顺城区公安局于2007年9月26日立案，李铭于9月30日经公安机关传唤后先后于同年9月30日、11月1日先后向顺城区公安局交纳了税款366280.71元、91788.37元，共计458069.08元。该局开具了暂扣款收据2张，同年12月27日该局将2张暂扣款收据换成“东方省罚没款票据”。2009年6月29日顺城区检察院向顺城区人民法院提起公诉
2	工商登记、税务登记证及企业法人营业执照	天洁公司为有限责任公司，法定代表人李铭，主要经营设备污垢现场清理、工业废水处理设备设计、安装、维护等
3	南海市地方税务局稽查局关于东方天洁清洗工程有限公司涉嫌偷税移送公安机关侦查的报告	根据《中华人民共和国税收征管法》第77条和国务院《行政执法机关移送涉嫌犯罪案件的规定》(国发〔2001〕310号)第3条，2003年5月27日，顺城区税务局稽查局对该单位少缴和未缴纳税款的行为处以罚款，并决定将犯罪线索移送公安机关
4	南地税稽移(2007)×号涉税案件移送书	2007年9月11日，南海市地方税务局稽查局将该案直接移送至顺城区公安局
5	立案决定书及工作说明	顺城区公安局于2007年9月26日立案
6	东方省暂扣款收据、东方省罚没款票据	2007年9月30日、同年11月1日李铭向顺城区公安局补缴税款366280.71元、91788.37元，共计458069.08元；同年12月27日，公安机关对李铭上缴的458069.08元开具罚没款票据

① 因本案控辩双方对起诉书指控事实及原审判决认定的基本事实并无争议，故这里仅列公诉机关起诉的证据目录，具体说明证据名称及证明对象，对具体证据不再详列。

续表

序号	证明名称	证明对象
7	天洁公司2004年至2007年收入账及清洗业务合同、2003年外调收入发票、纳税申报表、已缴税款凭证	天洁公司收入及已缴纳税款情况
8	2008年8月30日东智税师鉴字(2009)第×号鉴证报告	(1)已入账清洗工程收入2369131.00元及未入账收入中的2003年11月清洗工程收入135000.00元,由于税务机关按3%税率代开票造成天洁公司少缴营业税及城建税、教育附加税、提防费(以下简称“税率征收差造成少缴税款”)35977.52元,占应缴税费4.48%。(2)已入账清洗工程收入3093154.51元、2007年租赁收入83500.00元,共计3176654.51元,但企业未按国家规定计提造成少缴各项税款150950.16元,占应缴税费18.79%,其中2007年度少缴企业所得税40809.04元。根据税收法律规定,当年度企业所得税应于次年4月30日前汇算清缴,若考虑此项因素,则实际少缴税费为110141.12元,占应缴税费13.71%。(3)未入账的收入1599660.00元,少缴各项税款194896.40元,占应缴税费24.26%。(4)清洗工程收入175000.00元,因未开发票在往来账户挂账,企业未按国家规定计提造成少缴各项税款64468.43元,占应缴税费8.02%,其中2007年度少缴企业所得税2799.82元。根据税收法律规定,当年度企业所得税应于次年4月30日前汇算清缴,若考虑此项因素,则实际少缴税费为61668.61元,占应缴税费7.68%
9	2009年南天鉴(2009)×号司法会计鉴定意见书	天洁公司2003年至2007年期间应缴纳各项税费803413.14元,已缴纳各项税费356800.63元,少缴各项税费446612.51元,少缴各项税费占应缴各项税费的55.59%
10	证人刘天、马斌、刘海英等的证言	公司经营收入及账目情况
11	被告人李铭的供述和辩解	天洁公司设立、改制及经营情况,因不具体主管财务,对少缴税款情况不了解
12	取保候审决定书	2007年11月26日,李铭被南海市公安局顺城区分局取保候审
13	户籍资料	李铭的身份情况。

3.原一审刑事判决书

南海市顺城区人民法院
刑事判决书

(2010)南刑初字第×号[①]

公诉机关南海市顺城区人民检察院。

被告单位东方天洁环境工程有限公司(原东方天洁清洗工程有限公司),法定代表人李铭(个人信息略)。

诉讼代表人张明(个人信息略),系东方天洁环境工程有限公司办公室主任。

辩护人陈诚,东方秉凯律师事务所律师。

被告人李铭(个人信息略),东方天洁环境工程有限公司法定代表人。因涉嫌犯偷税罪于2007年11月26日被南海市公安局顺城区分局取保候审。

辩护人魏天宇,东方诚坤律师事务所律师。

南海市顺城区人民检察院以南检刑诉(2009)×号起诉书指控被告单位东方天洁环境工程有限公司(以下简称天洁公司)、被告人李铭犯逃避缴纳税款罪,于2009年8月5日向本院提起公诉。本院依法组成合议庭,公开开庭审理了本案,并于2009年9月18日作出(2009)南刑初字第×号刑事判决:一、被告单位东方天洁环境工程有限公司犯逃避缴纳税款罪,判处罚金人民币450000元;二、被告人李铭犯逃避缴纳税款罪,判处有期徒刑三年,并处罚金人民币450000元;三、追缴逃避缴纳税款446292.51元上缴国库。被告单位天洁公司及被告人李铭不服判决提起上诉。东方省南海市中级人民法院于2009年10月18日作出(2009)东南刑终字第×号刑事裁定,以原判事实不清、证据不足为由,撤销原判,发回重审。本院于2009年11月14日重新立案后,依法另行组成合议庭,公开开庭审理了本案。南海市顺城区人民检察院指派检察员李宏出庭支持公诉,被告单位天洁公司诉讼代表人张明及辩护人陈诚,被告人李铭及其辩护人李美霞到庭参加诉讼。本案经合议庭评议,并报审判委员会讨论作出决定,现已审理终结。

南海市顺城区人民检察院指控:2003年至2007年期间,被告单位天洁公司应缴各

---

① 根据2015年最高人民法院《关于人民法院案件案号的若干规定》及《人民法院案件类型及其代字标准》《各级法院代字表》规定,2016年1月1日起启用全国法院新案件案号编制规则。新案号规则体系与原有案号规则体系区别较大,本教程所涉2016年1月1日及其后的裁判文书,采用2015年版标准,2016年1月1日前的裁判文书,采用原有案号规则体系。

项税款803413.14元，被告单位及被告人李铭采取欺骗、隐瞒等手段进行虚假的纳税申报，共计少缴应纳的税款446612.51元，少缴税费占应缴税费55.59%。其中，2003年少缴税费111222.11元，2004年少缴税费30451.64元，2005年少缴税费124944.81元，2006年少缴税费97448.63元，2007年少缴税费82547.32元，案发后公安机关已追缴涉案款458069.08元。

公诉机关对上诉指控附有相应证据，认为被告单位天洁公司、被告人李铭违反国家税收管理法规，采取隐瞒、欺骗等手段，逃避、少缴各项税费占各项应缴税费的55.59%，其行为触犯了《中华人民共和国刑法》第二百一十一条、第二百零一条之规定，应以逃避缴纳税款罪追究其刑事责任。

被告单位天洁公司的诉讼代表人张明辩解：天洁公司不存在逃税的故意，只是漏缴了部分税费，公诉机关对本单位的指控证据不足。被告单位天洁公司的辩护人陈诚提出如下辩护意见：被告单位没有逃税的主观故意，客观上也没有采取欺骗、隐瞒手段而逃避缴纳税款的行为；税务机关在移送案件时存在重大瑕疵，剥夺了被告单位天洁公司的诸多权利；公安机关立案后，被告单位已缴清全部税款，依照《中华人民共和国刑法》第二百零一条第四款之规定，即使构成犯罪，但缴纳了税款的也不应追究刑事责任，应宣告被告单位天洁公司无罪。

被告人李铭辩称：本单位没有故意逃税，即使少缴了部分税款也只是漏缴，其本人并无犯罪的故意。被告人李铭的辩护人李美霞提出如下辩护意见：公诉机关对本案的指控属事实不清、证据不足，没有证据证实被告单位天洁公司和被告人李铭有逃避缴纳税款的行为；本案税务稽查、刑事侦查程序严重违法，应当适用《刑法修正案(七)》的有关规定，对被告单位及被告人不予追究刑事责任。

经审理查明：2003年1月至10月，被告人李铭系南海市天洁化学清洗实业公司的法定代表人。2003年10月29日，南海市天洁化学清洗实业公司改制后，又成立了南海市天洁化学清洗有限公司，法定代表人仍为李铭。2005年11月，该公司向工商行政管理局申请将名称变更为东方天洁清洗工程有限公司。2007年12月，东方天洁清洗工程有限公司变更为东方天洁环境工程有限公司。2003年至2009年间，该公司主要经营各种设备污垢现场清洗，工业废水处理设备的设计、安装、维护，以及自有房地产租赁等业务。2003年至2007年间，天洁公司和原南海市天洁化学清洗实业公司收入总额为7320445.51元，应缴纳税款803413.14元，已缴纳税款357120.63元，逃避缴纳税款共计446292.51元。

另查明，2007年9月11日，原南海市地方税务局稽查局将被告单位天洁公司、被告人李铭涉嫌逃税案移送公安机关，同年9月25日公安机关立案，李铭于9月30日经公安机关传唤后先后于同年9月30日、11月1日补缴了税款458069.08元。

上述事实，公诉机关当庭出示下列证据予以证实：1.书证：2004年至2007年的收入

账及清洗业务合同、2003年外调的收入发票，纳税申报表及已缴税款凭证，被告人李铭的身份材料，被告单位天洁公司的工商登记及企业法人营业执照、税务登记证两份；东智税师鉴字(2009)第×号鉴证报告、南天鉴(2009)×号司法会计鉴定意见书、公安机关暂扣款票据，《关于东方天洁清洗工程有限公司涉嫌偷税移送公安机关侦查的报告》《南海市公安局顺城区分局关于天洁公司及李铭偷税案工作情况说明》，南海市地方税务局稽查局南地税稽移(2007)×号涉税案件移送书，公安机关立案决定书和工作说明；2.证人刘天、马斌的证言；3.被告人李铭的供述和辩解。

上述证据，经当庭质证，证据来源合法，所证内容客观、真实，本院予以确认。

案件审理中，被告单位天洁公司、被告人李铭对公诉机关指控的逃税数额(东方天意会计师事务有限公司作出的南天鉴(2009)×号鉴定结论)有异议，申请重新鉴定。本院委托东方智凯税务师事务有限公司对天洁公司财务进行重新审计，并作出东智税师鉴字(2009)第×号鉴证报告，鉴定结论：天洁公司2003年至2007年期间，应缴税费803413.14元，已缴税费357120.63元，少缴税费(逃税)为446292.51元，少缴税费占应缴税费的55.55%。

对该鉴定结论，公诉机关未提出异议。被告单位天洁公司及被告人李铭认为该鉴定结论未能反映本公司少缴税费的原因，但对少缴税费的数额446292.51元，及少缴税费占应缴税费的55.55%的准确性无异议。据此，本院对东方智凯税务师事务有限公司作出的东智税师鉴字(2009)第×号鉴证报告的鉴定结论予以确认。

另查明：案件重审阶段，被告单位天洁公司及被告人李铭表示认罪，并已缴纳罚金300000元。

本院认为：被告单位东方天洁环境工程有限公司采取欺骗、隐瞒手段进行虚假纳税申报或不申报，逃避缴纳税款446292.51元，逃避缴纳税款占应纳税额的55.55%，其行为已构成逃税罪，应予惩处；被告人李铭作为被告单位天洁公司的直接负责的主管人员，亦构成逃税罪。关于辩护人陈诚提出被告单位天洁公司主观上没有逃税故意、客观上也没有逃税行为的辩护观点，经查：被告单位天洁公司系合法成立的独立企业法人，依法应承担如实、足额纳税的义务，但其采取虚假纳税申报或不申报等手段进行逃税长达多年，且逃税额占应纳税额的55.55%，其在主、客观方面均符合逃税罪的构成要件，因此辩护人陈诚的该辩护观点不能成立。关于辩护人李美霞提出税务机关、公安机关在侦办本案中存在程序违法及本案应适用《中华人民共和国刑法修正案(七)》的有关规定对被告人李铭不予追究刑事责任的辩护意见，经查：2007年9月11日南海市地方税务局稽查局将天洁公司、李铭涉嫌逃税案移送公安机关，2007年9月26日公安机关立案侦查，2009年6月29日检察机关提起公诉，2009年2月28日《中华人民共和国刑法修正案(七)》公布施行，将《中华人民共和国刑法》第二百零一条修改为"纳税人采取欺骗、隐瞒手段进行虚假纳税申报或者不申报……经税务机关依法下达追缴

通知后,补缴应纳税款,缴纳滞纳金,已受行政处罚的,不予追究刑事责任”。由此可见,税务机关将天洁公司、李铭涉嫌逃税案移送公安机关立案侦查,是在《中华人民共和国刑法修正案(七)》公布施行之前,公安机关在侦查中追缴暂扣的逃税税款,不应视为被告单位补缴应纳税款,只能认定退清逃税税款,故本院对辩护人李美霞的此点辩护意见不予采纳。最高人民法院、最高人民检察院《关于执行〈中华人民共和国刑法〉确定罪名的补充规定(四)》,于2009年10月14日起施行,取消偷税罪罪名,确定了逃税罪罪名,被告单位天洁公司、被告人李铭的行为符合逃税罪的特征,现应以逃税罪追究其刑事责任。综上,鉴于被告单位天洁公司及被告人李铭在案发后已退清逃税税款,认罪并有悔罪表现,并缴纳了部分罚金,可依据《中华人民共和国刑法修正案(七)》中关于逃税罪的规定及《中华人民共和国刑法》第十二条的相关规定,对被告单位天洁公司及被告人李铭予以从轻、减轻或免予处罚。据此,依照《中华人民共和国刑法》第二百一十一条、第二百零一条、第十二条、第三十七条、第五十二条、第六十四条之规定,判决如下:

一、被告单位东方天洁环境工程有限公司(原东方天洁清洗工程有限公司)犯逃税罪,判处罚金人民币650000元(已缴纳300000元,余款限于判决生效后五个月内缴清)。

二、被告人李铭犯逃税罪,免予刑事处罚。

三、退缴的逃税税款446292.51元,依法上缴国库。

如不服本判决,可在收到本判决书的第二日起十日内,通过本院或者直接向南海市中级人民法院提出上诉。书面上诉的,应提交上诉状正本一份、副本二份。

审判长　×××

审判员　×××

审判员　×××

(院印)

二〇一〇年三月十九日

本件与原件核对无异

书记员　×××

4.原二审及执行程序裁判文书[①]

南海市中级人民法院(2010)东南刑终字第×号刑事裁定[②]:2010年6月12日,裁定准许天洁公司和李铭撤回上诉。

---

① 因本案系再审案件,原审裁判文书较多,鉴于教学及篇幅需要,详细展示发回重审后原一审判决书,因上诉、执行、申诉、再审形成的多份裁判文书,仅列明判项等主要内容。

② 天洁公司和李铭不服,提出上诉。

南海市顺城区人民法院(2010)南刑执字第×号刑事裁定[①]:2010 年 6 月 15 日,裁定减少天洁公司罚金 200000 元。

(二)审判监督程序

1.申诉

(1)裁判文书

南海市顺城区人民法院(2011)南刑监字第×号驳回申诉通知[②]:2011 年 5 月 5 日,驳回申诉。

南海市中级人民法院(2012)东南刑申字第×号驳回申诉通知:2012 年 11 月 23 日,驳回申诉。

东方省高级人民法院(2013)东刑申字第×号再审决定[③]:2013 年 6 月 18 日,指令南海市古城区人民法院对该案进行再审。

南海市古城区人民法院(2013)东南古刑再字第×号刑事裁定:2014 年 5 月 12 日,驳回天洁公司、李铭的申诉,维持南海市顺城区人民法院(2010)南刑初字第×号刑事判决。

南海市中级人民法院(2014)东南刑再终字第×号刑事裁定[④]:2015 年 3 月 29 日,驳回上诉,维持南海市古城区人民法院(2013)东南古刑再字第×号刑事裁定。

东方省高级人民法院(2015)东刑再申字第×号再审决定[⑤]:2017 年 6 月 9 日,提审本案。

东方省高级人民法院(2018)东刑再×号刑事裁定:2018 年 7 月 16 日,驳回申诉,维持东方省南海市中级人民法院(2014)东南刑再终字第×号刑事裁定。

(2)申诉状[⑥]

申诉状

申诉单位东方天洁环境工程有限公司(单位信息略)。

申诉人李铭(个人信息略)。

申诉单位及申诉人不服东方省南海市顺城区人民法院(2010)南刑初字第×号刑事

① 天洁公司以经营困难为由,申请减免罚金 200000 元。

② 判决生效后,天洁公司和李铭不服,提出申诉。

③ 天洁公司和李铭不服,继续申诉。

④ 天洁公司和李铭不服,提出上诉。

⑤ 天洁公司和李铭不服,提出申诉。

⑥ 天洁公司和李铭历经 8 年多次申诉,为教学需要,仅详细列明申诉人及申诉单位 2019 年向最高人民法院提交的申诉状。

判决、南海市古城区人民法院(2013)东南古刑再字第×号刑事裁定、东方省南海市中级人民法院(2014)东南刑再终字第×号刑事裁定、东方省高级人民法院(2018)东刑再×号刑事裁定,现向最高人民法院申请再审。

再审请求:撤销东方省南海市顺城区人民法院(2010)南刑初字第×号刑事判决、南海市古城区人民法院(2013)东南古刑再字第×号刑事裁定、东方省南海市中级人民法院(2014)东南刑再终字第×号刑事裁定、东方省高级人民法院(2018)东刑再×号刑事裁定,改判申诉单位东方天洁环境工程有限公司、申诉人李铭无罪。

事实及理由:

1.对于原审判决认定的少缴税费数额446292.51元以及少缴税费占应缴税费55.55%的比例,申诉单位及申诉人均无异议,但判决所依据的鉴定结论不能反映本公司少缴税费的原因。原审判决将鉴定结论中认定的“少缴税费”直接认定为“逃税”数额,偷换概念,事实不清,定性错误,且部分存在“税差”等问题。

2.原审判决认定申诉单位天洁公司、申诉人李铭“采取欺骗、隐瞒等手段,进行虚假纳税申报或不申报”,没有证据支撑。

3.根据《中华人民共和国刑法》第十二条规定的从旧兼从轻原则,本案应适用《刑法修正案(七)》,原审裁判认为本案不适用《刑法修正案(七)》即《中华人民共和国刑法》第201条第4款的规定,属于适用法律错误;且本案在侦查之初,即2007年9月30日,顺城区公安分局传唤李铭的当天,我公司即补交了366280.71元税款,后于同年11月1日,又补交了91788.37元税款,应依法认定天洁公司补缴了应纳税款,符合“不追究刑事责任”的实质条件。综上所述,在申诉单位及申诉人及时补缴税款后,应当认定申诉单位及申诉人不承担刑事责任。

天洁公司原本为行业内当地龙头企业,因法院认定单位犯罪,企业信用评审资格自2010年以来被省工商局取消,工程项目招投标资质被取消,优质专利不敢使用,公司业务骨干流失,企业员工锐减,经营状况堪忧,并自2010年起走上了近10年的漫漫申诉路。为保护申诉单位及申诉人合法权益,请求最高人民法院依法审查支持申诉单位及申诉人请求。

此致

申诉单位:东方天洁环境工程有限公司
申诉人:李　铭
2019年1月25日

(3)再审决定书

中华人民共和国最高人民法院
再审决定书

(2019)最高法刑申×号

原审被告单位东方天洁环境工程有限公司(以下简称天洁公司)、原审被告人李铭逃税一案,东方省南海市顺城区人民法院于2009年9月18日以(2009)南刑初字第×号刑事判决,认定天洁公司犯逃避缴纳税款罪,判处罚金人民币450000元;李铭犯逃避缴纳税款罪,判处有期徒刑三年,并处罚金人民币450000元;退缴逃避缴纳税款446292.51元,依法上缴国库。宣判后,天洁公司和李铭不服,提出上诉。南海市中级人民法院于2009年10月18日以(2009)东南刑终字第×号刑事裁定,撤销原判,发回重审。南海市顺城区人民法院于2010年3月19日以(2010)南刑初字第×号刑事判决,认定天洁公司犯逃税罪,判处罚金人民币650000元;李铭犯逃税罪,免予刑事处罚;退缴逃税税款446292.51元,依法上缴国库。宣判后,天洁公司和李铭不服,提出上诉。二审期间,天洁公司和李铭申请撤回上诉。南海市中级人民法院于2010年6月12日以(2010)东南刑终字第×号刑事裁定,准许天洁公司和李铭撤回上诉。天洁公司以经营困难为由,申请减免罚金200000元。南海市顺城区人民法院于2010年6月15日以(2010)南刑执字第×号刑事裁定,减少天洁公司罚金200000元。裁判生效后,天洁公司和李铭不服,提出申诉。南海市顺城区人民法院于2011年5月5日以(2011)南刑监字第×号驳回申诉通知、南海市中级人民法院于2012年11月23日以(2012)东南刑申字第×号驳回申诉通知,均驳回其申诉。天洁公司和李铭仍不服,向东方省高级人民法院提出申诉。东方省高级人民法院于2013年6月18日以(2013)东刑申字第×号再审决定,指令南海市古城区人民法院对该案进行再审。南海市古城区人民法院于2014年5月12日以(2013)东南古刑再字第×号刑事裁定,驳回天洁公司、李铭的申诉;维持南海市顺城区人民法院(2010)南刑初字第×号刑事判决。宣判后,天洁公司和李铭不服,提出上诉。南海市中级人民法院于2015年3月29日以(2014)东南刑再终字第×号刑事裁定,驳回上诉,维持南海市古城区人民法院(2013)东南古刑再字第×号刑事裁定。天洁公司和李铭仍不服,提出申诉。东方省高级人民法院于2017年6月9日以(2015)东刑再申字第×号再审决定,提审本案。后于2018年7月16日以(2018)东刑再×号刑事裁定,驳回申诉,维持东方省南海市中级人民法院(2014)东南刑再终字第×号刑事裁定。天洁公司和李铭不服,以原审认定其逃税数额错误,且应当根据修正后刑法第二百零一条第四款的规定,改判其无罪等为由,向本院提出申诉。

本院经审查认为，原审适用法律确有错误。依照《中华人民共和国刑事诉讼法》第二百五十三条第(三)项、第二百五十四条第二款的规定，决定如下：

指令东方省高级人民法院对本案进行再审。

二〇一九年十月十二日
(院印)

2.再审

(1)庭审笔录

东方省高级人民法院审判监督第一庭
开 庭 笔 录

时间：二〇二〇年十二月十二日上午十时零分

地点：本院第×审判庭

是否公开开庭审理：公开

审判人员：略

书记员：略

审：(槌!)东方省高级人民法院审判监督第一庭现在开庭。

审：法警通知原审被告单位东方天洁环境工程有限公司的诉讼代表人到庭。

审：法警传原审被告人李铭到庭。

审：原审被告单位东方天洁环境工程有限公司(以下简称天洁公司)的诉讼代理人是否到庭，简单介绍天洁公司和你本人的身份信息。

被告单位：(单位基本信息略)单位法定代表人，李铭。我是天洁公司的委托代理人张鹏翔，天洁公司的办公室主任。

审：你公司是否聘请辩护人?

被告单位：没有。

审：原审被告人李铭，你有无其他名字或曾用名?出生日期?民族?出生地?文化程度?职业?住址?是否受过法律处分?因本案何时被采取何种强制措施，何时被判刑，有无减刑、假释?最高人民法院(2019)最高法刑申×号再审决定书，你收到没有?什么时间收到的?

被：(个人信息略)之前我未被受过刑事处罚，因本案于2007年11月26日被南海市公安局顺城区分局取保候审，2010年3月19日认定我犯逃税罪被判处免予刑事处罚。

我于2019年9月收到了最高人民法院(2019)最高法刑申×号再审决定书,具体时间以签收日期为准。

审:根据《中华人民共和国刑事诉讼法》第二百五十四条第二款及第二百五十六条之规定,本庭今天依法在本院第×审判法庭公开开庭审理最高人民法院指令本院再审的原审被告单位天洁公司、原审被告人李铭逃税一案。

审:现在宣布合议庭组成人员、书记员、检察员和诉讼参与人名单:本案由东方省高级人民法院审判监督第一庭审判员××担任审判长,与审判员××、×××组成合议庭,书记员××担任法庭记录。东方省人民检察院指派检察员张涵秉、涂嫚出庭履行职务。东方诚坤律师事务所律师李美霞接受原审被告人李铭的委托,担任其再审辩护人。

审:根据《中华人民共和国刑事诉讼法》第十一条、第二十九条、第三十条、第三十三条、第一百九十七条、第一百九十八条、第二百零七条等有关条款的规定,当事人在法庭上享有下列诉讼权利:(1)申请回避权。(2)辩护权。(3)申请动议权。(4)发问和质证权。(5)最后陈述权。(6)补正笔录权。

审:原审被告单位天洁公司的诉讼代表人,听清楚没有?是否申请回避?

被告单位:听清楚了,不申请。

审:原审被告人李铭,你听清楚没有?是否申请回避?

被:听清楚了,不申请。

审:李铭的辩护人听清楚没有?是否申请回避?

辩:听清楚了,不申请。

审:现在开始法庭调查。

审:首先由原审被告单位、原审被告人李铭或其辩护人简要陈述申诉理由。

被告单位:宣读申诉状,略记。申诉请求:要求撤销原判决,宣判申诉人李铭无罪。

被:因为一个举报,这个举报是一个无聊的恶意举报,相关部门进行了认真的调查,调查的结果也证实我们公司没有问题,我的请求就是我无罪,要求改判。

辩:申诉理由申诉单位及申诉人在呈交给最高人民法院的申诉状中已经写得很清楚,以申诉状为准。

审:现在由审判员××摘要宣读最高人民法院(2019)最高法刑申×号再审决定书和东方省南海市顺城区人民法院(2010)南刑初字第×号刑事判决书、南海市中级人民法院(2010)东南刑终字第×号刑事裁定书、古城区人民法院(2013)东南古刑再字第×号刑事裁定书、南海市中级人民法院(2014)东南刑再终字第×号刑事裁定书、本院(2018)东刑再×号刑事裁定书的主要内容。

审:原审被告单位的诉讼代表人,你可以就本案的事实、证据和适用法律等问题进行当庭陈述。

被告单位:我们公司经营中没有逃税行为,法人代表也不存在逃税,错误判决给我

们的企业带来了很大的灾难。一是企业评级受到影响;二是在业内不被认可,很多以前可以承接的大型工程业务现在也不能承接了;三是人员流失严重,我认为法院应当依法改判,宣告我们无罪。

审:原审被告人李铭,你可以就本案的事实、证据和适用法律等问题进行当庭陈述。

李铭:我们在历次庭审中陈述了很多次,我们没有逃税、偷税,我们始终没有改变我们的观点,所有的判决书中都没有事实支撑我们存在逃税行为,我们希望这个判决可以把以前的错误更正过来,我们没有罪,原判确定的偷税数额可以说准确可以说不准确,这个数据不重要,重要的是性质认定,我对原判认定的偷税漏税的基本事实经过是不认可的,我只认可数字,但不认可偷税漏税。

审:李铭的辩护人有无补充意见?

辩:有,一是本案的基础事实是补缴税款的数额,我们没有异议,但不存在偷税漏税的问题,2007 年法院传唤李铭,说有税款没有交,当天天洁公司就补缴了税款,在这之后公安机关又认为天洁公司 2007 年存在偷税问题,这两个数额加起来就是审计报告的数额,但根本不是偷税数额,这是本案最基础的事实节点。二是原审法律适用错误问题,我们认为应当适用经《刑法修正案(七)》修正的《中华人民共和国刑法》第二百零一条第四款。

审:检察员可以就本案的事实、证据和适用法律等问题进行当庭陈述。

检:针对辩护人提到的逃税事实,你对少缴税额的数额是否认同?

被:我认同。

审:根据原判认定的事实、原审被告单位天洁公司、原审被告人李铭的申诉理由及检察员当庭陈述的理由,本庭对本案的调查重点归纳如下:(1)原审被告单位天洁公司、原审被告人李铭少缴纳税款的性质是否属于偷税漏税;(2)本案是否适用经《刑法修正案(七)》修正的《中华人民共和国刑法》第二百零一条第四款的规定,即原审被告单位天洁公司和原审被告人李铭是否构成逃税罪。

审:原审被告单位的诉讼代表人,对本庭归纳的法庭调查重点有无异议或补充?

被告单位:没有异议和补充。

审:原审被告人李铭,你对本庭归纳的法庭调查重点有无异议或补充?

被:没有。

审:李铭的辩护人有无异议或补充?

辩:没有。

审:检察员有无异议或补充?

检:没有。

审:下面由控辩双方对被告单位、被告人进行发问、讯问,法庭提醒控辩双方注意:(1)发问、讯问前应举手示意,并经审判长许可。(2)发问、讯问应围绕本次庭审重点进

行(申诉理由和控辩双方有异议的事实),发问、讯问的内容不得与案件事实无关,对于一方已经发问、讯问的内容,对方无须重复;(3)发问不准带有诱导性,讯问不准指供、诱供;(4)原审被告人应如实回答辩护人、检察员和合议庭成员的提问,不得作虚假陈述;(5)不得使用不文明的语言,不得贬损他人的人格尊严。

审:辩护人是否需要发问?

辩:需要。被告人李铭,天洁公司在公安机关查账时,是否提供了可供查阅的财务账簿资料?

被:均提供了。

辩:案件办理中,会计师事务所、税务师事务所所作的审计报告和复核报告依据的资料是什么?

被:依据的也是我们所有的财务会计资料。

审:检察员是否需要讯问?

检:部分税款公司是按3%交的,税率是你们自己申报的吗?

被:是当地税务机关根据我们的具体工作和营业执照确定的税率。

检:2003年公司改制前收入应纳税款,有没有顺延至你们公司身上?

被:2003年以前的税款,改制前公司都交了。

检:公安机关找你们之前,公司有没有收入未入账的情况?

被:我们正常的经营收入都入账了,至于2003年以前的收入,这与我们天洁公司没有关系,天洁公司也不该入账。

检:税务机关对你们稽查后,是否出具了相应的结论?

被:税务机关查账时,我们是积极配合的,税务机关也没有给我们什么结论。

检:之后你们到公安机关缴了多少钱,是否给你们出具了凭证?

被:公安机关给我们开了一个暂扣税款的条子。

检:讯问暂时到此。

审:原审被告单位,对原审判决认定你公司446292.51元的数字,你们无异议,但是不认可这笔数额是逃税?

被告单位:是的。

审判员:关于罚没款收据你们也是不认可的吗?

被:我们没有收到罚没款的收据,只收到过暂扣款收据。关于罚没款收据,是因为后来公安机关把原暂扣款收据的存根搞丢了,后面补的时候没有搞清楚,就补了一个罚没款收据。

审:既然按规定交税,为什么会出现未缴纳的税款?你们公司在南海具体缴纳哪些税种?

被:未缴纳的属于2003年改制前公司的,但不知道为什么把旧公司的收入、税款计

入了我们新公司，都是以前的挂账，改制前后两个公司在财务上是一刀切的，新公司税款都缴纳了。公司在当地缴纳营业税、所得税各项税款，外地业务和本地业务纳税之间，凭发票不会重复计税。

审：下面进行举证、质证。

审：在举证、质证之前，本庭提醒原审被告单位、被告人、辩护人、检察员注意：(1)本阶段调查的重点是对原审判决有异议的证据以及原审被告单位、被告人、辩护人、检察员提交的新证据。(2)对于在原一、二审庭审中已经举证并经质证的证据，不需要再向本庭出示。如果有异议，可以直接发表质证意见。(3)原审被告单位、被告人、辩护人、检察员在举出新证据前，应先说明该证据的来源和待证事实，并经法庭准许。

审：原审被告单位、原审被告人李铭及其辩护人，对原一审、二审及再审判决、裁定书中所列的证据有无异议？对哪些证据有异议？你可以发表质证意见。

被告单位：证据没有异议。

被：请辩护人代为回答。

辩：案件在若干次的开庭审判过程中，我们都对控方证据提出了质证意见，我们只是强调合议庭注重原判决书以及鉴定问题与客观事实不是完全相符合。比如：一是把 2003 年 9 月 20 日前少缴的税款认定为本案被告单位逃税的数额，是不太符合客观情况的，因为改制文件中已经载明新旧公司之间是一种切割关系；二是关于鉴定报告中记载的房产租金的应纳税额款项，因为房屋一直处于纠纷之中，这个房子的租赁收益虽然是由后成立的本案被告公司收取，实际上从法律的角度不应当认定为天洁公司的款项。

审：对此检察员有无意见或是否需要说明？

检：不需要。

审：检察员对原一审、二审及再审判决、裁定书中所列证据有无异议？

检：没有。

审：原审被告单位有无新证据要提交法庭？

被告单位：没有。

审：原审被告人及其辩护人有无证据要提交法庭？

被：没有。

审：检察员有没有新的证据向法庭提交？

检：没有。

审：对控辩双方无异议的证据，法庭依法予以确认。对控辩双方提出的异议和发表的质证意见，本庭已经听清，书记员已记录在案，合议庭将予以重点审查，并综合全案证据依法作出评判。

审：法庭调查结束，现在进行法庭辩论。

审：提醒控辩双方注意：(1)要紧紧围绕本庭归纳的审理重点进行辩论；(2)不准发表与本案无关的言论，不得使用不文明的语言，不得进行人身攻击；(3)一方发言时，另一方不得插话。

审：首先，由原审被告单位自行辩护。

被告单位：对一审、二审的判决，一是我们对数字没有异议，但对数字的组成有异议，比如2003年以前的数字；二是税务机关来稽查时还有一些未达款项，但我们公司后来都已经到位了，这个逃税对我们企业的打击很大，经营受到很大的影响，如果法院能够改判，对我们企业的意义很大。

审：李铭，税务机关稽查后有没有对你们下达处分决定？公安机关有没有什么处罚决定？

被：税务机关没有，在公安机关有办理取保候审。

审：下面由原审被告人自行辩护。

被：我们是一个很优秀的企业，我们完成了很多国内企业无法完成的工作，由于逃税的信誉问题，企业无法再承接之前的大型工程，企业里的人才也因此流失很大，我们企业拥有专利技术，国内没有企业能同我们竞争，希望法院可以依法改判，让我们企业的经营得以恢复。我补充一点，我们申诉中也提过，一是2003年以前旧公司的收入和应缴税款，不应计入新成立的天洁公司；二是我们公司有一部分经营收入是门面出租，那时候门面出租是定税；三是关于税率是百分之三还是百分之五的问题，我们在外地做的大型工程，要求我们必须在工程所在地交税，不是我们故意不在本地交税，我们只有在工程当地交了税拿了发票，我们才能凭票拿到工程款，我们属于科技服务行业，税率比较低，所以在深圳等地税率较低是百分之三，并且各地规定也有不同，有的地方高，有的地方低，不是我们能决定的，也不是我们故意要少缴。

审：下面由辩护人发表辩护意见。

辩：(1)原判将鉴定结论中认为的“少缴税费”转换概念，认定为逃税数额，事实不清，定性错误，这一点我方已反复说明了很多次。(2)原判认定天洁公司和李铭采取隐瞒、欺骗等手段，进行虚假纳税申报或不申报，没有证据予以支撑。天洁公司账册如实记录了少缴税款，也配合税务稽查对相关会计账册进行审查，不存在隐瞒、虚假申报；关于税差，公司完成外地清洗工程后，在外地缴纳税款税率是由当地税务部门确定的，不是天洁公司自己申报的，原审审查时依据的是新规定，将公司本地和外地的税差计入逃税数额，新规定溯及之前发生的事情，是不合理的。(3)根据《刑法》第十二条规定的从旧兼从轻原则，本案应适用经《刑法修正案(七)》修正后的《刑法》第二百零一条第四款的规定，天洁公司及李铭的行为不构成犯罪。

审：下面由检察员发表出庭意见。

检：(1)生效判决认定原审被告单位天洁公司和原审被告人李铭逃避缴纳税款的事

实清楚。(2)本案已有东方智凯税务师事务有限公司作出的东智税师鉴字(2009)第×号鉴证报告在卷,系专业部门出具的意见,具有鉴定主体合法和程序合法性,应当采用,对于当事人漏缴税款总额,生效判决认定数额,有相关证据证实。(3)申诉人虽然没有直接采取销毁账目等恶劣手段逃税,但也不能完全否定其逃税的故意,申诉人对漏缴税款有一定主观过错。(4)本案对当事人应当先行行政追缴或行政处罚,再进入刑事追诉程序。相关行政机构没有经过行政追缴或行政处罚程序,且当事人已补缴完税款,应当适用《中华人民共和国刑法》第二百零一条第四款的规定。

审:在第二轮辩论之前,法庭提醒控辩双方注意,已经发表过的意见不再重复发表。

审:原审被告单位有无新的辩护意见?

被告单位:没有。

审:原审被告人及其辩护人有无新的辩护意见?

被:公安机关介入以后,我们很快就缴纳了稽查出少缴的30多万元税款,但公安机关表示还要查2007年的税款,按照规定,要在2008年才查2007年的账,2007年还没有过完,就开始查2007年的账,这很不合理。

辩:检察员对于法律适用的意见,我是认同的,请合议庭予以采信。

审:检察员有无新的辩护意见?

检:没有。

审:原审被告单位、原审被告人李铭及辩护人、检察员对本案的事实、证据和适用法律等均已发表了意见,并经相互辩论,各自的观点已阐述清楚,书记员已记录在案,合议庭评议时将予以充分考虑。

审:法庭辩论终结。

审:原审被告人李铭(起立),你现在可以向法庭作最后陈述。

被:逃税罪是不存在的,我希望法院可以依法予以改判。

审:法庭认为,本案需要庭审审理的事项已经完成。因本案系最高人民法院指令本院再审的刑事案件,根据《中华人民共和国刑事诉讼法》第一百八十五条的规定,合议庭评议后将提请院长决定提交本院审判委员会讨论决定。本案择日另行宣判,宣判日期另行公告。

审:庭审笔录三日内交原审被告单位诉讼代表人和原审被告人李铭查看签字。

审:法警带原审被告单位诉讼代表人退庭。

审:法警带原审被告人李铭退庭。

审:现在休庭。(槌!)

(2)刑事判决书

东方省高级人民法院
刑事判决书

(2019)东刑再×号

原公诉机关东方省南海市顺城区人民检察院。

申诉单位(一审被告单位、二审上诉单位)东方天洁环境工程有限公司(以下简称天洁公司,单位信息略)。

法定代表人李铭,系该公司董事长。

诉讼代表人张鹏翔(个人信息略)。

申诉人(一审被告人、二审上诉人)李铭(个人信息略)。因本案于2007年11月26日被南海市公安局顺城区分局取保候审,2010年3月19日被判处免予刑事处罚。

辩护人李美霞,东方诚坤律师事务所律师。

东方省南海市顺城区人民法院审理南海市顺城区人民检察院指控被告单位天洁公司、被告人李铭犯逃避缴纳税款罪一案,于2009年9月18日作出(2009)南刑初字第×号刑事判决:一、被告单位东方天洁环境工程有限公司犯逃避缴纳税款罪,判处罚金人民币45万元(以下币种同)。二、被告人李铭犯逃避缴纳税款罪,判处有期徒刑三年,并处罚金45万元。三、追缴逃避缴纳税款446292.51元上缴国库。原审被告单位天洁公司和原审被告人李铭均不服,向南海市中级人民法院(以下简称南海中院)提出上诉。南海中院于2009年10月18日作出(2009)东南刑终字第×号刑事裁定,撤销南海市顺城区人民法院(2009)南刑初字第×号刑事判决,发回南海市顺城区人民法院重新审判。南海市顺城区人民法院依法另行组成合议庭重新审理后,于2010年3月19日作出(2010)南刑初字第×号刑事判决:一、被告单位东方天洁环境工程有限公司(原东方天洁清洗工程有限公司)犯逃税罪,判处罚金65万元(已缴纳30万元,余款限于判决生效后五个月内缴清)。二、被告人李铭犯逃税罪,免予刑事处罚。三、退缴的逃税税款446292.51元,依法上缴国库。天洁公司和李铭仍不服,又向南海中院提出上诉,在二审审理过程中,天洁公司和李铭均申请撤回上诉,南海中院于2010年6月12日作出(2010)东南刑终字第×号刑事裁定,准许上诉人撤回上诉。判决发生法律效力后,天洁公司以公司经营困难,仅能维持生计为由申请减免罚金20万元,南海市顺城区人民法院于2010年6月15日作出(2010)南刑执字第×号刑事裁定:对犯罪单位天洁公司减少罚金20万元。天洁公司和李铭对南海市顺城区人民法院(2010)南刑初字第×号刑事判决不服,向该院提出申诉,该院复查后于2011

年5月5日作出(2011)南刑监字第×号驳回申诉通知，驳回了天洁公司和李铭的申诉。天洁公司和李铭仍不服，向南海中院提出申诉，南海中院于2012年11月23日作出(2012)东南刑申字第×号驳回申诉通知，驳回了天洁公司和李铭的申诉。天洁公司和李铭遂向本院提出申诉，本院于2013年6月18日作出(2013)东刑申字第×号再审决定，指令南海市古城区人民法院对本案进行再审；再审期间，不停止原判决的执行。南海市古城区人民法院依法组成合议庭，公开开庭审理了本案，并于2014年5月12日作出(2013)东南古刑再字第×号刑事裁定：一、驳回原审被告单位天洁公司、原审被告人李铭的申诉；二、维持南海市顺城区人民法院(2010)南刑初字第×号刑事判决。天洁公司和李铭还不服，再次向南海中院提出上诉，南海中院于2015年3月29日作出(2014)东南刑再终字第×号刑事裁定，驳回上诉单位天洁公司、上诉人李铭的上诉；维持南海市古城区人民法院(2013)东南古刑再字第×号刑事裁定。天洁公司和李铭不服，又向本院提出申诉。本院于2017年6月9日作出(2015)东刑再申字第×号再审决定，提审本案，并于2018年7月16日作出(2018)东刑再×号刑事裁定，驳回被告单位及李铭的申诉；维持东方省南海市中级人民法院(2014)东南刑再终字第×号刑事裁定。天洁公司及李铭仍不服，申诉至最高人民法院。最高人民法院于2019年10月12日作出(2019)最高法刑申×号再审决定，指令本院对本案进行再审。本院受理后，依法组成合议庭，公开开庭审理了本案。东方省人民检察院指派检察员张涵秉、涂嫚出庭履行职务，申诉单位的诉讼代表人张鹏翔、申诉人李铭及其辩护人李美霞到庭参加诉讼。本案经合议庭评议并报审判委员会讨论决定，现已审理终结。

南海市顺城区人民法院一审查明：2003年1月至10月，被告人李铭系南海市天洁化学清洗实业公司的法定代表人。2003年10月29日，南海市天洁化学清洗实业公司改制后，又成立了南海市天洁化学清洗有限公司，法定代表人仍为李铭。2005年11月，该公司向工商行政管理局申请将名称变更为东方天洁清洗工程有限公司。2007年12月，东方天洁清洗工程有限公司变更为东方天洁环境工程有限公司。2003年至2009年间，该公司主要经营各种设备污垢现场清洗，工业废水处理设备的设计、安装、维护，以及自有房地产租赁等业务。2003年至2007年间，天洁公司和原南海市天洁化学清洗实业公司收入总额为7320445.51元，应缴纳税款803413.14元，已缴纳税款357120.63元，逃避缴纳税款共计446292.51元。

另查明，2007年9月11日，原南海市地方税务局稽查局将被告单位天洁公司、被告人李铭涉嫌逃税案移送公安机关，同年9月25日公安机关立案，李铭于9月30日经公安机关传唤后先后于同年9月30日、11月1日补缴了税款458069.08元。本案一审重审阶段，天洁公司、李铭均表示认罪，并已缴纳罚金30万元。

一审判决后，被告单位天洁公司已按生效判决足额缴纳了判处罚金的剩余部分15万元。

认定上述事实的证据有天洁公司2004年至2007年的收入账及清洗业务合同、2003年收入发票、纳税申报表及已缴纳款凭证、被告人的身份材料、工商登记及企业法人营业执照、税务登记证、《关于东方天洁清洗工程有限公司涉嫌偷税移送公安机关侦查的报告》、南海市地方税务局稽查局南地税稽移(2007)×号涉税案件移送书、南海市公安局顺城区分局关于李铭偷税案工作情况说明、公安机关立案决定书和工作说明、证人刘天、马斌、刘海英等的证言、东智税师鉴字(2009)第×号鉴证报告、南天鉴(2009)×号司法会计鉴定意见书、东方省罚没款票据以及被告人供述和辩解等。

南海市古城区人民法院再审、南海中院二审及本院第一次再审查明的事实和证据，与南海市顺城区人民法院发生法律效力的一审判决一致。

申诉单位天洁公司申诉提出：请求撤销原判，宣告无罪。

申诉人李铭及其辩护人提出：1.原判将鉴定结论中认为的"少缴税费"转换概念，认定为逃税数额，事实不清，定性错误。2.原判认定天洁公司和李铭采取隐瞒、欺骗等手段，进行虚假纳税申报或不申报，没有证据予以支撑。3.根据《中华人民共和国刑法》第十二条规定的从旧兼从轻原则，本案应适用经《中华人民共和国刑法修正案(七)》[以下简称《刑法修正案(七)》]修正后的《中华人民共和国刑法》第二百零一条第四款的规定，天洁公司及李铭的行为不构成犯罪。

东方省人民检察院出庭检察员发表如下出庭意见：1.生效判决认定原审被告单位天洁公司和原审被告人李铭逃避缴纳税款的事实清楚。2.本案已有东方智凯税务师事务有限公司作出的东智税师鉴字(2009)第×号鉴证报告在卷，系专业部门出具的意见，具有鉴定主体合法和程序合法性，应当采信，对于当事人漏缴税款总额，生效判决认定数额，具有相关证据证实。3.申诉人虽然没有直接采取销毁账目等恶劣手段逃税，但也不能完全否定其逃税的故意，申诉人对漏缴税款有一定主观过错。4.本案对当事人应当先行行政追缴或行政处罚，再进入刑事追诉程序。相关行政机构没有经过行政追缴或行政处罚程序，且当事人已补缴完税款，应当适用《中华人民共和国刑法》第二百零一条第四款的规定。

本院再审查明的事实和证据与原一、二审及再审认定的事实和证据一致。本院再审期间，控辩双方均未提供新的证据。

本院认为，原一、二审及再审认定天洁公司少缴税款446292.51元的事实清楚，证据确实、充分，申诉单位天洁公司和申诉人李铭对该事实并无异议。关于申诉人李铭及其辩护人以及东方省人民检察院关于法律适用的申辩意见及出庭意见。经查，本案税务机关将本案移交公安机关处理时，《刑法修正案(七)》尚未出台，但公安机关最终移送审查起诉，检察机关提起公诉、原审法院作出一审裁判的时间均在《刑法修正案(七)》施行之后。根据《中华人民共和国刑法》第十二条的规定，本案应适用经《刑法修正案(七)》修订后的《中华人民共和国刑法》第二百零一条第四款的规定。修订后的《中华人民共

和国刑法》第二百零一条第四款规定"有第一款行为，经税务机关依法下达追缴通知后，补缴应纳税款，缴纳滞纳金，已受行政处罚的，不予追究刑事责任"。《刑法》作出这一修订的目的一方面是为保护税收征收管理秩序，有利于税务机关追缴税款；另一方面也给予纳税义务人纠正纳税行为的机会，对于维护企业正常经营发展具有重要作用。根据《中华人民共和国税收征收管理法》的相关规定，税务部门在发现天洁公司可能有逃税行为后，应当先由税务稽查部门进行税务检查，根据检查结论对纳税人进行纳税追缴或行政处罚，对涉嫌刑事犯罪的纳税人移送公安机关立案侦查。本案未经税务机关依法下达追缴通知即直接移送公安机关立案侦查并追究天洁公司和李铭的刑事责任，剥夺了纳税义务人纠正纳税行为的权利，没有经过行政处置程序而由侦查机关直接介入，不符合《刑法》修订后的立法精神。天洁公司、李铭在侦查阶段补缴全部少缴税款，后又根据原生效判决缴纳了判罚的全部罚金。对天洁公司、李铭应当适用《中华人民共和国刑法》第二百零一条第四款的规定，不予追究刑事责任。对天洁公司、李铭及其辩护人提出的申辩意见和检察机关的出庭意见，本院均予以采纳。天洁公司曾经是一家优秀的科技服务型企业，拥有专利技术，其法定代表人李铭亦曾是南海市政协委员，但因本案未经行政处置程序而直接追究天洁公司及李铭个人的刑事责任，对企业的经营、发展造成了不良影响，故对原一、二审及再审裁判适用法律的错误，本院依法予以纠正。依照《中华人民共和国刑法》第十二条、第二百零一条第四款和《中华人民共和国刑事诉讼法》第二百五十三条第（三）项、第二百五十六条及《最高人民法院关于适用〈中华人民共和国刑事诉讼法〉的解释》第三百八十四条第二款、第三百八十九条第一款第（三）项之规定，判决如下：

一、撤销本院（2018）东刑再×号刑事裁定、东方省南海市中级人民法院（2014）东南刑再终字第×号刑事裁定、南海市古城区人民法院（2013）东南古刑再字第×号刑事裁定及南海市顺城区人民法院（2010）南刑初字第×号刑事判决。

二、申诉单位东方天洁环境工程有限公司无罪。

三、申诉人李铭无罪。

本判决为终审判决。

审判长　×××

审判员　×××

审判员　×××

（院印）

二〇二〇年十二月三十日

本件与原本核对无异

书记员　×××

四、相关法律及规范性文件

中华人民共和国刑法

第二百零一条 【逃税罪】①纳税人采取欺骗、隐瞒手段进行虚假纳税申报或者不申报，逃避缴纳税款数额较大并且占应纳税额百分之十以上的，处三年以下有期徒刑或者拘役，并处罚金；数额巨大并且占应纳税额百分之三十以上的，处三年以上七年以下有期徒刑，并处罚金。

扣缴义务人采取前款所列手段，不缴或者少缴已扣、已收税款，数额较大的，依照前款的规定处罚。

对多次实施前两款行为，未经处理的，按照累计数额计算。

有第一款行为，经税务机关依法下达追缴通知后，补缴应纳税款，缴纳滞纳金，已受行政处罚的，不予追究刑事责任；但是，五年内因逃避缴纳税款受过刑事处罚或者被税务机关给予二次以上行政处罚的除外。

刑法修正案(七)将第二百零一条修改为："纳税人采取欺骗、隐瞒手段进行虚假纳税申报或者不申报，逃避缴纳税款数额较大并且占应纳税额百分之十以上的，处三年以下有期徒刑或者拘役，并处罚金；数额巨大并且占应纳税额百分之三十以上的，处三年以上七年以下有期徒刑，并处罚金。

"扣缴义务人采取前款所列手段，不缴或者少缴已扣、已收税款，数额较大的，依照前款的规定处罚。

"对多次实施前两款行为，未经处理的，按照累计数额计算。

"有第一款行为，经税务机关依法下达追缴通知后，补缴应纳税款，缴纳滞纳金，已受行政处罚的，不予追究刑事责任；但是，五年内因逃避缴纳税款受过刑事处罚或者被税务机关给予二次以上行政处罚的除外。"

第二百一十二条 【税务机关征缴优先原则】犯本节第二百零一条至第二百零五条规定之罪，被判处罚金、没收财产的，在执行前，应当先由税务机关追缴税款和所骗取的出口退税款。

---

① 本条被2009年2月28日公布实施的《刑法修正案(七)》第三条修订，增设第四款不予追究刑事责任的情形，对罪状作出修改，并将罪名逃避缴纳税款罪变更为逃税罪。

中华人民共和国刑法修正案(七)

三、将刑法第二百零一条修改为:"纳税人采取欺骗、隐瞒手段进行虚假纳税申报或者不申报,逃避缴纳税款数额较大并且占应纳税额百分之十以上的,处三年以下有期徒刑或者拘役,并处罚金;数额巨大并且占应纳税额百分之三十以上的,处三年以上七年以下有期徒刑,并处罚金。"扣缴义务人采取前款所列手段,不缴或者少缴已扣、已收税款,数额较大的,依照前款的规定处罚。

"对多次实施前两款行为,未经处理的,按照累计数额计算。

"有第一款行为,经税务机关依法下达追缴通知后,补缴应纳税款,缴纳滞纳金,已受行政处罚的,不予追究刑事责任;但是,五年内因逃避缴纳税款受过刑事处罚或者被税务机关给予二次以上行政处罚的除外。"

中华人民共和国刑事诉讼法(2018 年修正)

第二百五十二条 【申诉的提出】当事人及其法定代理人、近亲属,对已经发生法律效力的判决、裁定,可以向人民法院或者人民检察院提出申诉,但是不能停止判决、裁定的执行。

第二百五十三条 【因申诉而重新审判的情形】当事人及其法定代理人、近亲属的申诉符合下列情形之一的,人民法院应当重新审判:

(一)有新的证据证明原判决、裁定认定的事实确有错误,可能影响定罪量刑的;

(二)据以定罪量刑的证据不确实、不充分、依法应当予以排除,或者证明案件事实的主要证据之间存在矛盾的;

(三)原判决、裁定适用法律确有错误的;

(四)违反法律规定的诉讼程序,可能影响公正审判的;

(五)审判人员在审理该案件的时候,有贪污受贿,徇私舞弊,枉法裁判行为的。

第二百五十四条 【提起审判监督程序的主体及理由】各级人民法院院长对本院已经发生法律效力的判决和裁定,如果发现在认定事实上或者在适用法律上确有错误,必须提交审判委员会处理。

最高人民法院对各级人民法院已经发生法律效力的判决和裁定,上级人民法院对下级人民法院已经发生法律效力的判决和裁定,如果发现确有错误,有权提审或者指令下级人民法院再审。

最高人民检察院对各级人民法院已经发生法律效力的判决和裁定,上级人民检察院对下级人民法院已经发生法律效力的判决和裁定,如果发现确有错误,有权按照审判监督程序向同级人民法院提出抗诉。

人民检察院抗诉的案件，接受抗诉的人民法院应当组成合议庭重新审理，对于原判决事实不清楚或者证据不足的，可以指令下级人民法院再审。

第二百五十五条　【指令再审的法院】上级人民法院指令下级人民法院再审的，应当指令原审人民法院以外的下级人民法院审理；由原审人民法院审理更为适宜的，也可以指令原审人民法院审理。

第二百五十六条　【重新审判的程序】人民法院按照审判监督程序重新审判的案件，由原审人民法院审理的，应当另行组成合议庭进行。如果原来是第一审案件，应当依照第一审程序进行审判，所作的判决、裁定，可以上诉、抗诉；如果原来是第二审案件，或者是上级人民法院提审的案件，应当依照第二审程序进行审判，所作的判决、裁定，是终审的判决、裁定。

人民法院开庭审理的再审案件，同级人民检察院应当派员出席法庭。

最高人民法院关于适用《中华人民共和国刑事诉讼法》的解释（法释〔2012〕21 号）

第三百七十二条　向人民法院申诉，应当提交以下材料：

（一）申诉状。应当写明当事人的基本情况、联系方式以及申诉的事实与理由；

（二）原一、二审判决书、裁定书等法律文书。经过人民法院复查或者再审的，应当附有驳回通知书、再审决定书、再审判决书、裁定书；

（三）其他相关材料。以有新的证据证明原判决、裁定认定的事实确有错误为由申诉的，应当同时附有相关证据材料；申请人民法院调查取证的，应当附有相关线索或者材料。

申诉不符合前款规定的，人民法院应当告知申诉人补充材料；申诉人对必要材料拒绝补充且无正当理由的，不予审查。

第三百七十三条　申诉由终审人民法院审查处理。但是，第二审人民法院裁定准许撤回上诉的案件，申诉人对第一审判决提出申诉的，可以由第一审人民法院审查处理。

上一级人民法院对未经终审人民法院审查处理的申诉，可以告知申诉人向终审人民法院提出申诉，或者直接交终审人民法院审查处理，并告知申诉人；案件疑难、复杂、重大的，也可以直接审查处理。

对未经终审人民法院及其上一级人民法院审查处理，直接向上级人民法院申诉的，上级人民法院可以告知申诉人向下级人民法院提出。

第三百七十七条　申诉人对驳回申诉不服的，可以向上一级人民法院申诉。上一级人民法院经审查认为申诉不符合刑事诉讼法第二百四十二条和本解释第三百七十五条第二款规定的，应当说服申诉人撤回申诉；对仍然坚持申诉的，应当驳回或者通知不

予重新审判。

第四百六十四条　对决定依照审判监督程序重新审判的案件，人民法院应当制作再审决定书。再审期间不停止原判决、裁定的执行，但被告人可能经再审改判无罪，或者可能经再审减轻原判刑罚而致刑期届满的，可以决定中止原判决、裁定的执行，必要时，可以对被告人采取取保候审、监视居住措施。

第三百八十三条　依照审判监督程序重新审判的案件，人民法院应当重点针对申诉、抗诉和决定再审的理由进行审理。必要时，应当对原判决、裁定认定的事实、证据和适用法律进行全面审查。

第三百八十八条　开庭审理的再审案件，系人民法院决定再审的，由合议庭组成人员宣读再审决定书；系人民检察院抗诉的，由检察人员宣读抗诉书；系申诉人申诉的，由申诉人或者其辩护人、诉讼代理人陈述申诉理由。

第三百八十九条　再审案件经过重新审理后，应当按照下列情形分别处理：

（一）原判决、裁定认定事实和适用法律正确、量刑适当的，应当裁定驳回申诉或者抗诉，维持原判决、裁定；

（二）原判决、裁定定罪准确、量刑适当，但在认定事实、适用法律等方面有瑕疵的，应当裁定纠正并维持原判决、裁定；

（三）原判决、裁定认定事实没有错误，但适用法律错误，或者量刑不当的，应当撤销原判决、裁定，依法改判；

（四）依照第二审程序审理的案件，原判决、裁定事实不清或者证据不足的，可以在查清事实后改判，也可以裁定撤销原判，发回原审人民法院重新审判。

原判决、裁定事实不清或者证据不足，经审理事实已经查清的，应当根据查清的事实依法裁判；事实仍无法查清，证据不足，不能认定被告人有罪的，应当撤销原判决、裁定，判决宣告被告人无罪。

第四章
侵犯公民人身权利、民主权利罪诉讼全过程训练

——以被告人王明非法拘禁、强奸案[①]一审为例

一、选择本案的理由

第一，本案行为人一人犯数罪，反映诉讼全过程、全貌的原始资料及证据材料较多，学习者必须首先从证据入手、着眼于大量碎片化的证据材料本身，该案对于刑事证据的审查判断及事实认定这一法律技能的训练而言，提供了较好的范本。

第二，本案涉及的法律争点问题较多，实体上，死刑适用、强奸罪犯罪未遂与中止的区分、(不作为)故意杀人罪(未遂)的成立；程序上，人民法院发现新的事实后的补充起诉建议权的行使及诉审同一原则适用等诸多问题均存在探讨的空间。

第三，以死刑案件辩护为视角，通过对本案的训练，学生不仅可以增强各类法律文书的写作能力，还可以锻炼根据案情选择、确定诉讼策略以维护当事人合法权益的能力。

二、本案的训练方法

本案训练共分 3 个阶段，每阶段 2 学时。

第一阶段：课前，授课教师将起诉书、证据材料发给学生，使学生对案情提前了解及预习相关法律知识。上课后，首先，教师介绍案件背景、训练目的及要求：学生以控辩审三方自由组合，除控、审二方外，其余组以辩护人立场为视角撰写辩护词并提交。其次，布置学生下一次上课的任务及作业——刑事一审普通程序模拟法庭实训。

第二阶段：课前，学生上交作业。上课后，首先，展开一审普通程序模拟法庭实训。其次，实训结束后教师将庭审笔录、公诉意见书、辩护词发给学生，对本案模拟庭审流程

① 本案公诉机关指控被告人王明犯强奸罪(10 起)、非法拘禁罪、抢劫罪、抢夺罪，因证据材料较多，为教学需要，将抢劫罪、抢夺罪及强奸罪(4 起)的证据材料及相关文书删减。

进行点评。最后，根据庭审引导同学归纳本案的焦点问题，布置作业——根据本案焦点问题讨论形成的意见，以法官为视角撰写一审判决书并提交。

第三阶段：课前，学生上交作业。上课后，首先，教师将判决书发给学生，由学生自行对照、评析。其次，教师组织学生对一审实体焦点问题及辩护人诉讼策略等内容展开讨论，并由每组推选代表进行课堂交流、辩论，讨论过程中教师可适时点评，并听取学生意见，以实现双向交流沟通、教学共进。最后，教师与学生交流本案训练的感想和体会，并对整个实训情况进行总结。

三、本案需要展示的法律文书和证据

本案的训练材料目录

公诉机关提交的法律文书和证据材料	1.起诉书 2.证据材料 3.公诉意见书
被告人及其辩护人提交的法律文书	1.精神病鉴定申请书 2.辩护词
庭审笔录和相关法律文书	1.庭审笔录 2.补充起诉建议函 3.刑事判决书(见扫码材料)

(一)起诉书

东方省南海市人民检察院

起 诉 书

东南检一部刑诉(2020)×号

被告人王明，南海宏达电器厂工人(个人信息略)。因涉嫌犯强奸罪，于2020年5月8日被南海市公安局顺城区分局刑事拘留，同年6月9日经南海市顺城区人民检察院批准逮捕，同日由南海市公安局顺城区分局执行。

本案由南海市公安局顺城区分局侦查终结，以被告人王明涉嫌犯强奸罪、非法拘禁罪，于2020年6月12日向南海市顺城区人民检察院移送审查起诉，2020年7月10日，南海市顺城区人民检察院将此案转至本院审查起诉。本院受理后，已告知被告人有权委托辩护人。本院已依法讯问了被告人，听取了辩护人、被害人的意见，审查了全部案

件材料。其间，因部分事实不清，证据不足，退回侦查机关补充侦查一次（自2020年7月23日至8月23日）；延长审查起诉期限一次（自2020年8月11日至9月5日）。

经依法审查查明：

2017年7月至2020年5月，被告人王明为追求性刺激，采取持刀威胁、喷辣椒水，使用电击器、掐脖子、捆绑等手段，在南海市顺城区等地，强奸陆某等6名妇女。被告人强行将李某、邓某非法拘禁在其挖掘的地窖内，持续时间分别长达590天和317天。具体犯罪事实如下：

（一）强奸罪

1.2017年8月中旬的一天晚上，被告人王明尾随妇女文某至本市顺城区白柳湖小李村路口上坡处时，猛勒文某脖子拖往路边树林欲行强奸，恰遇附近路人经过，文某趁机逃走。

2.2018年2月17日晚9时30分左右，被告人王明尾随女青年王某至本市顺城区白柳湖兴业村附近小路时，趁无人之机，用手臂勒住王某脖子并拉倒在地欲行强奸，王某咬住王明手指进行反抗，后王明逃走。

3.2018年4月12日晚9时许，被告人王明尾随女青年陆某至本市顺城区白柳湖兴业村小路上坡处时，用事先准备好的喷雾器朝陆某脸部喷射辣椒水并卡住陆某的脖子拖至附近鱼棚，又对陆某进行捆绑并用电击器予以电击，并实施强奸，后因意志以外的原因没有得逞。

4.2018年9月16日晚10时许，被告人王明驾驶电动车窜至本市顺城区白云山安普幼儿园附近，用事先准备的绳子勒住路经此地的女青年李某的脖子，拖至附近草地欲行强奸，遭到李某反抗。张明又采取持刀威胁、捆绑、堵嘴等手段，强行将李某挟持至位于顺城区胡家湾村20号其事先挖好的地窖内实施奸淫。而后，被告人对李某采取掐脖子、捆绑等暴力手段及威胁杀死李某等暴力威胁的方法，在该地窖内强奸李某近百次，直至2020年5月14日，李某被公安机关解救。

5.2019年7月2日晚10时许，被告人王明窜至本市顺城区白柳湖刘胜村一上坡处，用事先准备的绳子勒住女青年邓某的脖子，拖至附近树林，采取捆绑、掐脖子等手段强行将邓某奸淫。后将邓某捆绑并挟持至顺城区胡家湾村20号其事先挖好的地窖内，用事先准备的铁链将邓某和李某锁在一起。此后，未达到方便强奸的目的，被告人张明于2019年10月又挖掘一新地窖强行将两人分开关押，随后采取捆绑、掐脖子等暴力手段对邓某实施奸淫十余次，直至2020年5月14日，邓某被公安机关解救。

6.2020年3月15日晚9时许，被告人王明在本市顺城区大东街五星村路口附近，向骑自行车经过此地的女青年袁某脸部喷辣椒水，并掐住袁某脖子拖至路旁砖堆后面欲行强奸，袁某伺机逃走并大声呼救，其家人闻讯追赶，被告人逃跑时将一辆“王派”电动车及辣椒水喷雾器等物品遗留在现场。

认定上述事实的证据如下：

1.抓获及破案经过；2.被害人陈述；3.证人邓保平、佐小萍、吴兴隆、唐子琪、袁新鹏、丁一帆等的证言；4.电动车、绳索等物证及照片；5.报案材料、辨认笔录及照片、搜查笔录、扣押物品清单、指认现场笔录及照片；6.病历等书证；7.法医物证鉴定书等鉴定结论；8.现场勘查笔录及照片；9.被告人王明的供述和辩解。

（二）非法拘禁罪

2018年9月16日晚10时许，被告人王明驾驶电动车窜至本市顺城区白云山安普幼儿园附近，用事先准备的绳子勒住路经此地的女青年李某的脖子，拖至附近草地欲行强奸，遭到李某极力反抗，后被告人采取暴力手段强行将李某挟持至顺城区胡家湾村20号其事先挖好的地窖内关押，用事先准备好并固定在水泥地面的铁链锁住李某脚踝以防止其逃跑，直至2020年5月14日李某被公安机关解救。被告人王明非法拘禁李某持续时间长达590天。

2019年7月2日晚10时许，被告人王明窜至本市顺城区白柳湖刘胜村一上坡处，用事先准备的绳子勒住女青年邓某的脖子，拖至附近树林，采取暴力手段强行将邓某奸淫。后唯恐其罪行暴露，强行将邓某挟持至顺城区胡家湾村20号其事先挖好的地窖内予以关押，固定在水泥地面的铁链锁住邓某脚踝。此后，被告人王明于2019年10月又挖掘一新地窖强行将两人分开关押，直至2020年5月14日邓某被公安机关解救。被告人王明非法拘禁邓某持续时间长达317天。

认定上述事实的证据如下：

1.抓获及破案经过；2.被害人陈述；3.求救字条、电视机等物品及照片；4.报案材料、辨认笔录及照片；5.搜查、扣押笔录及扣押物品清单、指认现场笔录及照片；6.证人邓保平、佐小萍、杜宏、左佳明、丁一帆、顾玉兰、谭浩、李晨源等的证言；7.现场勘查笔录及照片；8.刑事科学技术鉴定书等鉴定结论；9.被告人王明的供述和辩解。

本院认为，被告人王明采取掐脖子、捆绑等暴力手段强奸妇女六人，其中多次强奸李某、邓某；还非法将李、邓两人关押，非法剥夺两人人身自由，持续时间分别长达590天和317天。其行为触犯了《中华人民共和国刑法》第二百三十六条第三款第（一）项、第（二）项，第二百三十八条的规定，应当以强奸罪、非法拘禁罪追究其刑事责任。根据《中华人民共和国刑事诉讼法》第一百七十六条的规定，依法提起公诉。

此致

东方省南海市中级人民法院

检察员：胡　斌
2020年9月25日
（院印）

附：

1.被告人王明现羁押于南海市第二看守所

2.案卷材料和证据11册，讯问王明同步录音录像光盘2张。

（二）公诉机关随案移送的证据材料①

1.指控非法拘禁、强奸（指控第四起、第五起）的证据

（1）公安机关出具的受案登记表、立案决定书、破案及抓获经过等

2020年3月15日晚10时许，南海市顺城区公安分局建设乡派出所接袁新鹏（被害人袁某的父亲）报警称，当日21时许，在白柳湖五星村藕塘边一男青年欲对其女即被害人袁某实施强奸。接报案后，民警赶到现场，发现犯罪嫌疑人在现场留下了电动车一辆、宏达公司单据及其他物品。侦查人员经过排查，发现南海宏达电器厂职工王明有重大作案嫌疑。2020年5月7日，公安机关对王明进行传唤，王明交代欲强奸袁某的犯罪事实；同时交代2017年8月至2018年4月，在顺城区白柳湖、白云山等地强奸妇女（未遂）案件3起，次日犯罪嫌疑人王明被刑事拘留。

2020年5月14日，前进三路37号家电维修工左佳明在拆修一台电视机的后盖箱时，发现一写着“救命……我关在胡家湾村一所房屋的地窖内”内容的纸条，其向老板杜宏反映，杜宏即按纸条中的电话号码打给对方，对方邓保平（邓某）的父亲接到电话后到派出所报案。接报案后，该局民警即对王明母亲顾玉兰家展开搜索，在其家中偏房内发现两个地窖及地窖内两名女孩，民警随即进行解救并送往医院救治。后经询问，两名女孩分别是李某、邓某。5月16日，侦查人员提审王明，经多次讯问，王明交代了2018年8月的一天和2019年7月的一天，其将二人分别抓至其母亲家中地窖内并多次实施强奸的事实。至此，全案告破。

（2）现场勘验、检查笔录

中心现场位于顺城区白柳湖胡家湾村20号的简易厢房，厢房分为内外两间，地面均为泥土质地，在外面可见两个相距1.45米的地窖井口呈东西向排列。东侧地窖与地面有木梯相通，地窖口长0.68米、宽0.43米，地窖口四周铺有泡沫块，由地窖口往下经过长2.20米、宽0.58米、高1.34米的走道可进入地窖正室。走道地面有深0.05米的积水。地窖正室东西长3.60米、南北宽2.00米，地窖内靠西墙呈南北方向摆放了一张低矮的简易双人床，床上放有4床被褥及存放杂物的纸箱；在床前地面有1条主链、2条支链共3条铁链及4把锁，主铁链被用另一把铁锁固定在床头地面的钢筋上。地窖东墙上安有一个自来水龙头及一支照明白炽灯并牵有闭路线与床边的电视机连接；距东墙0.44米、距北墙0.45米处地面挖有一只潜水泵，水泵的塑料软管向上与地窖上方地面相

① 鉴于本案证据材料较多，为适应本科教学，作者对证据材料进一步梳理、简化。

连，在池边有两只蓝色的带盖塑料小提桶。地窖顶部铺有彩条布，南墙墙面挂有毛巾；床前地面搁有14寸彩电、手持式游戏机、电热水瓶、水壶、塑料盆等物品。地窖内生活用品存放十分杂乱，东侧地窖口盖有海绵、多层泡沫及多块木板；由一块安有搭扣及挂锁的木板将地窖口封盖，木板上方再覆盖有泥土及杂物。

西侧地窖深1.8米，窖内东西长3.75米，南北宽1.55米；地窖内距东墙0.30米、距北墙0.48米处地面也建有一个水池，地窖由一把长3.46米、宽0.38米的铁梯上下，地窖口长0.41米、宽0.36米，地窖口无覆盖物，在地窖东墙上距地面0.87米处固定有一截规格为0.025米×0.025米、长0.088米的角铁；在地窖口边缘安装有一个深红色的门锁锁舌盒。并有平面示意图及现场照片在案。

(3)物证、书证

2020年5月7日，南海市公安局顺城区分局刑侦大队工作人员在证人见证下依法提取并扣押了下列涉案物品：

从被告人王明位于本市顺城区白云山16号的住宅搜查并扣押钥匙一串(19把，其中编号2、3、4号的钥匙可以打开用于拘禁李某、邓某的地窖里3把锁头)。

从被告人王明所挖地窖内搜查并扣押用于锁住被害人李某、邓某的铁链3条(其中一条主铁链长3.9米，两条支铁链分别长1米、0.9米)、挂锁6把、被褥4床。

从被告人王明所挖地窖内提取写有“我被关押在胡家湾村上坡向左拐第二家的地方，在一个小棚子里的地下室，好心人救我们一命”的5元人民币1张，写有“救命”字样的纸片1张；被害人李某、邓某合写的标有“死亡笔记”的日记本1本，被害人邓某的第二代身份证1张，及透明胶带1段、绳子1段、帽子1顶、银行卡2张、互联网上网卡1张、椰岛造型卡1张、电视机1台、游戏机1台、塑料水桶1个、生活用品31件、男士衬衣1件、方便面包装盒若干、女士内衣1条、女士牛仔裤1条。

2020年5月14日17时，从证人杜宏处调取“LEXIN”牌15寸彩色电视机一台、“求救”纸条1张。并有扣押物品照片在案。

(4)被害人陈述

被害人李某的陈述：2018年9月16日晚上10点多，我在白云山星网吧上网后一个人走路回家，走到安普幼儿园附近时被一个穿一身土黄色工作服的男的用绳子勒住脖子拖到离大路不远的一个角落，那人把我按在地并撕扯我的衣服，我不停反抗，那人拿出一把折叠带柄的水果刀，他用绳子把我的手和脚捆住，用刀子把我的胸罩划破并拿胸罩堵住我的嘴，然后他去骑一辆红色摩托车，把我带到白柳湖农场一所民房旁边的一个偏房里。偏房里有个地窖，他把我关进地窖，然后把我按在泡沫上强奸。地窖里面有一条铁链固定在水泥地上，那人用铁链把我的脚锁起来。我在这个地窖里一直被关到今年“五一”，之后被转到隔壁的地窖，直到昨天被解救出来。他经常强奸我，如果我不从，他就威胁要饿死我或一直把我关在这里。2018年10月左右一天晚上大约11点，他把

我脚上的链子解开，把我带到地窖上面他房间看电视，我趁他不注意拿出一根削尖的竹筷子向他眼睛扎去，谁知扎在他太阳穴上，他很生气，又把我关到地窖里了。后来有一次，他拿着一桶汽油放在地窖内说："你再不听我的话我就把汽油泼在这里，点火一烧。"刚被关进来时，他陆续给我拿了毛巾、盆子等，在泡沫上铺了一张床，一个塑料油漆桶装大小便，满了他就出去倒掉。他一般隔两天送一次饭，顺便带几包方便面。后来拿来一台影碟机、一台电脑给我打游戏。邓某来了以后，他把闭路电视接进来。在一次买药的小票上，我看见上面的名字是王明。我感到绝望，想自杀，吃了半瓶胃药没有死成，有时缺氧头痛，有时阴部发炎，他就买一点洗涤剂给我用。我在地窖里过着最无味、没有自由、被凌辱的日子，但还是凭着意志活着。2019 年 7 月初的一天晚上 11 点多，有一个女孩下来，她手臂上都是青紫的伤痕。王明把我的脚链打开锁在那女孩脚上，再用一条链子把我和她锁在一起。那个女孩告诉我她叫邓某，东方本地人，刚被王明抓住，被强奸后弄到这里。2019 年 7 月，我们听到附近有挖土施工的声音，后来王明把另一个地道挖好，又挖了一个通道到我这个地窖。他动员我搬过去，我和邓某都不同意，他就在送来的饭菜里下药，我们吃了后浑身发软，他趁机把邓某从通道里拖到那边去了。我们被关在一起的期间，王明一次没有强奸我们，分开以后，他开始轮流强奸我们，有一次邓某反抗，差点被掐死。今年"五一"，他把我转到邓某那边，再也没强奸我们，来时送了一箱火腿肠。最后一次 5 月 6 日送饭带了一台游戏机，之后再也没见过他。到昨天整整 8 天，这 8 天我们两人每天共吃一块面，怕他不来被饿死。平常我和邓某经常讨论怎么逃出去，今年二三月，邓某那边的电视机坏了，她将一封求救信塞到电视机壳子里，王明把坏电视机搬出去，我们的求救信也被带走了，但不知道会不会有人看到。

被害人邓某的陈述：2019 年 7 月 2 日晚上 10 点多，我在 732 终点站武鸣村下车后朝我家方向走了大约 5 分钟，往右转准备上一个坡，上坡的位置有个男的站在路边，手上好像拿了东西，我就往回跑。只跑了几步摔在路边草地上，那个男的跑过来用绳子把我的脖子勒住，把我拖到树林里。他把我绑在树上，双手双脚都绑住，把我胸罩解开，强奸了我。后来他仍用绳子把我双手朝后绑住，用他的衣服把我嘴封住，在我身后拉着绑我的绳子推着走，大概走了半小时，把我带到他家旁边的茅屋，他把地窖的门打开，我看见灯光，他把我推了下去。我发现下面有一张床，上面睡了一个女的，他把我身上的绳子解开，把睡在床上的那个女子脚上的铁链打开锁在我的脚上，那条铁链子被水泥埋在地上，大约 2 米长，后来他又带了一根细铁链子把那个女子的脚锁住。我想可能是他强暴我后，我认出了他，所以他把我关起来。

被关押期间，他给我们买妇产科药用的医保卡，药费单上写的名字是王明，我想这是他的名字。王明两三天送一次饭，刚开始我们总是挨饿，后来我们向他提出如果他来晚了，就给我们带方便面，这样情况才好一点。我先和李某关在一起，没有洗漱用品，半年没洗过澡，没有刷牙，有一个大绿盆是我们解决生理问题的，我们解手要把棉絮掀开，

在床上进行才行。大概今年元月底或 2 月初，他把我强行拖到另一个洞后条件才好一点，有自来水管、电视、电热水壶及洗漱用品。在这边洗了三次澡，是他把脚链打开，他守着才洗的。平时我主要和李某聊天、看电视、写点东西。他强奸我最少十几次，我没有反抗，大概今年 3 月，有一次我不愿意，他把我双手背后绑住，掐我的脖子，我感觉快没气了他才放开，还是强暴了我。地窖里关的另一个女子叫李某，20 岁，是 2018 年 9 月 18 日被王明关进来的。同我关在一起的时间，王明没有强奸过我们，转到另一洞后，王明又强奸了我和她，最后一次强奸我是 4 月 30 日晚上，完后他就把李某转移到我住的洞。5 月 6 日王明最后一次送饭，直至 14 日被解救已经有 8 天没有见到王明了，5 月 1 日李某被转过来时王明买了一箱方便面，为了不被饿死，我们每天分吃一包方便面。

有一天，我问王明："有个叫陆某的被人强暴了，是不是你干的？"他说："是不是大眼睛，住刘胜村的那个？"我说是的，他说没有搞，只是摸了她上身，因为那个女伢蛮会说话。我问他是不是强奸了蛮多人，他就跟我说了几件事，有一次在一个荷塘边碰一个摘莲蓬的小姑娘伢，他拿刀吓她，姑娘自己说蛮小，他就把那姑娘伢放了，那个姑娘伢还让他用电动车带她回家，差一点被那姑娘伢爸爸抓住。他说他搞了十几次，有好几次差点被抓住，他还说有个电击棒，后来坏了。去年九十月，电视遥控器坏了，我把求救的条子放入遥控器里面让王明拿去修，但没有信息。后来我又写了 6 封相同内容的求救信，一直在找机会。今年 3 月中旬，电视机出现问题，我趁他不注意把纸条放入电视机中，他把电视拿去修。我在地窖里有三床棉被，我垫的棉絮上有血，是我来月经时留下的，地窖里有两台电视，我和李某各一台。在里面时，我很恐惧，想过自杀，也想过逃走，但没有机会。我没有双胞胎姐妹，我的身心、健康、思想、名誉受到很重的伤害。

(5)公安机关法医物证鉴定书

a.在送检的"A 号棉被血 2""A 号棉被血 3"样本中均检出人血，在排除双胞胎的前提下，支持以上血痕均为邓某血痕，从遗传学角度已经得到科学合理的确信。b.在送检的"A 号棉被血 1"样本中检出人血，在排除双胞胎的前提下，支持以上血痕均为李某血痕，从遗传学角度已经得到科学合理的确信。c.在送检的"A 号棉被可疑斑痕 2""A 号棉被可疑斑痕 3""A 号棉被可疑斑痕 7"样本中均检出人精斑，在排除双胞胎的前提下，支持以上精斑均为王明的精斑，从遗传学角度已经得到科学合理的确信。d.在排除双胞胎的前提下，支持送检的"C 号棉被上毛发"样本为邓某的毛发，从遗传学角度已经得到科学合理的确信。

(6)公安机关刑事科学技术鉴定书

送检检材(1)写有"求救信，请好心人看到这封信能打 110 报警……"等字迹的纸条一张，检材(2)写有"救命，我们被关在东方省南海市顺城区白柳湖……"等字迹的纸条一张，检材(3)写有"救命，我被关在顺城区白柳湖……"等字迹的面值 5 元人民币一张上，检材(4)墨绿色硬面 50KPP 双环本上的字迹是否为邓某或李某所写。鉴定结论：检

材(1)—(3)上书写的字迹和检材(4)上书写的字迹与邓某样本字迹是同一人所写,检材(4)上书写的部分字迹与李某样本字迹是同一人所写。

(7)证人证言

证人佐小萍的证言:2018 年 9 月 16 日晚,我女儿李某失踪,第二天我们找了一整天,没有找到,于 9 月 18 日向白云山派出所报案。

证人邓保平的证言:2019 年 7 月 2 日下午 2 时左右,我女儿邓某离开家后就失去了联系,我们找了一个星期都没有结果,便向白柳湖清河派出所报案。

证人杜宏的证言:2020 年 5 月 14 日上午 9 点多,我店里维修人员左佳明在维修一台小电视时,发现电视机后盖里面有一张折叠纸条,上面写着:救命,她被同村的王明关在白柳湖小学旁边一个地窖里长达两年,请我们打电话报警之类的话。我就拨了字条上的电话,对方说他确实有个女儿两年前失踪了,于是我就拨打 110 报警。过了一会儿,派出所民警向我们详细了解了事情经过。这台电视机大约一个半月前,由外面收购旧电视的人送货到我店子里,电视机 15 英寸,荧光屏下方有“LEXIN”牌子字样。

证人左佳明的证言:2020 年 5 月 14 日上午,我在拆修一台电视机的后箱盖时看见一个折叠小纸条,字条上写着:救命,我被关在白柳湖胡家湾村一所房屋内的地窖内快 2 年了,关我的好像叫王明,以及父亲名字及联系方式等。之后我将此事告诉了杜宏,他按字条中的电话打给对方,并叫他快点报警。杜宏也打了电话报警,后来这台电视机被公安人员取走了。

证人丁一帆的证言:王明家修了两个蓄水池,第一个是两年前修的,第二个池子他自己先请人挖的坑,2019 年 9 月中旬,他要我请几个人将他挖的坑砌一个蓄水池,并在池上盖了一个偏房。我请李洪亮,还有其他人,加我一共 9 人,在王明家楼房右边开始施工,蓄水池 9 月底完工,我们又在两个池子上盖了一间约 100 平方米的偏房。“十一”前,偏房被城关的人推了,“十一”过后,王明又找我说他和城管的说好,可以盖房子了,我们又用了三天时间把房子盖好。王明当时说蓄水池是盖的沼气池,我们修建蓄水池时,他一直在第一个池子口守着,不让我们接触。地窖的地面我们用水泥抹平,没有修建任何栓子、桩子之类的辅助设施。

证人胡洋的证言:2018 年 8 月,我到王明家帮工,他家楼层的右边空地上有一个挖土机挖的坑,我用两天的时间给他砌了一个长约 3 米、宽约 2.4 米、深 2 米的地窖,地面用水泥铺上,留了一个孔防积水。池子用 2.4 米长的预制板封盖,上面铺了土层,留了一个约 70 厘米宽的进出孔。2019 年 9 月的一天,我又被叫过去帮忙修了第二个池子。我去时看见小文、丁一帆等几个人已经在原先的池子左边又砌了一个“7”字形,长约 5 米、深 2 米的池子。第一个池子王明说用来蓄水、生产灰砖,以后可以做沼气池。第二个池子的用途我没有问。

证人陈礼高的证言:王明家老屋下面有一个地窖,据说用来盛水的。2019 年 10 月

又修了一个地窖，说是做沼气用。王明搬到白云山住后，就他母亲一个人住在我们家隔壁。

证人谭浩的证言：2018 年左右，王明在白云山买了房子，同年下半年他搬到白云山后还经常回胡家湾村。王明家修了两个地窖，他搬到白云山后基本上每星期回来三次，大多数是骑电动车回来，每次回来基本上都是晚上 10～11 点。有几次王明上午下班回来时，电动车内装有四五份打包的早点，另外他新盖的房子内总传出潜水泵抽水的声音。

证人吴思琪的证言：我经营五金建材，好像是 2019 年年底我店里进了镀锌铁链。记得有一次，有个 30 多岁个子不高的男的买了一根，是 15 元卖出的。2020 年 2 月下旬我进了 5 根铁链子，每条长约 1.9 米，3 月份时，有个 30 多岁的男子以每根 15 元的价格买走 2 根铁链子，当时他说自己是工人，链子厂里用。

证人魏璐瑶的证言：这个人（照片）经辨认是王明，从去年到今年经常到我副食店来买"康师傅""白象"等方便面、琪玛酥、饼干等副食，最后一次来是在今年 4 月份。这个人高 1.7 米左右，体态中等，30 多岁，每次都是一个人骑电动车来。

证人李晨源的证言：王明住我家附近三四十年了，去年（2019 年）才搬到白云山，但经常骑电动车回来。他经常到我店里买饼干、方便面、矿泉水，每次饼干 2 袋、方便面 10 多袋，有时晚上 11 点多钟来。他家的地洞是去年热天挖的，有个小工看到他把闭路线牵进去，还听别人说王明经常买盒饭回来。去年八九月的一天晚上 11 点多钟，我在家听到外面一个女人喊救命的声音，出来看时没看到什么。

证人陈礼高的证言：王明老房子的偏屋是 2019 年盖的，原来老屋下面有一个地窖，据说是用来盛水用的。2019 年 10 月，他又修了一个地窖，说是做沼气用。王明搬到白云山住后，就是他母亲一人住在我们隔壁。

证人顾玉兰的证言：王明是我的小儿子，他没有孪生兄弟姐妹。我们住的两层楼房是 1992 年做的，2018 年 5 月，王明在偏房的这块地上挖了一个坑说是蓄水用的，砌好后晾了一段时间，一直没有做砖。2019 年 10 月初，王明又在原来的地窖旁挖坑，请人将坑砌好，并盖了预制板，说是做沼气用，还盖了两间偏房。王明一直居住在家中，2019 年 6 月，他老婆和我扯皮就搬到白云山去了，后来王明隔两三天或六七天回来一次。我只见过他进偏房一次，当时说是进去抽水。

证人石雅尼的证言：我和王明 2006 年 12 月结婚，因性格不合 2017 年 12 月离婚。结婚后我们一直和婆婆一起住在胡家湾村，离婚后也住那里。2019 年 6 月底 7 月初，因为我和婆婆吵架，就和王明一起搬到白云山现在的住处，房子是 2017 年以王明的名义买的。我们婚后夫妻生活比较正常，有时吵架后，王明曾说有精神病要去看，但他从来没有去看过，也没见他吃这方面的药。王明多长时间回婆婆家一次我不知道，但我回家时他一般也都在家。三个月之前我们的钱一直在还买房的债务，这三个月他每个月给

我6000元，应该是他全部工资，他要花钱都向我要，每个月1000元左右。他上夜班回来后喜欢睡觉。你们给我辨认的这个背包(出示照片：黑色平绒与皮革相间外观女式背包)不是我的包包，我没有见过。

(8)辨认笔录

2020年5月22日，在公安机关主持下，被害人李某从12张不同男性免冠照片中辨认出5号照片(王明)中的男子就是强奸并非法拘禁自己的人；2020年7月28日，被害人李某再次进行辨认，从7张不同男性免冠照片中辨认出6号照片(王明)中的男子就是强奸并拘禁自己的人。

2020年5月22日，在公安机关主持下，被害人邓某从12张不同男性免冠照片中辨认出5号照片(王明)中的男子就是强奸并非法拘禁自己的人；2020年7月28日，被害人邓某再次进行辨认，从7张不同男性免冠照片中辨认出5号照片(王明)中的男子就是强奸并拘禁自己的人。

2020年5月18日，在公安机关主持下，证人魏璐瑶从12张不同男性免冠照片中辨认出5号照片(王明)中的男子是经常到其副食店购买方便面等副食的人。

(9)被告人王明的供述

我母亲顾玉兰家外面的地窖是2018年5月我请人修建的，关押李某前我有预谋。7月左右，我想在外面抓一个女孩子放进地窖供我满足性要求，为防止女孩子逃跑，我在白云山一个五金店买了两条铁链，一粗一细，我将铁链的一端深埋在地窖内靠墙的部位，用水泥糊上，再将捡的一个一边上螺丝的铁套子套在铁链子的另一端。把铁链子埋在水泥地下，就是为了找机会在外面绑到女子囚在这里供我随意强奸，之后我就在外面寻找女孩子。第三条链子是2019年9月，也就是将两个女孩子分别关押的时候在白云山新世纪宾馆对面的一家五金商店买的，花了十几块钱。我寻找姑娘时带有绳子和刀子，绳子是小手指粗的灰色尼龙绳，半米多长，是我从厂里带回来的，刀子是买的。

2018年8月的一天晚上11点左右，我一个人骑着红色“山田”电动车(后来被偷了)来到白云山一个幼儿园的路上，看到前面有个单身姑娘伢，我就将电动车停在路边，尾随其后。当走到幼儿园门口时，我见四周无人，就跑上前用事先准备的尼龙绳从背后扼住她的脖子，将她拖到路边的一墙边。她拼命挣扎，我强行将她按倒在地上撕了她的衣服，拿出水果刀威逼他说：“你再反抗，我就破你的相。”然后我用尼龙绳捆住她的手脚，用胸罩堵住她的嘴。我将电动车开过来，解开她的双脚让她坐上，将她带到我母亲胡家湾村住处。姑娘伢身高1.58米左右，瘦小，头发到肩，有点卷，穿黑色圆领T恤、蓝色七分牛仔裙、蓝色塑料拖鞋。姑娘伢随身有几块钱、一串钥匙和一张身份证，她叫李某，向家伟村人。我的住处是二层楼房，四周有院墙，老娘住一楼，我、老婆和女儿住二楼。2018年5月，我请人用挖掘机在老屋的旁边挖了一个两米长、五六平方米的地窖，当时挖这个地窖是想蓄水做灰砖卖钱。我把姑娘伢背到地窖口，把她塞进去，当时老婆出去

打牌没有回来，老娘睡着了，她们都不知道。地窖口正下方是个小坑，小坑上放着两块木板，用来放梯子。洞里五六平方米，地下放着一些白色泡沫和海绵。姑娘伢下去后，我就在泡沫板上对她实施强奸。完事后，那个姑娘问我能不能放她回家，我说今天不行明天再说，然后用固定在水泥地上的铁链子将她脚锁住，用螺丝和钳子将铁套子锁紧，用绳子捆住她双手，用透明胶封住她嘴巴，我上去盖好木盖，回楼上睡觉。作案用的尼龙绳、胶带、跳刀被我丢了。

我把这个姑娘关在地窖里一年八个月，基本上一个星期强奸她一次，怕她怀孕，我每次都是体外射精。刚开始每天给她吃一顿饭，后来两三天送一餐饭，但还是给她买了方便面。地窖里安装有电灯、电水壶、小电视机，还有一个塑料盆供她大小便。大约2018 年 11 月一天凌晨，我把她从地窖里带到我房间看电视，她仇恨我，趁我不备用一根削尖的竹筷子扎到我太阳穴，我又把她锁进地窖。过了一段时间，我拿一个装有十几斤汽油的塑料桶放在地窖里说："你再不听话，我就烧死你。"2019 年 6 月，因为我老婆和老娘扯皮，我搬到白云山乡去住了，同年 7 月的一天晚上 10 点左右，我从胡家湾村回家，看在路上能不能碰到一个单身女人，当我走到白柳湖刘胜村的一个坡路处，迎面走来一个年轻姑娘，她看到我转身就跑，我上前用尼龙绳勒住她脖子把她往路边树林拖，用绳子把她绑在树上，用我穿的衬衣堵住她的嘴。过了一会儿我把她从树上解下来推倒在地，她不停喊救命，我用双手掐住她脖子，她受不了就求我，我还是把她强奸了。之后我把她带到我家偏屋的地窖口，将她按下去，解开绳子，把锁李某的铁链子打开拴在这个姑娘伢脚上，又出洞拿了一条铁链把李某锁住。铁链子上有四把锁，钥匙都在白云山我家里。邓某当时穿一件粉红 T 恤、蓝色牛仔裤，随身一个黑色包包，包内有她的身份证、两张银行卡、一张美发卡、一张网吧上网卡、一本病历、几十块钱，我没有取过银行卡里的钱。2019 年 7 月至 9 月，两个女孩关在一起，我没有强奸她们。

2019 年 10 月，我又请人在偏屋新挖了一个地窖，这个地窖的墙壁和洞口都是我的一个亲戚丁一帆他们做的，他们不知道后面的地窖。我挖这个地窖是为了将两个姑娘伢分开关押，方便我一个一个强奸，因为在一个地窖里我担心她们反抗，加上地窖太小活动不开。遇到她们反抗时，我就掐她们的脖子，这样她们就不敢反抗了。新挖的地窖和先前地窖的洞口距离 2 米多，洞口 60 厘米×60 厘米宽，2 米多深，中间有木梯子，洞底往左有 2 米长的巷子，只能一个人通过，里面有一间七八平方米的房间，房间右侧地上有个水坑，左边有一张木板拼成的床，里面有小电视、自来水管、游戏机，水坑里有个小抽水泵、开水壶，周围墙壁用水泥粉的，我自己用洋镐、铁锹将两地窖之间的隔墙打了个通道，直径有半米。新地窖做好后，我将姓邓的女孩拖到里面，这期间我强奸了她十几次。姓邓的女孩有点烈，她不从，我就掐她脖子。今年 5 月 1 日，我把她们又关在一个地窖里，因为老地窖里特别潮湿，新地窖强些，她们关在一起后就再没强奸他们。2020 年 5 月 6 日见到她们最后一次是给她们送饭和方便面，第二天就被公安机关抓了。

我非法拘禁她们两个就是为了达到长期强奸她们的目的，另外一个原因是怕放走她们暴露自己的犯罪行为。绑架李某时，我发现那个地方有个摄像头，我怕事情败露，邓某也是胡家湾村的，我怕她认出我。拘禁她们期间，地窖里放置过电视机和电脑，因地窖内湿气很重，电视机坏了，被我卖给了流动收废电视机的贩子，电脑显示器和主机也坏了，被我放在二楼了。拘禁她们俩使用的作案工具如尼龙绳、透明胶带、不锈钢跳刀都被我丢了。她们俩的衣服在作案后也被我拿出地窖了。

(10)指认现场笔录及照片证明

2020 年 5 月 27 日 23 时，被告人王明带领民警，指认在顺城区甜梦幼儿园南侧挟持李某的地点；在顺城区白柳湖刘胜村路口强奸邓某的地点；在顺城区白柳湖胡家湾村囚禁李某、邓某的厢房和东、西地窖。

(11)南海市东湖医院出院记录、病历证明

被害人李某于 2020 年 5 月 17 日入院治疗 14 天，患者自觉症状好转，出院诊断：胃炎、泌尿系统感染、阴道炎；被害人邓某于 2020 年 5 月 17 日入院治疗 14 天，患者自觉症状好转，出院诊断：胃炎、泌尿系统感染、阴道炎。

⑫常住人口基本信息表证明

被告人王明，被害人李某、邓某的年龄(时年均 18 岁)及身份情况。

2.指控强奸罪的证据(指控第一起)

(1)被害人文某的报案及陈述

2017 年 8 月中旬的一天晚上 8 点钟，我走到小李村路口上坡十几米处，突然有一个人从背后用手臂勒住我的脖子，把我往树林中拽，我大喊“救命”。这时，从坡上下来一个老头，离我们二三十米远，那个男青年松开了手，我就往家的方向一直跑到胡家湾村一个麻将室，等到晚上 11 点我老公接我回家。当时他没有要我交出钱物，也没有抢我钱和包，我感觉他应该是想强奸我。那个男青年高约 1.72 米，中等身材。

(2)证人吴兴隆的证言

2017 年 8 月的一天晚上 10 点多，我接到妻子文某的电话，她叫我到白柳湖胡家湾村的一个麻将室去接她，她告诉我她被一名陌生男子勒住脖子往树林拽，正好碰到一位老人经过附近那人才松手，她说那人没有抢劫她的任何财物，可能是要强奸她。

(3)证人唐子琪的证言

我开麻将室，2017 年 8 月一天晚上 10 点多，一个姑娘从外面进了我的麻将室，我说今天不开桌，大家马上起场回家了，她犹豫了一下对我说，路上遇到坏人等她老公来接她。我问要不要报警，她说等她老公来再说。11 点左右，一个男的把她接走了。

(4)辨认笔录证明

2020 年 5 月 13 日，在公安机关主持下，被害人文某从 12 张不同男性照片中辨认出 3 号照片(王明)中的男子就是欲对其实施强奸的人；同年 7 月 28 日，经再次辨认，被害

人文某从7张不同男性照片中辨认出6号照片(王明)中的男子是当时欲对其实施强奸的人。

(5)被告人王明的供述

2017年8月的一天晚上八九点钟,我骑着“王派”电动车从白柳湖小李村附近的路上看见一个女的单独在行走,我就想把她拖到附近树林里强奸。我将车停好后跟上去,用手从她背后勒住脖子把她往树林里拖,这个女的拼命喊“救命”,这时坡上下来一个老头,我就松手了,那个女的跑了。

(6)指认现场笔录及照片证明

2020年5月22日,被告人王明带领民警指认了其在顺城区白柳湖小李村路口上坡处意图强奸一女子(未遂)的地点。

(7)常住人口基本信息表证明

被害人文某的年龄(时年40岁)及身份情况。

3.指控强奸罪的证据(指控第二起)

(1)被害人王某的报案及陈述

2018年2月17日晚9时30分,我回家行至顺城区白柳湖兴业村斜坡小路时,突然一名戴绒帽的男子从背后一手捂住我嘴巴一手勒住我脖子将我往路旁菜地里拖,他把我按倒在地,我咬住他的一根指头,他松开手臂,我从地上捡起石头砸他,他沿小路跑了。他身高1.72米左右,戴深色毛线织的头罩,看不清他的脸。我认为他是想强奸我,因为整个过程他都没有要我交出钱物,离开时也没有捡我地上掉的东西。

(2)被告人王明的供述

2018年2月中旬的一天晚上9点多,我沿公路准备回我母亲家,行至白柳湖兴业村上坡小路时,我看到一名30岁左右的女子在我面前,我就想强奸她。我从背后用一只手勒住她,另一只手捂住她的嘴巴把她搞到地上。见她不动,我松开捂她嘴的手,结果她一口咬住我左手中指,她在地上拾起一块石头要砸我,我逃走了。当时我戴着没有帽檐的深色绒帽,没有工具。那名女子身高1.5米左右。

(3)指认现场笔录及照片证明

2020年5月10日,被告人王明带领民警指认了其在顺城区白柳湖兴业村后斜坡小路处强奸一女子(未遂)的地点。

(4)常住人口基本信息表证明

被害人王某的年龄(时年21岁)及身份情况。

4.指控强奸罪的证据(指控第三起)

(1)接收刑事案件立案登记表

2018年4月12日22时10分,被害人陆某向南海市公安局顺城区分局清河派出所报案,公安机关立案侦查。

(2)被害人陆某的陈述

2018年4月12日晚9时许,我走到白柳湖兴业村后的一条小路,回头看见一个戴撮撮帽子的男子跟在后面,这人走到我前面,将手中拿的东西朝我脸上喷了一下,我顿时觉得很辣,眼睛睁不开。他在背后掐住我的脖子,将我拖着走出三四米。他松开手后,用一根尼龙绳将我的双手捆起来往附近鱼塘方向走,途中我挣扎着将绳子松开,乘机将风衣口袋里刚买的手机丢在路边。同时我用电话手表按快捷键拨打我朋友的电话,他抢走手表扔在草丛中,用透明胶带封住我的嘴巴将我带到鱼棚内。他在鱼棚内把我短袖内衣掀到我乳房以上,用一个黑色方形物体朝我右大腿处碰了一下,我全身像触电一样发麻无力。接着他好像开始脱自己的衣服,我感觉他扑上来,但不知道为什么强奸未成功。当时他站起来走到外面,过了两三分钟又返回来,用透明胶带将我的双手从前面捆住,再一次封住我的嘴巴,又出去了。我趁他不在,将胶带拉到脖子处,挣脱双手解开绳子跑出去,结果跌进鱼塘里。那人回头发现了我,把我从鱼塘里捞出来,再次捆住我双手和嘴巴带我至公路旁。他用一辆深紫色电动车将我带到白柳湖大兴村路口对面的一小树林中,用胶带将我左手捆在一棵小树上说:"我锁了车子再来。"我将脚从靴子中抽出来拼命朝小李村方向跑到一麻将室,里面的人帮我报了警。这个人右眼下部有一个不大的痕迹,我可以认出他。

(3)辨认笔录证明

2020年5月14日,被害人陆某从12张不同男性照片中辨认出2号照片(王明)中的男子就是欲对其实施强奸的人;同年7月8日,经再次辨认,被害人陆某从7张不同男性照片中辨认出5号照片(王明)中的男子就是当时欲对其实施强奸的人。

(4)搜查、扣押笔录及扣押物品清单证明

公安机关从被害人王明母亲顾玉兰住宅处搜查并扣押"守护天使"1500KV型黑色可充电电击器1部。2020年7月7日,物证照片交被告人王明辨认,确认系其在一保安器材商店所购并在实施强奸时使用。

(5)物证及照片证明:公安机关依法提取作案现场遗留的透明胶带、红色绳子、蓝色adidas帽子等物品。2020年7月7日,上述物证照片交被告人王明辨认,确认系其实施强奸作案遗留在现场的物品。

(6)证人证言

证人陆伟峰的证言:案发当晚我接到同事电话叫我赶快到大兴村路口去一下,后来到派出所看到我小女儿陆某全身都是湿的,裤子上都是泥巴,脖子上缠着很多透明胶带,只穿一只鞋,神情惊恐地在作笔录。当天晚上我和民警找到我女儿掉的手机以及那个男青年携带的绳子、胶带等物。女儿告诉了我事情的整个经过。

证人陈晓婷的证言:2018年4月12日晚10时许,陆某跑到我麻将室,她全身湿透,只穿一只鞋子,脖子上缠着很多透明胶带。她说在兴业村后坡路上被打劫了,我们给陆

某父亲打电话并报了警。

(7)被告人王明的供述

2018年4月中旬的一天晚上9点多钟，我骑着先前交代的被遗留在现场的那辆“王派”电动车行至快到白柳湖大兴村路口处，在青化工路边发现一名向白柳湖方向独自步行的女子，就起了强奸她的意图。我超过她在路边停好车等她来，用辣椒水喷雾器朝她面部一喷，随后又掐住她脖子将她往旁边一块菜地里拖，拖到兴业村上坡处不远的一个空鱼棚内，又用自带的胶布将她的双手捆住。其间那女子手机响了几次，我就将她的手机电池下了。我将她裤子脱下来，将她的上衣掀至乳房以上，用手摸她的乳房和大腿，又用电击器在她大腿上击了一下，她好像晕了过去。我将裤子脱下，但阴茎起不了。不久她自己醒了，我穿好衣服到路边锁车子，等我回来那个女子不见了，我在旁边鱼塘里找到她并拉她上来，将她的嘴用胶布捆堵住，双手也捆了，又拿出橙红色雨衣给她穿上，目的是怕路过的人发现。我用电动车驮着她又来到大兴路路口的小树林里，用透明胶带把她的一条腿捆在树上，然后独自离开现场，雨衣留给那个女孩穿。这个女子18岁左右，身高1.6米左右，稍胖、长发、本地口音，穿黄色风衣，挎一个银灰色包包。我当时戴着一顶黑色带帽檐的绒帽，帽子前面有英文字母，这个帽子放在我单位休息室的更衣柜内。辣椒水和喷雾器是我10天前，在顺城区宝城路以80元的价格购买的，透明胶带也是在宝城路买的，放在我电动车后备箱里，电击器是买后第一次用，后来坏了放在我母亲家里。

(8)指认现场笔录及照片证明

2020年5月10日，被告人王明带领民警指认了其在顺城区白柳湖兴业村一上坡处强奸一女子(未遂)的地点。

(9)常住人口基本信息表证明

被害人陆某的年龄(时年17岁)及身份情况。

5.指控强奸罪的证据(指控第六起)

(1)接受刑事案件立案登记表证明

2020年3月15日晚，被害人袁某父亲向南海市公安局顺城区分局建设乡派出所报案，公安机关立案侦查。

(2)被害人袁某的报案及陈述

2020年3月15日晚9点左右，我骑自行车回家至白柳湖五星村路口，看到一个30多岁的男子骑电动车停在路口处用车灯照着我，我骑到一个砖堆旁时那个人一下我把的车抓住，往我脸上喷液体，我觉得很辣，睁不开眼睛。那人一手掐住我脖子把我拖到砖堆后面，我装昏，趁那人又到路上捡我车上掉下来的物品时，我站起来朝自家方向跑，他追了一段距离就没追了。到家后我告诉父母路上遇到了坏人，他们立即追了出去，后来听我父母说那人骑的电动车掉到藕塘里了。那人没有动我身上背的皮包、没有要钱，

我认为他是想强奸我。

(3)物证及照片证明

2020 年 5 月 13 日，顺城区公安分局建设乡派出所向顺城区公安分局移交黑色“王派”牌电动车 1 辆。2020 年 7 月 7 日，物证照片交被告人王明辨认，确认该“王派”电动车系其强奸逃跑时遗留在作案现场的作案工具。

(4)证人袁新鹏的证言

2020 年 3 月 15 日晚 9 点多，我妻子听女儿袁某在屋外喊：“救命！”我冲出屋外看到女儿往家跑，她说有人强奸。我和几名邻居立即开着农用车追了大约 300 米，看到一个骑红色电动车的男青年从对面过来，我们让他停下，他见状开车往前跑，掉到路旁荷塘里。我们掉过头来只看见车没看见人，就打 110 报警。警察到现场后，我们一起把电瓶车拉上岸，当时在电瓶车车厢里找到一瓶辣椒水喷雾器和一张宏达公司单据。

(5)被告人王明的供述

2018 年 6 月下旬一天晚上 10 点钟左右，我骑着深蓝色“王派”电动车去上班，行至五星村路口处发现一名女孩子背着双肩包独自骑自行车往五星村里面去了。我顿时起了强奸她的心思。我骑车超过她，在距村湾几十米的地方等着，从车子后箱拿出一瓶辣椒水喷雾器，等那名女孩行至我面前，我对着女孩面部喷了一下，然后将她架到路边一砖堆处。我转身去拖自行车，又去捡她散落在地上的书籍。在这期间，那女孩起身翻过砖堆跑了，她大声喊“爸爸”，我没再追赶。不久后面有一辆农用车追了过来并超过我，我连忙掉头又朝五星村方向逃跑，由于慌不择路，我的车子冲进了路边的藕塘，我游过藕塘从另一个方向逃到我母亲家躲藏。向那个女孩喷辣椒水就是想制服她再强奸，我当时穿的一套公司发的土灰色短袖工作服，那女孩短发，身高 1.6 米左右。

(6)指认现场笔录及照片证明

2020 年 5 月 10 日，被告人王明带领民警指认了其在顺城区五星村路边强奸一女子(未遂)的地点。

(7)常住人口基本信息表证明

被害人袁某的年龄(时年 19 岁)及身份情况。

(三)被告人提交的法律文书

刑事精神病鉴定申请书

申请人：王明(个人信息略)。

申请事项：申请对被告人王明是否患有精神疾病，作案时是否具有刑事责任能力进行鉴定。

事实及理由：被告人王明涉嫌强奸罪、非法拘禁罪一案，东方省南海市人民检察院

于2020年9月27日向贵院提起公诉。本人有严重精神障碍,应当属于限制责任能力人。本人小时候患过脑膜炎,被老师、同学笑作傻子,留下了巨大的心理阴影和心理压力,逐渐产生幻听、幻觉现象;长大后被熟人、同事甚至亲戚、前妻嘲笑,精神障碍越来越严重,有时无法自控,有追求刺激及暴力倾向。我母亲、岳母、前妻、同学都曾对我无端打骂,在受到哪怕是轻微刺激下都会有过激行为。所以对女人更多一份憎恨感,总感觉被她们伤害、嘲笑、跟踪等错觉,为此2020年2月本人以刘军的名义曾在南海医院精神病科就诊。

根据我本人平时表现及既往病史,为维护本人合法权益,根据相关法律规定,申请人特向贵院提出申请,请求对我本人的精神状况,委托有关部门进行司法鉴定。

2020年10月15日

(四)庭审笔录及相关法律文书

1.庭审笔录

法庭笔录(第一次)

时　　间:2020年11月16日9:00至11:29

地　　点:本院1号法庭

是否公开:不公开开庭审理

审判人员:略

书 记 员:略

书记员:下面宣布法庭规则。

1.到庭的诉讼参与人员,应当遵守法庭规则,不得喧哗、吵闹,发言、陈述和辩论,必须经审判长许可;

2.所有旁听人员未经允许不得录音、录像和摄影,不得随意走动和进入审判区,不得发言、提问,不准鼓掌、喧哗、哄闹和实施其他妨碍审判活动的行为。

3.法警有权制止不遵守法庭秩序的行为,对不听警告和制止的,可以根据合议庭的指令,责令其退出法庭或者经院长批准予以罚款、拘留。

书记员:请公诉人、辩护人入庭。

书记员:全体起立,请审判长、审判员入庭。

书记员:报告审判长,被告人王明已被带到羁押室候审,公诉人、辩护人已入庭就座。法庭准备工作已就绪,请开庭。

审:请坐下。

【宣布开庭】记录如下：

审：(敲法槌)东方省南海市中级人民法院刑事审判第一庭现在开庭。

审；传被告人王明到庭。

审：首先核对被告人的身份(略)。

审：根据《中华人民共和国刑事诉讼法》第188条第1款、第190条的规定，本庭今天依法不公开开庭审理由东方省南海市人民检察院提起公诉的被告人王明强奸、非法拘禁一案。本案将适用一审普通程序进行审理。

审：现在宣布合议庭组成人员、出庭人员名单。本庭由南海市中级人民法院审判员××担任审判长，和审判员××、××组成合议庭，书记员××担任法庭记录。东方省南海市人民检察院指派检察员胡斌等出庭支持公诉。受东方省法律援助中心指派，东方秉正律师事务所宋果律师作为被告人王明的辩护人出庭。

审：根据《最高人民法院关于适用〈中华人民共和国刑事诉讼法〉的解释》第193条的规定，被告人在法庭审理过程中享有以下诉讼权利：

一、申请回避权。(被告人如果认为合议庭组成人员、书记员、公诉人与本案有利害关系或者有不正当行为，可能影响案件公正处理的，可以提出正当理由申请回避。)

二、申请调查、取证权。(被告人可以申请通知新的证人到庭、调取新的证据、申请重新鉴定或者勘验、检查。)

三、辩护权。(被告人有自行辩护的权利。)

四、最后陈述权。(法庭辩论终结后，被告人有最后陈述的权利。)

同时，被告人在法庭上必须如实陈述事实和依法进行辩解，必须遵守法庭秩序和纪律。

审：被告人王明是否申请回避？

被：不申请。

审：辩护人是否申请回避？

辩：不申请。

审：下面进行法庭调查。

审：首先由公诉人宣读起诉书。

公：宣读东南检一部刑诉(2020)×号起诉书。(略)

审：被告人王明，你对起诉书指控你犯强奸罪、非法拘禁罪的事实及罪名有无意见？请用简练的语言表述观点。

被：有，检察机关指控我强奸的第1、3、6笔事实不是我干的。

审：下面由公诉人就起诉书指控的事实讯问被告人。

公：(宣传法律政策。)被告人王明，你在公安机关的供述是否属实？

被：不属实，我被羁押看守所前，公安机关殴打我，对我疲劳审讯，我作出了不真实的供述，审讯人员还威胁我说把我母亲、妻女抓起来。

公：被告人王明，你的职业？

被：宏达电器厂工人。

公：你家中为什么要做两个地窖？

被：第一个地窖我想做蓄水池，做灰砖没做成；第二个地窖想做房子，城管不让做，我赌气就做了个地窖。

公：刚开始本案被害人邓某关在哪个地窖里？

被：李某和邓某关在一起，当时只有一个地窖。

公：你是做了第二个地窖后才把邓某转移过来？

被：是的。

公：侦查阶段，你在公安机关供述称做第二个地窖的目的是想分别关押两名被害人，为什么当庭改变口供？

被：反正地窖做好了，出于好心，想把她们转移到条件好点的位置。

公：为什么将两名被害人挟持到地窖？

被：挟持李某时我发现村口有个摄像头，怕自己暴露，邓某是胡家湾村的，我怕她认出我，同时也可以长期满足我的性欲。

公：你说拘禁是为了长期满足你的性欲，如何满足，你是否对她们实施了奸淫？

被：主要是强奸李某，我和邓某发生了一次性行为，也是她主动要求的，不存在强奸。

公：挟持她们时，你是否使用作案工具？

被：使用了，有尼龙绳、透明胶带、不锈钢跳刀。

公：你准备将二人在地窖羁押多久？

被：没有想过。

公：你的意思是羁押是既定事实，为了不被发现，将会一直持续关押，没有放走她们的意思？

辩：我方反对公诉人诱导性发问。

审：请公诉人注意。

公：好，下一个问题，目前两名女子持续被你羁押多久？

被：你自己可以计算。

公：被告人，你今天是在法庭上接受审判，请注意你的态度。我来告诉你，截至公安机关解救时，李某在地窖中拘禁了590天，邓某317天。

被：（沉默）。

公：实施拘禁行为时，你是否知道二被害人年龄？

被：不知道。

公：那如何选择作案目标？

被:就是想找年轻的姑娘伢,这个我认。

公:邓某、李某被抓时,刚满18岁,你是否知道?

被:不知道。

公:被拘禁期间,二被害人如何吃饭?

被:刚开始给她们每天送一次饭,后来两三天送一次,她们想要我带点方便面,我还是给了她们。

公:也就是说,常规情况被害人起初一天一顿饭,之后两三天一顿饭,基本的温饱也不能保障。

被:(沉默)。

公:你在什么情况下交代了非法拘禁她们的事实?

被:我因涉嫌强奸被公安抓了,提审我的民警告知我在我母亲家地窖中解救出两名女孩,对我讯问。

公:为什么你被拘留时未主动交代家中地窖还有两名女子的事实?

被:我忘记了。

公:你如何向二被害人送饭,重新回答。

被:起初一天送一顿饭,之后两三天一顿饭。

公:你长期形成了两三天为被害人固定送一次饭的习惯,现在你辩称忘记了地窖中还有二人被你关押,你认为这样的解释合理吗?

被:拘留期间我要向公安解释其他案件,我确实忘记了。公安机关对我家搜查了,我认为她们已经被解救了。

公:你最后一次下地窖送饭时间?

被:好像是我被抓前两天,5月6号。

公:我是否可以理解为,从5月6号送饭到5月14号她们被解救,8天里你并没有如实交代地窖中两名女子的事实?

被:(沉默)。

公:你已经被拘留,却迟迟不把地窖中女子的事情向公安交代,二被害人的生死完全依赖于你个人,你明知这一情况,当时是如何想的?

被:5月6号最近一次下地窖送饭,我还送了一些方便面,我想她们应该可以撑几天,公安机关发现了我就交代,拖一天算一天。

公:我是否可以理解为,被羁押后,你对两名女子的生死持放任态度?

被:(沉默)。

公:请合议庭注意这一情节。

公:描述下地窖的环境?

被:比较简陋、潮湿,第一个地窖五六平方米,后做的地窖有七八平方米,条件稍好

一些，地上有小电视、游戏机、水管、烧水壶。

公：二被害人如何解决大小便的问题？

被：用盆子。

公：地窖里是否有床？

被：李某的地窖堆放着泡沫、海绵，上面加了棉絮；邓某的地窖是多块木板拼成的床，床上再加棉絮。

公：你为什么分别在地窖里装上铁链？

被：怕别人偷了我的水泵，锁起来。

公：公安解救她们时，两条铁链分别拴在她们身上，对此，你怎么解释？

被：（沉默）。

公：铁链长度？

被：1米多。

公：也就是说，被害人在地窖内的活动空间是半径1米多的范围，是这样吗？

被：（沉默）。

公：除了李某、邓某这二笔之外，你是否有其他犯罪行为？

被：起诉书指控的强奸王某一笔，我承认，其他都不是我干的。

公：是起诉书指控你强奸的第2笔？

被：是。

公：除此之外的第1、3、6笔，也就是起诉书指控你强奸陆某、文某、袁某三笔，你认为检察机关指控错误？

被：事不是我做的，我不认。

公：你是如何被抓的？

被：公安机关认为我强奸了袁某，就把我抓了。

公：公诉人再次确认你是否实施了这三起强奸行为？

被：没有干，不认。

公：上述三起你在侦查阶段均作了有罪供述，为什么当庭翻供？

被：刚刚说了，公安对我疲劳审讯、诱供，我没有办法。

公：你称民警非法取证，是否能提供线索或证据？

被：暂时没有。

公：我是否可以理解为，对于这三笔当庭翻供的行为，你不能作出合理解释也无法提供线索？

被：我解释了，你不相信。

公：归案后，你是否带领民警一一指认了犯罪现场？

被：是。

公:事情如你所说都不是你干的,你如何知道具体犯罪现场?

被:公安误导我。

公:请法庭注意,被告人对关键事实避重就轻,未如实供述。公诉人讯问暂时到此。

审:被告人王明的辩护人是否需要发问?

辩:不需要。

审:被告人王明,在公诉人、辩护人对你讯问、发问基础上,有几个问题需要再核实一下,希望你如实回答。

被:我说的都是实话。

审:你家住哪里?

被:以前住顺城区胡家湾村我母亲家,现在住白云山。

审:你挖的地窖在哪里?

被:胡家湾。

审:这个地方现在还有谁住?

被:我前妻、母亲还有女儿。

审:地窖距离你以前住的地方多远?

被:地窖离我母亲住的地方很近,两三米的距离。

审:具体挖的时间?

被:2017 年请人挖的,大家都知道我做蓄水池准备做灰砖。

审:你挖地窖后多久把李某关进去的?

被:第二年,好像 9 月份。

审:是白天还是晚上?

被:晚上。

审:李某被关进去时是否有人发现?

被:没有,当时家人不在家。

审:第二个地窖挖的时间?

被:2019 年 7 月。

审:你家人是否知道你挖地窖的目的?

被:家人知道我挖地窖就是跟城管赌气。

审:挖完后多久把邓某关进去的?

被:七八个月后。

审:两个地窖距离多远?

被:4 米左右。

审:地窖间通道是谁挖的?

被:我自己。

审:你为什么挖第二个地窖?

被:做沼气池。

审:地窖中的铁链什么用途?

被:第一个是把蓄水泵固定住,不让人偷;第二个为了锁她们。

审:从2018年9月第一个地窖拘禁二人到今年5月14日案发,一年半时间,你家人没有一次下过地窖?

被:没有。

审:被害人长期囚禁于地窖,除你之外没有任何一个人发觉,是被害人从不叫喊还是即使叫喊外面也听不见?

被:她们不叫喊。

审:你与前妻为什么离婚?

被:家庭矛盾。

审:离婚后是否分开住?

被:分开住,我搬到白云山住。

审:被拘留前,你搬到新地方住多长时间?

被:七八个月。

审:这期间你每两三天到胡家湾给被害人送一次饭?

被:是的。

审:法庭调查结束。下面由公诉人向法庭举证。(在此需要说明的是,对于证实控辩双方没有异议的事实的证据,举证时可以简化,仅宣读证据名称和来源,说明所证明的内容;对于证实控辩双方有异议的事实的证据,应该重点展示。)

公:好的,公诉人首先说明,鉴于本案犯罪笔数较多,公诉人将按照指控的犯罪事实分别举证。第一组综合类证据:1.公安机关出具的受案登记表、立案决定书、破案及抓获经过,主要证实:2020年3月15日晚10时许,南海市顺城区公安分局建设乡派出所接袁新鹏(被害人袁某的父亲)报警称,当日21时许,在白柳湖五星村藕塘边一男青年欲对其女即被害人袁某实施强奸。接报案后,民警赶到现场,发现犯罪嫌疑人在现场留下了电动车一辆、宏达公司单据及其他物品。侦查人员经过排查,发现南海宏达电器厂职工王明有重大嫌疑。2020年5月7日,公安机关对王明进行传唤,王明交代欲强奸袁某的犯罪事实;同时交代2017年8月至2018年4月,在顺城区白柳湖、白云山等地强奸妇女(未遂)案件3起,次日犯罪嫌疑人王明被刑事拘留。以上是王明所实施的4起强奸案的发破案经过。另外两起,即非法拘禁、强奸被害人邓某、李某一案,王明未在第一时间如实交代。2020年5月14日,前进三路37号家电维修工左佳明在拆修一台电视机的后盖箱时,发现一写着“救命……我关在胡家湾村一所房屋的地窖内”内容的纸条,根据这一线索两名地窖中的女子即本案被害人邓某、李某被公安机关解救。至此,全案告

破。2.搜查笔录、扣押决定书及清单，主要证实：公安机关对白云山王明住宅、王明母亲顾玉兰住宅、王明所挖地窖内、王明工作单位更衣柜内展开搜查。并扣押犯罪工具、“救命”纸片、“死亡笔记”等物品若干，从证人杜宏处调取“LEXIN”牌15寸彩色电视机一台、“求救”纸条1张。3.常住人口基本信息表，主要证实被告人王明的户籍等身份情况。

公：第二组证据，关于指控王明强奸、非法拘禁李某、邓某的证据材料。主要包括：接受刑事案件登记表，被害人邓某、李某的陈述，现场勘查笔录、平面示意图及照片，法医物证鉴定书，刑事科学技术鉴定书，证人佐小萍、邓保平、杜宏、左佳明、丁一帆、胡洋、陈礼高、谭浩、吴思琪、魏璐瑶、李晨源、顾玉兰、石雅尼等的证言，被害人李某、邓某，证人魏璐瑶对被告人王明的辨认笔录，被告人供述、指认现场笔录及照片，书证被害人被救后入院治疗后出院记录及病历以及被害人户籍资料等。鉴于该笔被告人王明是认罪的，在侦查阶段王明供认了整个非法拘禁及期间实施强奸的行为，公诉人不再详细阐述。刚刚在讯问中，被告人王明否认对邓某的强奸行为，对该情节公诉人详细举证：1.被告人王明在侦查阶段的供述：新地窖做好后，其将姓邓的女子拖到新地窖里，其间强奸了姓邓的女子十几次，如不从，就卡被害人脖子；2.关于强奸邓某的次数及频率，被害人邓某、李某的陈述相互印证；3.法医物证鉴定书证实：在拘禁邓某地窖提取的“A号棉被可疑斑痕2”“A号棉被可疑斑痕3”“A号棉被可疑斑痕7”样本中检出精斑，在排除双胞胎的前提下，支持以上精斑为王明的精斑；4.南海市医院出院记录、病历证实：邓某被公安机关施救后，在该医院治疗，诊断为胃炎、泌尿系统感染、阴道炎。

审：请法警协助将物证及照片、勘验笔录及照片交被告人王明辨认。

审：被告人王明，对公安机关扣押的铁链、挂锁、透明胶、绳子、帽子、被褥、求救信，以及从维修人员处调取的15寸彩色电视机，这些物品是不是你的？

被：是我的。

审：被告人王明对以上二组证据是否有意见？

被：有意见，被害人说了假话。

审：被告人王明的辩护人对以上证据是否有意见？

辩：对法医物证鉴定书有异议，送检的棉被有四件，仅检测出“A号棉被”有3个精斑，辩护人不否定鉴定意见的客观、真实性，但不能证实起诉书中指控的拘禁期间强奸李某“近百次”，强奸邓某“十几次”。如果指控成立，那么四条棉被上都应该有精斑，不应该只有一条有精斑，其他棉被是经过换洗还是其他原因，需要合理解释。同时病历虽证实被害人邓某有妇科病，但只能证实二人有性行为，不能证实被害人是否受到性侵。

审：请公诉人继续举证。

公：第三组证据，即指控第一笔王明强奸被害人文某的证据材料。主要有：被害人文某的报案及陈述、被害人的户籍资料、文某的辨认笔录、被害人丈夫即证人吴兴隆的证言、被告人王明的有罪供述、指认现场笔录及照片。

公:第四组证据,即指控第二笔王明强奸被害人王某的证据材料。主要有:被害人王某的报案及陈述、被害人的户籍资料、被告人王明的有罪供述、指认现场笔录及照片。

审:被告人王明对以上二组证据是否有意见?

被:对第三组证据有意见,既然被害人文某陈述凶手是从背后袭击她,文某自始至终未看到凶手,如何能辨认出凶手是我呢?

审:被告人王明的辩护人对以上证据是否有意见?

辩:同意我委托人的意见。

审:请公诉人继续举证。

公:第五组证据,即指控第三笔王明强奸被害人陆某的证据材料。主要有:接受刑事案件登记表、被害人陆某的报案及陈述、被害人的户籍资料、陆某的辨认笔录、被害人父亲即证人陆伟峰的证言、证人陈晓婷的证言、被告人王明的有罪供述、指认现场笔录及照片、搜查、扣押笔录及扣押物品清单,物证照片。需要说明的是,该笔被害人陆某在案发第二天报案,公安机关在案发现场提取了被告人作案后遗留在案发现场的透明胶带、红色绳子、蓝色 adidas 帽子,从被害人母亲顾玉兰家中搜查并扣押了“守护天使”黑色电击器一部,在侦查阶段,经被告人辨认确认是其欲实施强奸行为时使用的凶器。

公:第六组证据,即指控第六笔王明强奸被害人袁某的证据材料。主要有:被害人袁某的报案及陈述、被害人的户籍资料、被害人父亲即证人袁新鹏的证言、被告人王明的有罪供述、指认现场笔录及照片以及公安机关出具的办案说明及照片。需要说明的是,公安机关办案说明证实,2020 年 5 月,被告人王明作案时使用的“王派”电动车、车内辣椒水一瓶及“宏达”公司单据从当地派出所移交至顺城区公安分局并扣押。

公:审判长,本案所有证据出示完毕。

审:请法警协助将上述物证照片交被告人辨认。王明,物证及照片透明胶带、红色绳子、蓝色 adidas 帽子、“守护天使”黑色电击器、“王派”电动车是不是你的?你对以上二组证据是否有意见?

被:透明胶带、红色绳子、蓝色 adidas 帽子不是我的,既然在案发现场遗留有透明胶带,为什么没有指纹鉴定意见,看胶带上是否留有我的指纹;公安机关确实从我家中搜出了电警棍,但是坏的,我没有使用过;我的“王派”电动车被人偷走了,现场电动车不是我留下来的,我也从来没有使用过辣椒水。

审:被告人王明的辩护人对以上证据是否有意见?

辩:同意我委托人的意见。

审:被告人及其辩护人有无新的证据提交?

被:没有。

辩:没有。

审:(与合议庭成员交换意见后)法庭举证、质证阶段,控辩双方充分发表了各自的

质证意见。书记员已记录在案。法庭调查结束！下面进行法庭辩论，控辩双方在辩论时，应重点就被告人是否构成犯罪、罪轻、罪重以及法律适用发表意见，请注意观点明确，语言简洁。首先由公诉人发言。

公：(详见公诉意见书)。

审：被告人王明自行辩护。

被：公诉机关指控的第1、3、6笔强奸不是事实，我关押了邓某、李某，但没有强奸邓某，我与邓某有过性行为，但她是自愿的。检察机关对我判处死刑的量刑建议过重，我主观恶性不深，我拘禁李某是因为有摄像头怕事情败露，拘禁邓某是怕她认出我，开始两人想办法写求救信，持续了一二个月，我知情但没有报复她们，还给她们买电脑、游戏机，我也没有对她们进行精神摧残，更未造成二人精神失常、自杀、重伤或感染性病等严重后果。另外，我愿意对她们赔偿，只要她们接受。

审：被告人的辩护人发表辩护意见。

辩：本人接受东方省法律援助中心的指派，担任被告人王明强奸、非法拘禁一案的指定辩护人。首先，请允许我向涉案的所有被害人及其亲属表达诚挚的慰问和歉意。是的，该案触目惊心，公诉人提出的量刑建议是死刑。但今天我们不是以普通民众的身份进行街评巷议，而是以法律的名义决定一个人的自由或生死。基于上述理由，我站在辩护人的立场，不是为罪犯脱罪，而是履行法律赋予的公允之义。这里，我简短地发表我的主要辩护意见，庭后提交辩护词。公诉机关的量刑建议是死刑，但纵观全案，并未达到死刑案件的证据标准。一、关于事实认定：(一)检察机关指控被告人王明犯强奸罪、非法拘禁罪证据不足。1.现有证据可以证明王明对被害人李某、邓某的非法拘禁行为。2.关于公诉机关指控王明对二人实施强奸，公诉机关出示的被害人陈述、被告人供述为言词证据，被告人供述有多次反复、当庭翻供，与被害人陈述存在细节出入；法医物证鉴定书，确定A号棉被提取到被告人精斑，但送检棉被一共四件，检材分别标记为A、B、C、D号，其他三件检材均未检出精斑，即使根据第二个地窖建好后邓某转移至此起算，棉被持续使用5个月以上，故单纯A号这一张棉被留有被告人少量精斑不能得出检察机关指控王明"对邓某实施奸淫十余次""奸淫李某近百次"这一结论。(二)其他4笔强奸罪名指控存疑。公诉机关提供的证据主要为被害人陈述、被告人供述、证人证言等言词证据，没有视频监控等客观证据证实事发当晚，王明在案发现场，在王明当庭翻供的情况下，不能形成完整的证据链，得出唯一、排他性结论。这里有几点特别提醒合议庭注意：1.凶手作案时间均为晚上或深夜，凶手多从背后袭击，树林中如不借助灯光恐怕很难看清人脸。2.第2、6笔，被害人王某、袁某未作辨认，如何确认凶手是王明？3.第1笔被害人文某系凶手从后面勒脖袭击，文某并未看到凶手的脸，被害人却辨认出凶手是王明，从常识判断存疑。4.第1、2笔，公诉人均未出示"刑事案件立案登记表"，表明受害人在案发第一时间未及时报案或公安机关未将该案作为刑事案件立案处理，进一步

说明这些案件证据较弱，达不到立案或移送审查起诉标准。此种情况下，不能因为一项指控证据锁定了被告人就把全部指控一并认定在他头上，虽然公安机关侦查方向是并案侦查，但提起公诉、判决有罪还是要看每笔指控是否达到确实、充分的定罪标准。二、关于强奸罪的犯罪形态。公诉人明确第1、2、3、6笔为犯罪未遂，第4、5笔为犯罪既遂，如果合议庭认定王明上述4笔强奸罪成立，我方认为第1、2、3、6笔，即对被害人文某、王某、陆某、袁某为犯罪中止，而非未遂。三、庭前，王明已委托辩护人向贵院提出精神病鉴定申请，王明属于严重精神障碍，系限制刑事责任能力人，请法院准许，并在量刑时慎重考虑(详见辩护词)。

审：公诉人是否需要答辩？

公：需要，第一，指控被告人王明强奸、非法拘禁的事实清楚。第一，本案发破案自然，被告人王明到案后供认不讳，且供述稳定，当庭翻供不能得到合理解释。第二，六起强奸均有各被害人陈述在卷，从作案地点看，被告人专门选择城乡接合部相对偏僻、偏远地区，周边也无摄像头，故录音录像等视听资料未收集到案；同时强奸案作为较为私密的性犯罪，取证困难是此类犯罪的普遍性问题，公诉人不回避这一点。第三，从公安机关出具的发破案经过看，被告人连续作案6起，全案应作为整体来判断，进而识别其内在关联性，而不应绝对孤立评判。二、关于精神病鉴定申请，王明未提供既往精神病史的病历，无论提审时还是当庭均思维清晰，并无鉴定必要。三、关于死刑量刑建议，公诉人重申：1.王明在长达三年时间里经常携带凶器作案，严重危害当地社会治安。2.本案两名被害人被非法拘禁时刚满18岁，不仅在地窖中过着暗无天日的生活，还要接受蹂躏、摧残。3.本案因第6起袁某被强奸案案发，王明也因该罪行被公安机关拘留，之后迟迟未及时告知两名被害人在地窖关押的事实，如果不是求救信意外发现，二人有被活活饿死的危险，王明置二被告人生死于不顾，对二被害人生命持放任态度，足以反映其主观恶性极大，死刑的量刑建议体现罪责刑相适应原则。

审：被告人有无新的辩护意见？

被：请我的辩护人为我辩护。

审：被告人的辩护人有无新的辩护意见？

辩：补充两点：第一，公诉人一直坚持本案证据确实充分，依据《关于办理死刑案件审查判断证据若干问题的规定》第五条规定："证据确实、充分"是指"除定罪量刑的事实都有证据证明、证据查证属实外，还需要证据与证据之间、证据与案件事实之间不存在矛盾或者矛盾得以合理排除；根据证据认定案件事实的过程符合逻辑和经验法则，由证据得出的结论为唯一结论。"纵观全案，两笔强奸案没有被害人辨认笔录，现场亦未提取到被告人指纹、血痕、精斑。文某被强奸一笔，凶手采取了背后勒脖子的方式，文某并未看到凶手，辨认笔录如何辨认出凶手是本案被告人王明。本案涉及强奸案6笔，如何轻易认定本案被告人王明是作案人？现有证据真的可以排除合理怀疑得出唯一结论吗？

如果凶手不是他呢？是否存在这种可能，需要公诉机关提供证据予以排除，否则就不能说死刑案件的证据确实、充分。第二，这是一个死刑案件，对于我方提出的精神病鉴定申请，请人民法院慎重考虑。

审：在刚才的法庭辩论阶段，控辩双方充分发表了辩论意见，本庭注意到，被告人及其辩护人对于公诉机关指控的证据、事实及法律适用均有异议，本案的焦点归纳如下：第一，证据证明问题：公诉机关指控王明强奸罪第1、3、5、6笔，事实是否清楚，证据是否确实充分。第二，犯罪形态问题，即公诉机关指控强奸罪第1、2、3、6笔，系犯罪中止还是未遂。第三，刑罚裁量，即公诉机关死刑的量刑建议，是否做到罪责刑相适应。第四，被告人王明向本院申请精神病鉴定问题。合议庭在评议时将予以充分的重视。

审：法庭辩论结束，被告人王明，你站起来。根据《中华人民共和国刑事诉讼法》第198条第3款的规定，被告人有最后陈述的权利。

审：被告人王明，你可以做最后陈述。

被：谢谢审判长、审判员，我的罪行不是公诉人所说这样恶劣，我有罪但罪不至死，我愿意尽一切可能赔偿，请法院不要判处我死刑。

审：被告人王明强奸、非法拘禁一案，经法庭调查、法庭辩论和被告人最后陈述，法庭的审理事项全部完成。控辩双方在庭审中的争议焦点书记员已经记录在案，依照《中华人民共和国刑事诉讼法》的规定，本庭将根据庭审中查明的事实、调查核实的证据和有关法律规定，对本案进行评议，在评议中将充分注意公诉人发表的公诉意见、辩护人发表的辩护意见以及被告人的辩解。评议后，宣告判决，宣判日期另行通知。

审：现在休庭【敲法槌】。

审：被告人退庭。

2.公诉意见书

东方省南海市人民检察院
公诉意见书

东南检一部刑诉(2020)×号

案由：强奸罪、非法拘禁罪

被告人：王明

审判长、审判员：

根据《中华人民共和国刑事诉讼法》第一百七十六条的规定，我们受东方省南海市

人民检察院指派，代表本院，以国家公诉人的身份，出席法庭支持公诉，并依法对刑事诉讼实行法律监督。现对本案证据和案件情况发表如下意见，请法庭注意。结合案情重点阐述以下问题：

一、起诉书指控被告人王明犯强奸罪、非法拘禁罪，犯罪事实清楚、证据确实充分。1.被告人王明归案后对自己强奸、非法拘禁的犯罪事实供认不讳，并在案发后带领公安机关指认了作案现场，其供述的作案时间、地点、手段、对象及具体作案经历不仅与被害人陈述相互印证，也与物证鉴定书、现场勘查笔录以及从被告人王明、其母亲家中及单位搜查、扣押的相关物证相一致，如跳刀、透明胶带、电击器、"王派"牌电动车等。2.所有被害人均有报案及陈述材料在卷，陈述了被强奸或非法拘禁的经过。3.大部分被害人的亲属证实了被害人遇害后第一时间转述的经过，证人佐小萍、邓保平还分别证实了李某、邓某失踪并报案的情况，证人左佳明、杜宏证实了在维修的电视机后盖内发现被害人邓某求救信并报警的情况，证人徐杰锋、胡洋、顾玉兰等人证实了王明分别以修蓄水池、沼气池名义修建两座地窖的情况。4.物证鉴定书证实，"李某、邓某被强奸、非法拘禁案"中提取的现场棉被上精斑，经鉴定为被告人王明所留。以上证据来源合法、证据与证据之间相互印证，环环相扣，形成完整证据链条，足以认定。

二、被告人王明对部分强奸罪行当庭翻供。1.王明非法拘禁、强奸李某、邓某的情节特别恶劣，但今天当庭对强奸邓某的罪行予以否认。在案证据，除现场棉被经鉴定所留王明的精斑这一客观证据外，两被害人的陈述能够相互印证。二人分开关押后，地窖之间相通，二人对王明在任一地窖的施暴行为均能够感知，二被害人陈述可以相互印证王明大致的强奸频率、次数；同时王明在侦查阶段供述的强奸频率逐渐降低的情节也与二被害人陈述基本吻合；当庭王明对翻供理由亦无法作出合理解释，对王明对被害人邓某实施强奸行为的翻供不能成立。2.其余5起强奸案，其中3起即第1、3、6起王明当庭否认，公诉人认为王明翻供亦无证据支持。第一，本案案发自然，被害人亲属或相关证人证言证实案发后被害人惊慌逃离或打电话求救。第二，第1、3起案件，被害人文某、陆某均辨认出强奸作案的行为人王明，且辨认程序合法、规范；第6起被害人袁某虽未进行辨认，但现场遗留有"王派"电动车及车内王明单位宏达公司单据，侦查机关正是以此为线索破获此案的。第三，王明在侦查阶段供述稳定，且对每笔犯罪案发现场均进行指认，与被害人陈述及其他证据相互印证。综上，在案证据可以形成完整的证据链，足以证明王明强奸罪6起的事实。

三、关于本案量刑，公诉机关的量刑建议是对于强奸罪，建议判处死刑，剥夺政治权利终身；非法拘禁罪，建议判处有期徒刑三年至十年，数罪并罚，建议判处死刑，剥夺政治权利终身。公诉人注意到：6起强奸案，其中两起即第4、5起为犯罪既遂，四起即第1、2、3、6起为犯罪未遂，被告人王明已经着手实施犯罪，由于意志以外的原因而未得逞，是犯罪未遂，可以比照既遂犯从轻处罚。但公诉人认为，本案不适用从轻处罚，主要理

由：第一，依据我国刑法规定，强奸罪作为情节加重犯，可以判处十年以上有期徒刑、无期徒刑或死刑，其中包括："（一）强奸妇女、奸淫幼女情节恶劣的；（二）强奸妇女、奸淫幼女多人的。"本案符合上述两种情节加重情形。第二，是否判处死刑，主要评判被告人主观恶性是否极深，社会危害性是否极大。本案中，王明在长达三年时间内连续、多次实施强奸作案，部分被害人为未成年，且常常带有凶器，给当地年轻女性造成极大心理恐惧。特别指出的是，本案两名被非法拘禁的被害人，被押时是刚满18岁的花季少女，却不幸长期囚禁于阴暗、潮湿的地窖内，且被铁链锁住脚，活动范围在一两米之间，不仅过着暗无天日的悲惨生活，还不时遭到色魔的蹂躏，这种非人的生活分别持续了590天、317天。此种痛苦的经历必将给两名被害人的身心健康和以后的生活带来严重而深远的影响，两名被害人的亲人一直苦苦寻找她们的下落，长期被这种生不见人、死不见尸的情形遭受痛苦折磨，精神已至崩溃边缘。第三，王明归案后拒不交代家中地窖内两名被害人关押的事实，而王明是唯一知道此情形的人，如果不是求救信意外被发现，两名被害人饿死地窖中是一种必然，对于被害人的死亡王明持放任态度，由此反映出被告人主观恶性极深、犯罪情节极其恶劣，其行为造成的社会危害性极大。王明是一名女孩的父亲，却对别人的女儿作出如此令人发指的恶行，其不仅应受到良心的谴责、道德的鞭挞，更应接受法律的严正审判。第四，被告人王明当庭对自己的大部分罪行拒不承认，认罪态度不好，在铁的事实面前没有悔改表现，其认罪态度应在量刑时酌情考虑。

综上，公诉人认为，指控被告人王明犯强奸罪、非法拘禁罪的事实清楚、证据确实充分，请合议庭依法判处被告人王明死刑，剥夺政治权利终身。

公诉人：胡斌、陈晓

2020年11月16日当庭发表

3.辩护词

辩护词

尊敬的审判长、审判员：

根据法律规定，本人接受东方省法律援助中心的指派担任被告人王明被指控强奸、非法拘禁一案的指定辩护人。首先，请允许我向涉案的所有被害人及其亲属表达诚挚的慰问及本人沉重的心情。

是的，该案触目惊心、灭绝人性，对于凶手人人曰杀。但是今天，我们不是以普通民众的身份进行街评巷议，而是以神圣的法律之名，站在庄严的法庭上，决定一个人的自由或生死。所以，这种时刻就像我提醒自己一样，提醒诸位法官、公诉人，谨防我们自己

内心的见解、偏私甚至是愤怒先入为主地对待被告人，所有人的期待是一个客观公正的裁断。基于上述理由，我站在辩护人的立场，不是为罪犯脱罪，而是履行法律赋予我的公允之义。

由于本案涉及多罪名、多被害人，且在当地产生了严重的社会影响，辩护人秉持慎重之心会见了被告人，询问了相关案件事实，反复阅读了案卷材料及参见了相关法律，现发表如下辩护意见：

一、公诉机关指控被告人王明犯强奸罪、非法拘禁罪部分事实不清、证据不足

公诉机关指控：被告人王明分别于 2018 年 9 月 16 日、2019 年 5 月 14 日将被害人李某、邓某非法拘禁于其母亲房屋地窖内，直至 2020 年 5 月 14 日被公安机关解救。在非法拘禁过程中，采取捆绑、掐脖子等暴力手段及威胁分别对李某、邓某性侵犯(强奸)近百次、十余次。公诉人当庭出示了：接受刑事案件登记表、被害人陈述、辨认笔录、证人证言、被告人供述等证据。辩护人认为，以上证据仅能证明被告人对两名被害人非法拘禁的事实，没有确实充分的证据证明被告人实施了强奸行为。

我们首先抛开先入为主的误区，即“被告人王明非法拘禁被害人李某、邓某就是为了满足其畸形的性欲望”，因为没有充分的证据证实这一点。根据现有证据分析：1.支持公诉机关指控罪名的理由主要是被害人陈述及被告人供述，均为言词证据，且被告人供述多次出现反复，其当庭辩称也不承认曾强奸邓某，即被告人供述与被害人陈述并不一致。2.法医物证鉴定书证实“A 号棉被”中检出被告人王明精斑，经现场勘查并送检棉被共 4 件，检材分别标记“A、B、C、D”号，其他三件检材为何没有提取到被告人王明精斑？案发时是 5 月，此前棉被被邓某使用至少 5 个月以上，因此，以下可能情形或合理怀疑需要公诉机关提供证据予以排除：(1)该棉被，被告人王明是否先前使用？(2)精斑的具体形成时间及是否有旧斑？(3)“A 号棉被”提取到被告人精斑这一鉴定结论与检察机关指控“王明对李某、邓某性侵犯(强奸)近百次、十余次”这一待证事实的关联性。综上，公诉人指控王明强奸被害人邓某十几次的事实不清、证据不足，依据现有证据不能排除合理怀疑并得出唯一结论。

二、其他强奸罪名指控存疑

其余 4 笔，公诉机关提供的证据主要为被害人陈述、被告人供述、证人证言等言词证据，没有视频监控等客观证据证实事发当晚，王明在案发现场，在王明当庭翻供的情况下，不能形成完整的证据链，得出唯一排他性结论。这里有几点特别提醒合议庭注意：1.凶手作案时间均为晚上或深夜，多从背后袭击，树林中如不借助灯光恐怕很难看清人脸。2.第 2、6 笔，被害人王某、袁某未做辨认，如何确认凶手是王明？3.第 1 笔被害人文某系凶手从后面勒脖袭击，文某并未看到凶手的脸，被害人却辨认出凶手是王明，从常识判断存疑。4.第 1、2 笔，公诉人均未出示“刑事案件立案登记表”，表明受害人在案发第一时间未及时报案或公安机关未将该案作为刑事案件立案处理，

进一步说明这些案件证据较弱，达不到立案或移送审查起诉标准。此种情况下，不能因为一项指控证据锁定了被告人就把全部指控一并认定在他头上，虽然公安机关侦查方向是并案侦查，但提起公诉、判决有罪还是要看每笔指控是否达到确实、充分的定罪标准。

三、公诉机关死刑的量刑建议过重，不能体现罪刑相适应原则

（一）关于强奸罪的犯罪形态。公诉人明确第1、2、3、6笔为犯罪未遂，第4、5笔为犯罪既遂，如果合议庭认定王明6笔强奸罪均成立，我方认为第1、2、3笔，即对被害人文某、王某、陆某、袁某为犯罪中止，而非未遂。具体原因：1.公诉机关对三笔强奸指控事实分别为，王明欲行强奸之际，“恰遇附近路人经过，文某趁机逃跑”“王某咬住王明手指进行反抗，王明逃走”“因意志以外的原因（阴茎未勃起）没有得逞”。2.本案中具体情形下的客观不利因素是否“足以阻止犯罪意志”是区分未遂与中止的量的要求。犯罪分子出于自己的意志，自动放弃犯罪或者自动有效地防止犯罪结果发生的，是犯罪中止。具体案件纷繁复杂，影响犯罪发展到既遂前停止下来的原因多种多样，很多时候并不单纯是意志以内的原因，也不单纯是意志以外的原因，而是二者兼而有之。客观不利因素在犯罪中止形态与犯罪未遂形态中均有存在，只不过量上有不同：在犯罪中止的情况下存在着较少量的客观不利因素，其对犯罪分子自动放弃犯罪是次要的影响因素，犯罪分子中止犯罪主要还是由于其主观上的“自动放弃”或“自动有效防止犯罪结果发生”。在犯罪未遂的情况下存在较多量的客观不利因素，其对犯罪分子未能完成犯罪起决定性的作用，犯罪分子主观上想将犯罪继续进行下去但因该客观不利因素阻止而未能如愿。3.纵观本案，公诉机关指控王某在实施强奸犯罪过程中，“路人经过”“咬手指反抗”“阴茎暂时未勃起”三种情形对于被告人实施犯罪而言，客观均存在一定的不利因素，但是上述客观不利因素在量上是否达到“足以阻止犯罪意志”的程度应该根据社会一般观念进行客观评价。第1笔，因“附近路人经过”，被告人系担心被发觉而放弃犯罪。此种场合，被告人客观上面临两种可能性：对被害人文某实施进一步强制，等路人过去继续实施犯罪；不继续实施犯罪。由此表明，在存在选择余地的情况下，强奸行为有进一步完成的条件，被告人不继续实施犯罪，就表明中止犯罪的主动性。第2笔，“王某咬住王明手指进行反抗”，被告人系基于惊愕、恐惧放弃犯罪，王某身高1.5米左右，中等身材，试问王某紧紧咬住被告人手指的反抗行为是否具有强制性，被告人是否足以压制被害人的反抗？只要当时的情形被告人客观认识到依然可以继续实施对王某的强奸行为，应当成立犯罪中止。第3笔，“被告人生殖器暂时未勃起”的情形，根据指控及证据分析，案发当晚9时许的鱼棚中，(1)被害人角度，陆某完全被控制，失去反抗能力；(2)外界环境，鱼棚较为隐蔽，根据事实发展的联系及时空延续性，被告人有进一步实施犯罪行为不被他人发现或阻止的条件；(3)从被告人身体状态和行为表现看，暂时的阴茎未勃起，并非绝对“不可能既遂”，被告人有继续实施犯罪的可能性。因此，上述三笔犯罪，即“附

近路人经过""被害人王某咬住王明手指反抗""被告人生殖器暂时未勃起"的场合,均不会对被告人的意识产生强制性影响,这三种行为均不属于客观上使犯罪行为"不可能既遂"原因。被告人王明有继续实施犯罪的可能性,王明自动放弃犯罪应认定为犯罪中止。对于中止犯,依据《刑法》规定,应当免除或减轻处罚。

(二)关于死刑的量刑建议。辩护人认为量刑建议过重,不能体现罪责刑相适应原则,理由如下:1.公诉机关指控王明强奸部分事实不清、证据不足,指控罪名不成立(上文详述)。2.庭前,王明提出精神病鉴定申请,根据其自述,王明具有严重精神障碍,系限制行为能力人,我们再次重申申请鉴定,请法院准许,并根据这一法定从轻、减轻情节在量刑时慎重考虑。3.公诉人当庭提出死刑的量刑建议,并一再坚持本案证据确实充分,依据《关于办理死刑案件审查判断证据若干问题的规定》第五条,"证据确实、充分"除定罪量刑的事实都有证据证明、证据查证属实外,还需要证据与证据之间、证据与案件事实之间不存在矛盾或者矛盾得以合理排除;根据证据认定案件事实的过程符合逻辑和经验法则,由证据得出的结论为唯一结论。本案涉及强奸案6笔,如何轻易认定本案被告人王明是作案人?现有证据真的可以排除合理怀疑得出唯一结论吗?凶手是否另有其人?上述种种可能,需要公诉机关提供证据予以排除,否则就不能说死刑案件的证据确实、充分。综上,对于强奸罪的指控不符合判处死刑的刑罚程度,恳请合议庭在定罪、量刑时予以充分考虑。

此致

东方省南海市中级人民法院

辩护人:东方秉正律师事务所　宋　果

2020年11月16日

4.补充起诉建议函

东方省南海市中级人民法院
补充起诉建议函

东方省南海市人民检察院:

你院提起公诉的被告人王明强奸罪、非法拘禁罪一案,审理期间,本院发现新的事实,可能影响定罪量刑,现就该问题通知你院,由你院决定是否补充起诉。具体事实如下:

根据贵院提交的证据及庭审查明事实:2018年5月、2019年6月,被告人王明分别挟持女青年李某、邓某至其母亲住处的地窖内,并将二被害人长期非法拘禁于此。2020

年5月6日，王明最后一次下地窖送饭；次日，王明因涉嫌其他强奸犯罪被羁押，但拒不供认地窖内非法拘禁二被害人的事实；同月14日，公安机关从王明母亲住处的地窖中将李某、邓某解救。至此，二被害人9天时间在地窖内处于孤立无援的饥饿状态，生命法益受到现实、严重的威胁，被告人王明存在以不作为方式故意杀人(未遂)的适用空间。

我院发现这一新的事实，可能影响对被告人王明的定罪量刑，依据《最高人民法院关于适用〈中华人民共和国刑事诉讼法〉的解释》第二百四十三条的规定，现函告你院，请你院在七日内回复书面意见。

东方省南海市中级人民法院

2020年11月25日

(院印)

四、相关法律及规范性文件

中华人民共和国刑法

第二十三条　【犯罪未遂】已经着手实行犯罪，由于犯罪分子意志以外的原因而未得逞的，是犯罪未遂。

对于未遂犯，可以比照既遂犯从轻或者减轻处罚。

第二十四条　【犯罪中止】在犯罪过程中，自动放弃犯罪或者自动有效地防止犯罪结果发生的，是犯罪中止。

对于中止犯，没有造成损害的，应当免除处罚；造成损害的，应当减轻处罚。

第五十七条　【对死刑、无期徒刑罪犯剥夺政治权利的适用】对于被判处死刑、无期徒刑的犯罪分子，应当剥夺政治权利终身。

在死刑缓期执行减为有期徒刑或者无期徒刑减为有期徒刑的时候，应当把附加剥夺政治权利的期限改为三年以上十年以下。

第六十四条　【犯罪物品的处理】犯罪分子违法所得的一切财物，应当予以追缴或者责令退赔；对被害人的合法财产，应当及时返还；违禁品和供犯罪所用的本人财物，应当予以没收。没收的财物和罚金，一律上缴国库，不得挪用和自行处理。

第六十九条　【数罪并罚的一般原则】判决宣告以前一人犯数罪的，除判处死刑和无期徒刑的以外，应当在总和刑期以下、数刑中最高刑期以上，酌情决定执行的刑期，但是管制最高不能超过三年，拘役最高不能超过一年，有期徒刑总和刑期不满三十五年的，最高不能超过二十年，总和刑期在三十五年以上的，最高不能超过二十五年。

数罪中有判处有期徒刑和拘役的，执行有期徒刑。数罪中有判处有期徒刑和管制，或者拘役和管制的，有期徒刑、拘役执行完毕后，管制仍须执行。

数罪中有判处附加刑的，附加刑仍须执行，其中附加刑种类相同的，合并执行，种类不同的，分别执行。

第二百三十六条 【强奸罪】以暴力、胁迫或者其他手段强奸妇女的，处三年以上十年以下有期徒刑。

奸淫不满十四周岁的幼女的，以强奸论，从重处罚。

强奸妇女、奸淫幼女，有下列情形之一的，处十年以上有期徒刑、无期徒刑或者死刑：

（一）强奸妇女、奸淫幼女情节恶劣的；

（二）强奸妇女、奸淫幼女多人的；

（三）在公共场所当众强奸妇女、奸淫幼女的；

（四）二人以上轮奸的；

（五）奸淫不满十周岁的幼女或者造成幼女伤害的；

（六）致使被害人重伤、死亡或者造成其他严重后果的。

第二百三十八条 【非法拘禁罪】非法拘禁他人或者以其他方法非法剥夺他人人身自由的，处三年以下有期徒刑、拘役、管制或者剥夺政治权利。具有殴打、侮辱情节的，从重处罚。

犯前款罪，致人重伤的，处三年以上十年以下有期徒刑；致人死亡的，处十年以上有期徒刑。使用暴力致人伤残、死亡的，依照本法第二百三十四条、第二百三十二条的规定定罪处罚。

为索取债务非法扣押、拘禁他人的，依照前两款的规定处罚。

国家机关工作人员利用职权犯前三款罪的，依照前三款的规定从重处罚。

最高人民法院关于适用《中华人民共和国刑事诉讼法》的解释（法释〔2012〕21号）

第二百九十七条 审判期间，人民法院发现新的事实，可能影响定罪量刑的，可以建议人民检察院补充或变更起诉；人民检察院不同意或者在七日内未回复意见的，人民法院应当就起诉指控的事实，依照本解释第二百四十一条的规定作出判决、裁定。

人民检察院刑事诉讼规则

第四百二十三条 人民法院宣告判决前，人民检察院发现被告人的真实身份或者犯罪事实与起诉书中叙述的身份或者指控犯罪事实不符的，或者事实、证据没有变化，但罪名、适用法律与起诉书不一致的，可以变更起诉。发现遗漏同案犯罪嫌疑人或者罪行的，应当要求公安机关补充移送起诉或者补充侦查；对于犯罪事实清楚，证据确实、充分的，可以直接追加、补充起诉。

第五章
妨害社会管理秩序罪诉讼全过程训练(一)

——以被告人冠艺、冠一铭、冠璐非法狩猎案二审为例

一、选取本案的理由

第一,本案涉及非法狩猎罪,契合当前因新冠疫情而备受关注的涉野生动物刑事案件。

第二,本案一审适用简易程序审理,被告人认罪认罚、量刑协商、签署具结书,自愿接受单处罚金的量刑建议,一审法院未予采纳并予以调整,判处三名被告人管制,由此检察机关抗诉引起二审程序。一定意义上,围绕具体个案量刑的实质合理性及类案量刑平衡,法检两家站看博弈,故本案的选取具有时代性、新颖性和典型性。

第三,刑罚裁量部分,本案判处被告人管制,涉及非监禁刑、社区矫正及具体执行方法的适用;本案所涉法律文书,除常规的刑事判决书、裁定书外,还涉及认罪认罚具结书、适用简易程序建议书、量刑建议书、调整量刑建议函、不予调整量刑决定书、委托审前社会调查函、社会调查评估意见书等各类法律文书,通过对本案的训练,学生不仅可以全面了解简易程序诉讼流程,也可以增强各类法律文书的写作能力。

二、本案的训练方法

本案训练共分 3 个阶段,每阶段 2 学时。

第一阶段:课前授课教师将一审公诉机关起诉书、认罪认罚具结书、量刑建议书及证据材料,一审法院委托审前社会调查函、司法局社会调查评估意见书等发给学生,使学生对案情提前了解。上课后,首先,教师介绍训练素材案例的背景和训练目的及要求,布置学生下一次上课的任务及作业——针对本案认罪认罚适用刑事一审简易程序模拟庭审。其次,指导学生自由组合,以组为单位,选取其中 3 组分别作为控辩审三方开展模拟法庭实训,其余组在起诉书查明事实的基础上,针对被告人的刑罚裁量以法官

为视角，在类案检索的基础上撰写一份量刑意见并提交。最后，针对下一阶段模拟法庭实训中学生提出的问题，给予指导。

第二阶段：课前学生上交作业，教师将庭审笔录、调整量刑建议函、不予调整量刑决定书、一审判决书、抗诉书、支持抗诉意见书发给学生。上课后，首先，展开认罪认罚案件一审简易程序模拟法庭实训，后教师对本案模拟庭审流程进行点评。其次，根据庭审教师引导学生归纳本案焦点问题，并结合《刑事诉讼法》第 197 条、第 201 条，引导学生针对焦点问题展开探讨：(1)本案中“检察机关对认罪认罚案件的量刑建议及法院对量刑建议的处理”；(2)结合自己撰写的量刑意见，本案的具体刑罚裁量，以此深化知识点。最后，布置学生第三阶段前完成的作业——根据本案焦点问题讨论形成的意见，以法官为视角撰写二审判决书(或裁定书)并提交。

第三阶段：课前学生上交作业，教师将二审裁定书发给学生。上课后，首先，组织学生以法官为视角对管制这一非监禁刑的具体刑罚方式及社区矫正流程展开教学。其次，介绍法官二审裁定书，评析学生的二审裁定书撰写质量。最后，教师与学生交流本案训练的感想和体会，并对整个实训情况进行总结。

三、本案需要展示的法律文书和证据

本案的训练材料目录

<table>
<tr><td rowspan="3">一审</td><td>公诉机关提交的法律文书和证据材料</td><td>1.起诉书
2.公诉机关随案移送的证据材料
3.认罪认罚具结书
4.适用简易程序建议书
5.量刑建议书
6.不予调整量刑决定书
7.不予调整量刑决定理由说明书</td></tr>
<tr><td>辩护人提交的法律文书</td><td>辩护词</td></tr>
<tr><td>庭审笔录和相关法律文书</td><td>1.委托审前社会调查函
2.社会调查评估意见书
3.庭审笔录
4.调整量刑建议函
5.刑事判决书</td></tr>
<tr><td colspan="2">二审</td><td>1.刑事抗诉书
2.支持刑事抗诉意见书
3.检察机关随案移送的新证据
4.刑事裁定书(见扫码材料)</td></tr>
</table>

(一)一审

1.提起公诉公诉机关提交的法律文书和证据材料

(1)起诉书

东方省南海市顺城区人民检察院
起 诉 书

东南顺检二部刑诉(2019)×号

被告人冠艺,男(个人信息略)。2019年6月6日因非法狩猎被南海市公安局顺城分局行政拘留五日。因涉嫌犯非法狩猎罪,于2019年6月11日被南海市森林公安局顺城区分局刑事拘留,同年6月14日被南海市森林公安局顺城区分局取保候审。

被告人冠一铭,男(个人信息略)。因涉嫌犯非法狩猎罪,于2019年6月6日被南海市森林公安局顺城区分局刑事拘留,同年6月7日被南海市森林公安局顺城区分局取保候审。

被告人冠璐,男(个人信息略)。因涉嫌犯非法狩猎罪,于2019年6月6日被南海市森林公安局顺城区分局刑事拘留,同年6月7日被南海市森林公安局顺城区分局取保候审。

本案由南海市森林公安局顺城区分局侦查终结,以被告人冠艺、冠一铭、冠璐涉嫌非法狩猎罪,于2019年7月30日向本院移送审查起诉。本院受理后,已告知被告人有权委托辩护人和认罪认罚导致的法律后果,已依法讯问了被告人,审查了全部案件材料。本院于2019年8月31日延长审查起诉期限。

经依法审查查明:在东方省禁猎期间,2019年6月6日9时许,被告人冠艺伙同被告人冠一铭、冠璐驾驶白色小汽车(车牌号东A8GD03)在南海市顺城区张家镇六澎湾水库周边持气动步枪打猎。狩猎过程中,被告人冠璐负责开车,被告人冠艺、冠一铭负责寻找猎物,发现猎物后,由被告人冠艺开枪射杀,被告人冠艺或冠一铭将猎物捡回。当日13时30分许,在南海市顺城区张家镇六澎湾水库附近的山坡上被公安机关当场抓获,从其驾驶的白色小汽车中查获野生鸟类死体6只,其中斑鸠3只、野鸡3只。

认定上述事实证据如下:

①被告人冠艺、冠一铭、冠璐的身份信息、证明、到案经过、扣押决定书及清单、东方省林业厅关于发布野生鸟类禁猎期的通告、非法狩猎案枪支情况说明、行政处罚决定书、图片等书证;②鉴定意见书;③检查笔录;④被告人冠艺、冠一铭、冠璐的供述和辩解;⑤视听资料。

上述证据收集程序合法，内容客观真实，足以认定指控事实。被告人冠艺、冠一铭、冠璐对指控的犯罪事实和证据没有异议，并自愿认罪认罚。

本院认为，被告人冠艺、冠一铭、冠璐违反狩猎法规，在禁猎期内使用禁用的工具进行狩猎，破坏野生动物资源，情节严重，其行为触犯了《中华人民共和国刑法》第三百四十一条第二款之规定，犯罪事实清楚，证据确实、充分，应当以非法狩猎罪追究其刑事责任。根据《中华人民共和国刑事诉讼法》第一百七十六条之规定，提起公诉，请依法判处。

此致

东方省南海市顺城区人民法院

检察员：×××

2019年10月12日

（院印）

附：

1.被告人冠艺、冠一铭、冠璐现羁押于南海市顺城区看守所。

2.案卷材料和证据2册、光盘2张。

3.证人（鉴定人）名单1份。

4.认罪认罚具结书3份。

5.适用简易程序建议书1份。

6.量刑建议书1份。

（2）认罪认罚具结书

认罪认罚具结书（一）

一、犯罪嫌疑人身份信息

本人姓名冠艺（个人信息略）。

二、权利知悉

本人已阅读《认罪认罚从宽制度告知书》，且理解并接受其全部内容，本人 冠艺 自愿适用认罪认罚从宽制度，同意适用速裁程序/简易程序/普通程序。

三、认罪认罚内容

本人冠艺 知悉并认可如下内容：

1.南海市顺城区人民检察院指控本人冠一铭的犯罪事实，构成犯罪。

2.南海市顺城区人民检察院 提出的罚金人民币5000元 量刑建议。

3.本案适用简易程序。

四、自愿签署声明

本人学历小学，可以阅读和理解汉语(如不能阅读和理解汉语,已获得翻译服务,且通过翻译可以完全清楚理解本文内容)。

本人就第三款的内容已经获得辩护人/值班律师的法律援助并听取法律意见,知悉认罪认罚可能导致的法律后果。

本《认罪认罚具结书》,是本人在知情和自愿的情况下签署,未受任何暴力、威胁或任何其他形式的非法影响,亦未受任何可能损害本人理解力和判断力的毒品、药物或酒精物质的影响,除了本《认罪认罚具结书》载明的内容,本人没有获得其他任何关于案件处理的承诺。

本人已阅读、理解并认可本《认罪认罚具结书》的每一项内容,上述内容真实、准确、完整。

本人签名:冠艺　　　　2019 年 9 月 5 日

本人是犯罪嫌疑人、被告人冠艺 的辩护人、值班律师。本人证明,犯罪嫌疑人、被告人冠艺 已经阅读了《认罪认罚具结书》及《认罪认罚从宽制度告知书》,根据本人所掌握和知晓的情况,犯罪嫌疑人、被告人冠艺 系自愿签署了上述《认罪认罚具结书》。

签名:孙　伟

2019 年 9 月 5 日

认罪认罚具结书(二)

一、犯罪嫌疑人身份信息

本人姓名冠一铭(个人信息略)。

二、权利知悉

本人已阅读《认罪认罚从宽制度告知书》,且理解并接受其全部内容,本人冠一铭 自愿适用认罪认罚从宽制度,同意适用速裁程序/简易程序/普通程序。

三、认罪认罚内容

本人冠一铭 知悉并认可如下内容:

1.南海市顺城区人民检察院指控本人冠一铭的犯罪事实,构成犯罪。

2.南海市顺城区人民检察院 提出的罚金人民币 3000 元 量刑建议。

3.本案适用简易程序。

四、自愿签署声明

本人学历初中，可以阅读和理解汉语(如不能阅读和理解汉语，已获得翻译服务，且通过翻译可以完全清楚理解本文内容)。

本人就第三款的内容已经获得辩护人/值班律师的法律援助并听取法律意见，知悉认罪认罚可能导致的法律后果。

本《认罪认罚具结书》，是本人在知情和自愿的情况下签署，未受任何暴力、威胁或任何其他形式的非法影响，亦未受任何可能损害本人理解力和判断力的毒品、药物或酒精物质的影响，除了本《认罪认罚具结书》载明的内容，本人没有获得其他任何关于案件处理的承诺。

本人已阅读、理解并认可本《认罪认罚具结书》的每一项内容，上述内容真实、准确、完整。

本人签名：冠一铭　　　　2019 年 9 月 5 日

本人是犯罪嫌疑人、被告人冠一铭 的辩护人、值班律师。本人证明，犯罪嫌疑人、被告人冠一铭 已经阅读了《认罪认罚具结书》及《认罪认罚从宽制度告知书》，根据本人所掌握和知晓的情况，犯罪嫌疑人、被告人冠一铭 系自愿签署了上述《认罪认罚具结书》。

签名：陈伟业
2019 年 9 月 5 日

认罪认罚具结书(三)

一、犯罪嫌疑人身份信息

本人姓名冠璐(个人信息略)。

二、权利知悉

本人已阅读《认罪认罚从宽制度告知书》，且理解并接受其全部内容，本人冠璐 自愿适用认罪认罚从宽制度，同意适用速裁程序/简易程序/普通程序。

三、认罪认罚内容

本人冠璐 知悉并认可如下内容：

1.南海市顺城区人民检察院指控本人冠艺的犯罪事实，构成犯罪。

2.南海市顺城区人民检察院 提出的罚金人民币 3000 元 量刑建议。

3.本案适用简易程序。

四、自愿签署声明

本人学历初中，可以阅读和理解汉语(如不能阅读和理解汉语，已获得翻译服务，且通过翻译可以完全清楚理解本文内容)。

本人就第三款的内容已经获得辩护人/值班律师的法律援助并听取法律意见，知悉认罪认罚可能导致的法律后果。

本《认罪认罚具结书》，是本人在知情和自愿的情况下签署，未受任何暴力、威胁或任何其他形式的非法影响，亦未受任何可能损害本人理解力和判断力的毒品、药物或酒精物质的影响，除了本《认罪认罚具结书》载明的内容，本人没有获得其他任何关于案件处理的承诺。

本人已阅读、理解并认可本《认罪认罚具结书》的每一项内容，上述内容真实、准确、完整。 本人签名：冠　璐　　　　　　　　　　2019 年 9 月 5 日

本人是犯罪嫌疑人、被告人冠璐的辩护人、值班律师。本人证明，犯罪嫌疑人、被告人冠璐已经阅读了《认罪认罚具结书》及《认罪认罚从宽制度告知书》，根据本人所掌握和知晓的情况，犯罪嫌疑人、被告人冠璐系自愿签署了上述《认罪认罚具结书》。

签名：刘　婷

2019 年 9 月 5 日

(3)适用简易程序建议书

东方省南海市顺城区人民检察院
适用简易程序建议书

东南顺检二部简建(2019)×号

本院以东南顺检二部刑诉(2019)×号起诉书提起公诉的冠艺、冠一铭、冠璐非法狩猎一案，经本院审查，符合《中华人民共和国刑事诉讼法》第二百一十四条的规定，建议你院对此案适用简易程序审理。

此致

东方省南海市顺城区人民法院

2019 年 9 月 10 日

(院印)

(4)量刑建议书

东方省南海市顺城区人民检察院
量刑建议书

东南顺检二部量建(2019)×号

被告人冠艺、冠一铭、冠璐涉嫌非法狩猎罪一案，经本院审查认为，被告人冠艺、冠一铭、冠璐的行为已触犯《中华人民共和国刑法》第三百四十一条第二款之规定，犯罪事实情况、证据确实充分，应当以非法狩猎罪追究其刑事责任，其法定刑为三年以下有期徒刑、拘役、管制或者罚金。

因其具有以下量刑情节：

1.法定从重处罚情节：无

2.法定从轻、减轻或者免除处罚情节：认罪认罚

3.酌定从重处罚情节：无

4.酌定从轻处罚情节：无

故根据《中华人民共和国刑法》第三百四十一条第二款之规定，建议对被告人冠艺单处罚金人民币5000元，对被告人冠一铭、冠璐单处罚金人民币3000元。

此致

东方省南海市顺城区人民法院

2019年9月16日

(院印)

(5)公诉机关随案移送的证据材料

证据目录①

序号	证据名称	证据内容
1	公安机关出具的到案经过及说明	被告人冠艺、冠一铭、冠璐系被抓获归案
2	检查笔录、扣押决定书及清单、物证及照片	2019年6月6日，公安机关对被告人冠璐驾驶的白色小汽车依法搜查，查获野生鸟类死体6只，其中斑鸠3只、野鸡3只，气枪1支、半成品铅弹129颗、成品铅弹22颗、气筒1个、螺纹扳手6个，并依法予以扣押
3	公安机关出具的情况说明	从被告人冠艺车中查获的6只鸟类死体，系“三有”(有益、有重要经济价值、有重要科学研究价值)野生鸟类，其中3只为省三级野生保护动物

① 控辩双方对事实无争议，且被告人认罪认罚，故仅列明证据目录以展示诉讼全貌。

续表

序号	证据名称	证据内容
4	东方省林业厅关于发布野生鸟类禁猎期的通告	东方省人民政府决定在全省行政区域范围内对所有野生鸟类进行禁猎，禁猎期为2019年1月1日至2023年12月31日
5	行政处罚决定书	2019年6月6日，被告人冠艺因非法狩猎被南海市公安局顺城分局行政拘留5日
6	鉴定意见	经鉴定，查获枪支为以压缩空气为动力的气动枪支；从被告人冠艺汽车中查获枪支系组装气枪，因数量仅1支，不涉嫌非法持有枪支罪，故对该气枪不作鉴定
7	被告人冠艺的供述	冠一铭、冠璐是我本家的兄弟，在家农闲没事，头天我电话提议到山上打野味，准备晚上一块做吃的，他们都同意了。第二天一早，我带着自制的猎枪，和冠一铭、冠璐一起到了镇水库周边狩猎。是开我家小汽车去的，打鸟的枪是我三个月前在淘宝上购买了散装配件自己组装的，打鸟的子弹也是我自已用模具自制的。这把枪只有我会用，所以我和冠一铭发现树林中鸟雀后由我开枪射击，冠璐负责开车。我们一共打了3只斑鸠、3只野鸡，这种野鸡在我们这里很常见，途中被森林公安发现。我们法律意识淡薄，没想到触犯了法律，经公安机关教育，我现在知错了
8	被告人冠一铭的供述	我和冠艺、冠璐是一个村的本家兄弟，从小一起玩要，疫情之后无事可做，就相约到镇水库边的树林中打野味吃，车子是冠艺的，冠璐在开，我和冠艺负责搜寻猎物，因为只有一把猎枪在冠艺手里，发现鸟雀后由冠艺开枪射击。我们一共打下来3只野鸡、3只斑鸠
9	被告人冠璐的供述	我主要是在林子里开车，发现什么鸟雀就打什么，冠艺打了3只野鸡、3只斑鸠，还在搜索鸟雀的时候，刚好森林公安看到后盘问，我们就交代了这个情况
10	讯问全程录音录像	讯问情况

2.委托审前社会调查

(1)审前社会调查函

东方省南海市顺城区人民法院
委托审前社会调查函

南海市顺城区司法局：

本院审理的被告人冠艺、冠一铭、冠璐非法狩猎罪一案，需要调查适用社区矫正对其所居住社区的影响。根据《社区矫正实施办法》第四条之规定，现委托你局对被告人冠艺、冠一铭、冠璐进行调查评估。

调查事项：被告人居住情况、家庭和社会关系、一贯表现、犯罪行为的后果和影响、居住地居(村)民委员会和被害人意见、拟禁止的事项等。

请在收到委托调查函五个工作日完成调查评估并出具评估意见，及时反馈我院。

联系人：×××　　　　联系电话：×××

南海市顺城区人民法院
2019 年 9 月 25 日
(院印)

(2)社会调查评估意见书

南海市顺城区司法局
社会调查评估意见书(一)

顺城司(调)字 2019 第×号

顺城区人民法院：

受你院委托，我局于 2019 年 10 月 8 日至 14 日对被告人冠艺进行了调查评估。有关情况如下：

一、社会调查经过

调查人走访了被告人冠艺本人，其居住地社区组织南海市顺城区张家镇冠庙村村民委员会，村干部何在康，村民陶桂英，担保人何在康、魏楚一，家属王颖。

二、调查基本情况

(一)被告人情况调查(个人信息略)。

(二)被告人家庭背景调查。被告人冠艺家庭结构完整，其妻子王颖，30 岁，现在江苏省徐州市做生意。

(三)被告人社区情况调查。社区调查表明，冠艺无赌博、酗酒、吸毒等不良习性，未参与非法组织和非法活动，家庭、邻里关系正常。

三、调查情况分析

(一)2019 年 6 月 6 日 9 时许，被告人冠艺伙同被告人冠一铭、冠璐驾驶小汽车在张家镇水库周边持气动步枪打猎，当日被公安机关抓获，被告人冠艺涉嫌非法狩猎罪。经你院审查，委托我局开展适用非监禁刑罚审前社会调查。

(二)被告人性格分析。调查人经与被告人所在社区干部、家属、邻居、担保人等交谈和走访，可知其平时为人老实、性格开朗、表现较好。

(三)邻里对被告人评价分析。走访过程中，被告人邻居陶桂英证实，冠艺平时为人老实、勤恳顾家、未与他人发生矛盾纠纷；无赌博、吸毒、酗酒等不良习性，家庭邻里关系正常。

(四)社会对被告人的评价分析。被告人冠艺居住地社区村民委员会证实其日常表现和个人品行较好。

(五)担保人的条件分析。担保人之一魏楚一,系顺城区广场街道三里社区干部,自愿具保,电话×××,公民身份号码×××;担保人之二何在康,系张家镇冠庙村党支部书记,自愿具保,电话×××,公民身份号码×××。

(六)证明证件采信分析。南海市公安局顺城区分局张家镇派出所提供的被告人冠艺案前在我辖区无违法犯罪记录证明。

综合以上情况,评估意见为:被告人冠艺适宜在社区服刑。

南海市顺城区司法局

2019年10月11日

(印章)

南海市顺城区司法局
社会调查评估意见书①(二)

顺城司(调)字2019第×号

顺城区人民法院:

受你院委托,我局于2019年10月8日至14日对被告人冠一铭进行了调查评估。有关情况如下:

一、社会调查经过(略)

二、调查基本情况(略)

三、调查情况分析

(一)2019年6月6日9时许,被告人冠艺伙同被告人冠一铭、冠璐驾驶小汽车在张家镇水库周边持气动步枪打猎,当日被公安机关抓获,被告人冠一铭涉嫌非法狩猎罪。经你院审查,委托我局开展适用非监禁刑罚审前社会调查。

(二)被告人性格分析。调查人经与被告人所在社区干部、家属、邻居、担保人等交谈和走访,可知其平时为人老实、话语较少、表现较好。

(三)邻里对被告人评价分析。走访过程中,被告人邻居陶桂英证实,冠一铭平时为人老实、性格随和、未与他人发生矛盾纠纷;无赌博、吸毒、酗酒等不良习性,家庭邻里关系正常。

---

① 因社会调查评估意见书基本格式相同,编者对被告人冠一铭、冠璐的社会调查评估意见书简化摘录。

（四）社会对被告人的评价分析。被告人冠一铭居住地社区村民委员会证实其日常表现和个人品行较好。

（五）担保人的条件分析。担保人何在康，系张家镇冠庙村党支部书记，自愿具保，电话×××，公民身份号码×××。

（六）证明证件采信分析。南海市公安局顺城区分局张家镇派出所提供的被告人冠一铭案前在我辖区无违法犯罪记录证明。

综合以上情况，评估意见为：被告人冠一铭适宜在社区服刑。

南海市顺城区司法局
2019年10月14日
（印章）

南海市顺城区司法局
社会调查评估意见书（三）

顺城司（调）字2019第×号

顺城区人民法院：

受你院委托，我局于2019年10月8日至14日对被告人冠璐进行了调查评估。有关情况如下：

一、社会调查经过（略）

二、调查基本情况（略）

三、调查情况分析

（一）2019年6月6日9时许，被告人冠艺伙同被告人冠一铭、冠璐驾驶小汽车在张家镇水库周边持气动步枪打猎，当日被公安机关抓获，被告人冠璐涉嫌非法狩猎罪。经你院审查，委托我局开展适用非监禁刑罚审前社会调查。

（二）被告人性格分析。调查人经与被告人所在社区干部、家属、邻居、担保人等交谈和走访，可知其平时性格开朗、乐于帮助村子留守老人儿童、表现较好。

（三）邻里对被告人评价分析。走访过程中，被告人邻居肖俊杰证实，冠璐平时性格开朗、乐善好施、未与他人发生矛盾纠纷；无赌博、吸毒、酗酒等不良习性，家庭邻里关系正常。

（四）社会对被告人的评价分析。被告人冠璐居住地社区村民委员会证实其日常表现和个人品行较好。

（五）担保人的条件分析。担保人何在康，系张家镇冠庙村党支部书记，自愿具保，电话×××，公民身份号码×××。

(六)证明证件采信分析。南海市公安局顺城区分局张家镇派出所提供的被告人冠璐案前在我辖区无违法犯罪记录证明。

综合以上情况,评估意见为:被告人冠璐适宜在社区服刑。

南海市顺城区司法局
2019 年 10 月 14 日
(印章)

3.庭审及判决

(1)庭审笔录

法庭笔录(第一次)

时　　间:2019 年 10 月 14 日 9:00—9:29

地　　点:本院 1 号法庭

是否公开审理:公开

旁听人数:略

审判人员:略

书 记 员:略

【庭前准备与宣布开庭】略

【法庭调查】

审:根据《中华人民共和国刑事诉讼法》的有关规定,本案可以适用简易程序,被告人有无意见?

三被:没有意见。

南海市顺城区人民法院刑事审判庭依照《中华人民共和国刑事诉讼法》的规定,今天依法公开开庭审理由南海市顺城区人民检察院提起公诉的被告人冠艺、冠一铭、冠璐涉嫌非法狩猎罪一案。依照《中华人民共和国刑事诉讼法》第 214 条、第 216 条的规定,本案依法适用简易程序,由审判员××担任审判长,和人民陪审员××、××组成合议庭,书记员××担任法庭记录;南海市顺城区人民检察院××出庭支持公诉;东方××律师事务所律师××担任被告人冠艺辩护人,东方××律师事务所律师××担任被告人冠一铭辩护人,东方××律师事务所律师××担任被告人冠璐的辩护人,出庭参加诉讼。

审:根据《中华人民共和国刑事诉讼法》第 190 条、第 197 条、第 198 条的规定,现在告知被告人在法庭上享有的诉讼权利:

(1)申请回避权。(2)申请调查、取证权。(3)被告人可以自行辩护。(4)被告人可以在法庭辩论终结后作最后陈述。

审:被告人是否听清楚了?

三被:听清楚了。

审:是否申请回避?

三被:不申请。

审:依据《中华人民共和国刑事诉讼法》第191条、第198条的规定,现在开始法庭调查。由公诉人宣读起诉书。

公:宣读起诉书(略)

审:被告人冠艺、冠一铭、冠璐可以坐下。

审:被告人冠艺、冠一铭、冠璐,刚才公诉人宣读的起诉书是否听清楚了?

三被:听清楚了。

审:各被告人对南海市顺城区人民检察院指控的犯罪事实、罪名及量刑建议单处罚金有无意见?

三被:没有意见。

根据《中华人民共和国刑法》《中华人民共和国刑事诉讼法》的规定,被告人自愿认罪认罚的,依法可以从轻进行处罚。被告人听清楚了吗?

审:认罪认罚具结书是你本人所签吗?请三名被告人依次回答。

三被:是的。

审:签署认罪认罚具结书时,是否自愿签署,或者说是不是你本人的真实意思表示?

三被:自愿。

审:你对该文书的内容是否知晓,以及签署该文书的法律后果是否清楚?

三被:知晓、清楚。

审:签署认罪认罚具结书时,驻场值班律师是否为你提供了法律帮助?

三被:提供了。

审:法庭再次询问,各被告人是否自愿认罪认罚?

三被:是自愿的。

审:你基于什么原因实施这次犯罪行为?希望你谨记此次教训。

三被:一时冲动,对法律的无知,我谨记。

审:现在就起诉书指控的犯罪事实、定罪及量刑进行举证,鉴于本案被告人自愿认罪,现由公诉人简要宣读证据名称。

公:宣读出示证据:第一组证据,被告人冠艺、冠一铭、冠璐的身份信息证明、到案经过、扣押决定书及清单、检查笔录、东方省林业厅关于发布野生鸟类禁猎期的通告、非法狩猎案枪支情况说明、行政处罚决定书、图片等书证;第二组证据,鉴定意见;第三组证

据,被告人冠艺、冠一铭、冠璐的供述和辩解;第四组证据,视听资料。

审:各被告人及辩护人对上述证据是否需要逐一展示?

三被:不需要。

三辩:不需要。

审:被告人对上述证据有无意见?

三被:没有。

审:各被告人的辩护人有无意见?

三辩:没有。

审:被告人有无新的证据提交?

三被:没有。

审:辩护人有无新的证据提交?

三辩:没有。

审:本院开庭前委托矫正机构对三名被告出具《社区调查评估意见书》,现交由公诉人、被告人、辩护人查阅,并以此发表意见。

公诉人:司法行政部门出具的评估意见程序合法、客观、真实,公诉人对三份证据材料无异议。但根据《刑法》及《社区矫正实施办法》,人民法院对拟适用社区矫正的被告人,需要调查其对所居住社区影响的,可以委托进行调查评估。公诉机关对三被告人的量刑建议是单处罚金,如不判处实体刑,三名被告人并无实施社区矫正的必要,所以公诉人的疑问是,合议庭是否同意公诉机关判处三名被告人的量刑建议,对量刑是否予以调整?本案属认罪认罚案件,请合议庭在评议时慎重。

审:请被告人及其辩护人依次发表意见。

被告人、辩护人均表示无异议。

审:法庭调查结束,依照《中华人民共和国刑事诉讼法》第198条的规定,现在进行法庭辩论。首先由公诉人就犯罪事实和量刑事实一并发表公诉意见。

公:被告人冠艺、冠一铭、冠璐涉嫌非法狩猎罪一案,经本院审查认为,三被告人违反狩猎法规,在禁猎期内使用禁用工具进行狩猎,破坏野生动物资源,情节严重,其行为已触犯《中华人民共和国刑法》第341条第2款的规定,犯罪事实情况、证据确实充分,应当以非法狩猎罪追究其刑事责任。三被告人如实供述犯罪事实,对指控的犯罪没有异议,愿意接受刑事处罚,建议判处被告人冠艺单处罚金人民币5000元,对被告人冠一铭、冠璐单处罚金人民币3000元。

审:被告人可以自行辩护。

三被:对公诉人提出的量刑意见无异议。

审:被告人的辩护人依次发表辩护意见。

冠艺辩:(详见辩护词)

冠一铭辩:(详见辩护词)

冠璐辩:(详见辩护词)

审:公诉人是否有补充意见?

公:没有。

审:法庭已充分听取了公诉人、被告人及其辩护人的意见,并已记录在案,法庭辩论终结。根据《中华人民共和国刑事诉讼法》第198条的规定,法庭辩论终结后,被告人享有最后陈述的权利。被告人最后还有什么要说的?

三被:没有。

审:根据庭审,合议庭对控辩双方均无异议的犯罪事实、证据、罪名予以确认,庭后予以评议,评议结果择日宣判。

审:本案现已审理完毕,被告人退庭。

审:休庭(敲法槌)。

(2)辩护词

冠艺涉嫌非法狩猎罪的辩护词

尊敬的审判长、审判员:

东方秉凯律师事务所接受本案被告人冠艺的委托,指派律师孙伟担任冠艺的辩护人。辩护人接受指派后会见了被告人,查阅了相关案卷,现就案件事实与法律相关规定发表以下辩护意见,望审查、采纳:

一、被告人冠艺等人进行打猎不具牟利目的(纯粹一时兴起),实际亦未获利,主观恶性较小。

二、本案情节极其轻微。被告人冠艺等人所捕获的鸟类数量仅6只(其中野鸡3只、斑鸠3只),均为一般野生鸟类,所使用工具虽被鉴定为以压缩空气为动力的气动枪支,但只是其自制工具;同时,本案也没有造成实际严重后果,情节显著轻微。

三、被告人如实供述,具有坦白情节。冠艺在肖岗派出所民警对其问话(一般询问调查)时就主动交代了全部事实,根据《刑法》第67条第3款的规定,应认定坦白情节。

四、被告人冠艺一贯表现良好,无犯罪前科,系初犯偶犯,且认罪悔罪。此时涉案,完全由于不懂法,又未及时知悉省林业厅关于禁猎期不予狩猎的通告而触犯刑法,可酌定从轻处罚。

五、案发后,因同一事实被告人冠艺被公安机关行政拘留五日,因涉嫌本罪于2019年6月11日至14日被刑事拘留,根据"一事不二罚"原则,该情节请合议庭考虑酌定从轻处罚,同时该行政、刑事拘留期限从刑期中折抵。

综上，被告人行为情节显著轻微，主观恶性较小，恳请法院给被告人一个改过自新的机会，对其从宽量刑。

辩护人：孙　伟
2019年10月14日

冠一铭涉嫌非法狩猎罪的辩护词

尊敬的审判长、审判员：

受南海市顺城区法律援助中心指派，东方弘正律师事务所指派陈伟业作为受援人冠一铭的辩护人。辩护人接受指派后会见了被告人，查阅了相关案卷，现就案件事实与法律适用提出如下辩护意见，供合议庭参考。

对公诉机关指控被告人冠一铭的罪名及犯罪事实不持异议，但被告人具有以下从轻、减轻处罚的情节：

一、被告人已签署“认罪认罚具结书”，认罪、悔罪，未造成严重后果，恳请对其从轻或减轻处罚。

二、被告人系初犯偶犯，对其所犯罪行缺乏法律认知，无其他恶劣情节，建议对被告人判处非监禁刑。

以上辩护意见，望合议庭予以充分考量。

辩护人：陈伟业
2019年11月11日

冠璐涉嫌非法狩猎罪的辩护词

尊敬的审判长、审判员：

受南海市顺城区法律援助中心指派，东方弘正律师事务所指派刘婷作为受援人冠璐的辩护人。辩护人接受指派后会见了被告人，查阅了相关案卷，现就案件事实与法律适用提出如下辩护意见，供合议庭参考。

对公诉机关指控被告人冠璐的罪名及犯罪事实不持异议，但被告人具有以下从轻、减轻处罚的情节：

一、被告人已签署“认罪认罚具结书”，认罪、悔罪，未造成严重后果，恳请对其从轻或减轻处罚。

二、被告人系初犯偶犯，对其所犯罪行缺乏法律认知，无其他恶劣情节，建议对被告人判处非监禁刑。

以上辩护意见，望合议庭予以充分考量。

辩护人：刘　婷

2019 年 11 月 11 日

(3)调整量刑建议函

东方省南海市顺城区人民法院
调整量刑建议函

(2019)东 0902 刑初×号

东方省南海市顺城区人民检察院：

你院提起公诉的被告人冠艺、冠一铭、冠璐非法狩猎罪一案，我院经审认为你院对三名被告人判处罚金的量刑建议不当，根据《中华人民共和国刑事诉讼法》第二百零一条的规定，建议你院与被告人冠艺、冠一铭、冠璐重新进行量刑协商，并及时将协商情况及相关文书移送我院。

南海市顺城区人民法院

二〇一九年十月十六日

(院印)

(4)不予调整量刑决定书及说明

东方省南海市顺城区人民检察院
不予调整量刑决定书

东南顺检二部量建(2019)×号

东方省南海市顺城区人民法院：

被告人冠艺、冠一铭、冠璐涉嫌非法狩猎罪一案，本院以东南顺检二部刑诉(2019)×号起诉书向你院提起诉讼，并建议判处被告人冠艺单处罚金人民币 5000 元，对被告人冠一铭、冠璐单处罚金人民币 3000 元，你院在审理过程中，以量刑不当理由，建议我院调整量刑建议。经研究，我院认为原量刑建议符合案件实际情况，并无不当，没有调整必要，决定不予调整。请你院依法判处。

此致

南海市顺城区人民检察院
二〇一九年十月二十一日
(院印)

东方省南海市顺城区人民检察院
不予调整量刑决定理由说明书

南海市顺城区人民法院：

被告人冠艺、冠一铭、冠璐涉嫌非法狩猎罪一案，本院以东南顺检二部刑诉(2019)×号起诉书向你院提起诉讼，并建议判处被告人冠艺单处罚金人民币5000元，对被告人冠一铭、冠璐单处罚金人民币3000元，你院在审理过程中，以量刑不当理由，建议我院调整量刑建议。经研究，我院认为原量刑建议符合案件实际情况，并无不当，没有调整必要，决定不予调整。其理由如下：

1.被告人冠艺虽户籍所在地东方省南海市顺城区张家镇冠庙村二组，但现住址江苏省徐州市巨川广场B座1502室，且在江苏徐州市工作，判处管制不利于刑罚的执行；

2.三被告人均系年轻人，且均在外打工，判处管制不利于三被告人外出谋生、就业；

3.《中华人民共和国刑法》第三百四十一条第二款规定，其法定刑为三年以下有期徒刑、拘役、管制或者单处罚金，三被告人均认罪认罚，经量刑协商，签署具结书，自愿接受单处罚金的量刑建议。

南海市顺城区人民检察院
二〇一九年十月二十一日
(院印)

(5)刑事判决书

东方省南海市顺城区人民法院
刑 事 判 决 书

(2019)东0902刑初×号

公诉机关南海市顺城区人民检察院。

被告人冠艺，男(个人信息略)。2019年6月6日因非法狩猎被南海市公安局顺城分局行政拘留五日。因涉嫌犯非法狩猎罪，于2019年6月11日被南海市森林公安局顺城区分局刑事拘留，同年6月14日被南海市森林公安局顺城区分局取保候审。

辩护人孙伟，东方秉凯律师事务所律师。

被告人冠一铭，男(个人信息略)。因涉嫌犯非法狩猎罪，于2019年6月6日被南海市森林公安局顺城区分局刑事拘留，同年6月7日被南海市森林公安局顺城区分局取保候审。

辩护人陈伟业，东方弘正律师事务所。

被告人冠璐，男(个人信息略)。因涉嫌犯非法狩猎罪，于2019年6月6日被南海市森林公安局顺城区分局刑事拘留，同年6月7日被南海市森林公安局顺城区分局取保候审。

辩护人刘婷，东方弘正律师事务所。

南海市顺城区人民检察院以东南顺检二部刑诉(2019)×号起诉书指控被告人冠艺、冠一铭、冠璐犯非法狩猎罪，于2019年9月9日向本院提起公诉。本院依法组成合议庭，适用简易程序，公开开庭审理了本案。南海市顺城区人民检察院指派检察员周翔出庭支持公诉，三名被告人及其辩护人到庭参加诉讼。现已审理终结。

公诉机关指控，在东方省禁猎期间，2019年6月6日9时许，被告人冠艺伙同被告人冠一铭、冠璐驾驶白色小汽车(车牌号东A8GD03)在南海市顺城区张家镇六澎湾水库周边持气动步枪打猎。狩猎过程中，被告人冠璐负责开车，被告人冠艺、冠一铭负责寻找猎物，发现猎物后，由被告人冠艺开枪射杀，被告人冠艺或冠一铭将猎物捡回。当日13时30分许，在南海市顺城区张家镇六澎湾水库附近的山坡上被公安机关当场抓获，从其驾驶的白色小汽车(车牌号东A8GD03)中查获野生鸟类死体6只，其中斑鸠3只、野鸡3只。公诉机关建议：对被告人冠艺单处罚金人民币5000元，对被告人冠一铭、冠璐均单处罚金人民币3000元。

上述事实，被告人冠艺、冠一铭、冠璐在开庭审理过程中均无异议，且有被告人冠艺、冠一铭、冠璐的身份信息证明、到案经过、扣押清单、东方省林业厅关于发布野生鸟类禁猎期的通告、扣押决定书及清单、非法狩猎案枪支情况说明、行政处罚决定书、图片等书证；鉴定意见书；检查笔录；被告人冠艺、冠一铭、冠璐的供述和辩解；视听资料等证据予以证实，足以认定。

诉讼过程中，本院委托南海市顺城区司法局对被告人冠艺、冠一铭、冠璐进行审前社会调查，南海市顺城区司法局出具了三被告人适宜在社区服刑的社会调查评估意见书。

本院认为，被告人冠艺、冠一铭、冠璐未依法取得狩猎许可，在禁猎期内使用禁用的工具进行狩猎，情节严重，其行为均已构成非法狩猎罪。公诉机关指控事实清楚，证据确实充分，罪名准确，本院予以确认。被告人冠艺、冠一铭、冠璐到案后如实供述犯罪事实，认罪认罚，依法对其从轻处罚。关于公诉机关提出对被告人冠艺单处罚金人民币5000元，对被告人冠一铭、冠璐单处罚金人民币3000元的量刑建议，根据各被告人的犯罪事实、性质、情节、社会危害程度，本院予以调整。依照《中华人民共和国刑法》第三百四十一条第二款、第二十五条、第六十七条第三款、第三十八条第一款和第三款、第四十一条，《中华人民共和国刑事诉讼法》第二百零一条之规定，判决如下：

一、被告人冠艺犯非法狩猎罪，判处管制一年(管制期限从判决确定之日起计算，判决执行前先行羁押的，羁押一日折抵刑期二日)；

二、被告人冠一铭犯非法狩猎罪，判处管制十个月(管制期限从判决确定之日起计算，判决执行前先行羁押的，羁押一日折抵刑期二日)；

三、被告人冠璐犯非法狩猎罪，判处管制十个月(管制期限从判决确定之日起计算，判决执行前先行羁押的，羁押一日折抵刑期二日)；

四、公安机关依法扣押的被告人持有的气枪1支、半成品铅弹129颗、成品铅弹22颗、气筒1个、螺纹扳手6个，由其依法没收。

如不服本判决，可在接到判决书的第二日起十日内，通过本院或者直接向东方省南海市中级人民法院提出上诉。书面上诉的，应当提交上诉状正本一份，副本二份。

审　判　长　×××
人民陪审员　×××
人民陪审员　×××
（院印）
二〇一九年十一月二十一日

本件与原本核对无异

书　记　员　×××

(二)二审

1.刑事抗诉书

东方省南海市顺城区人民检察院
刑事抗诉书

东南顺检二部诉刑抗(2019)×号

本院于2019年11月26日收到南海市顺城区人民法院以(2019)东0201刑初×号刑事判决书对冠艺、冠璐、冠一铭犯非法狩猎罪一审判决。

一、被告人冠艺犯非法狩猎罪，判处管制一年；

二、被告人冠一铭犯非法狩猎罪，判处管制十个月；

三、被告人冠璐犯非法狩猎罪，判处管制十个月。

四、公安机关依法扣押的被告人持有的气枪1支、半成品铅弹129颗、成品铅弹22颗、气筒1个、螺纹扳手6个，由其依法没收。

本院依法审查后认为，南海市顺城区人民法院无故没有采纳量刑建议，违反了《中华人民共和国刑事诉讼法》第二百零一条的规定，系适用法律错误，理由如下：

1.《中华人民共和国刑法》第三百四十一条第二款之规定，其法定刑为三年以下有期徒刑、拘役、管制或者单处罚金。三被告人均认罪认罚，经量刑协商，签署具结书，自愿接受单处罚金的量刑建议。

2.三被告人均系年轻人，系初犯偶犯，且均在外打工，判处管制不利于三被告人外出谋生、就业。

3.被告人冠艺虽户籍所在地东方省南海市顺城区张家镇冠庙村二组，但现住址江苏省徐州市，且在该地工作，判处管制不利于刑罚的执行。

4.本案不属于《中华人民共和国刑事诉讼法》第二百零一条规定的例外情形的案件，根据本案具体犯罪情节以及认罪认罚从宽所体现的自愿性和协商性，本院量刑建议不属于明显不当。根据刑事诉讼法对认罪认罚制度的相关规定，法院在作出判决时应当采纳检察机关的量刑建议。

综上，南海市顺城区人民法院(2019)东0201刑初×号刑事判决书无故没有采纳检察机关的量刑建议，违反了《中华人民共和国刑事诉讼法》第二百零一条的规定，系法律适用错误。为维护司法公正，准确惩治犯罪，依照《中华人民共和国刑事诉讼法》第二百二十八条的规定，特提出抗诉，请依法判处。

此致

南海市顺城区人民检察院

2019年11月3日

（院印）

2.支持刑事抗诉意见书

东方省南海市人民检察院

支持刑事抗诉意见书

东南检支刑抗(2020)×号

南海市中级人民法院：

南海市顺城区人民检察院以东南顺检二部诉刑抗(2019)×号刑事抗诉书对南海市顺城区人民法院(2019)东0201刑初×号被告人冠艺、冠璐、冠一铭非法狩猎罪的刑事判决提出抗诉。本院审查后认为，抗诉正确，应予支持。

《中华人民共和国刑事诉讼法》第二百零一条第一款:对于认罪认罚案件,人民法院依法作出判决时,一般应采纳人民检察院指控的罪名和量刑建议。本院被告人冠艺、冠一铭、冠璐在检察机关认罪认罚,南海市顺城区人民检察院依法提出单处罚金的量刑建议,在检察机关量刑建议并无明显不当的情况下,南海市顺城区人民法院没有依法采纳检察机关的量刑建议,属适用法律错误。

综上所述,为维护司法公正,准确惩治犯罪,依照《中华人民共和国刑事诉讼法》第二百三十二条的规定,请你院依法纠正。

东方省南海市人民检察院

2020年3月2日

(院印)

3.检察机关随案移送的新证据

2020年4月8日南海市野生动物和森林植物保护站出具的鉴定报告:经鉴定,涉案野鸡3只,保护级别为有重要生态、科学、社会价值的陆生野生动物;珠劲斑鸠3只,保护级别为东方省重点保护野生动物。

四、相关法律及规范性文件

中华人民共和国刑法

第二十五条　【共同犯罪的界定】共同犯罪是指二人以上共同故意犯罪。

二人以上共同过失犯罪,不以共同犯罪论处;应当负刑事责任的,按照他们所犯的罪分别处罚。

第三十八条　【管制的期限、禁止令与社区矫正】管制的期限,为三个月以上二年以下。

判处管制,可以根据犯罪情况,同时禁止犯罪分子在执行期间从事特定活动,进入特定区域、场所,接触特定的人。

对判处管制的犯罪分子,依法实行社区矫正。

违反第二款规定的禁止令的,由公安机关依照《中华人民共和国治安管理处罚法》的规定处罚。

第四十一条　【刑期的计算与折抵】管制的期限,从判决确定之日起计算;判决执行以前先行羁押的,羁押一日折抵刑期二日。

第六十七条　【自首与坦白】犯罪以后自动投案,如实供述自己的罪行的,是自首。

对于自首的犯罪分子，可以从轻或者减轻处罚。其中，犯罪较轻的，可以免除处罚。

被采取强制措施的犯罪嫌疑人、被告人和正在服刑的罪犯，如实供述司法机关还未掌握的本人其他罪行的，以自首论。

犯罪嫌疑人虽不具有前两款规定的自首情节，但是如实供述自己罪行的，可以从轻处罚；因其如实供述自己罪行，避免特别严重后果发生的，可以减轻处罚。

第三百四十一条 【危害珍贵、濒危野生动物罪】非法猎捕、杀害国家重点保护的珍贵、濒危野生动物的，或者非法收购、运输、出售国家重点保护的珍贵、濒危野生动物及其制品的，处五年以下有期徒刑或者拘役，并处罚金；情节严重的，处五年以上十年以下有期徒刑，并处罚金；情节特别严重的，处十年以上有期徒刑，并处罚金或者没收财产。

【非法狩猎罪】违反狩猎法规，在禁猎区、禁猎期或者使用禁用的工具、方法进行狩猎，破坏野生动物资源，情节严重的，处三年以下有期徒刑、拘役、管制或者罚金。

【非法猎捕、收购、运输、出售陆生野生动物罪】违反野生动物保护管理法规，以食用为目的非法猎捕、收购、运输、出售第一款规定以外的在野外环境自然生长繁殖的陆生野生动物，情节严重的，依照前款的规定处罚。

中华人民共和国刑事诉讼法(2018年修正)

第十五条 【认罪认罚从宽制度】犯罪嫌疑人、被告人自愿如实供述自己的罪行，承认指控的犯罪事实，愿意接受处罚的，可以依法从宽处理。

第一百二十条 【讯问的程序】侦查人员在讯问犯罪嫌疑人的时候，应当首先讯问犯罪嫌疑人是否有犯罪行为，让他陈述有罪的情节或者无罪的辩解，然后向他提出问题。犯罪嫌疑人对侦查人员的提问，应当如实回答。但是对与本案无关的问题，有拒绝回答的权利。

侦查人员在讯问犯罪嫌疑人的时候，应当告知犯罪嫌疑人享有的诉讼权利，如实供述自己罪行可以从宽处理和认罪认罚的法律规定。

第一百七十三条 【审查起诉的程序】人民检察院审查案件，应当讯问犯罪嫌疑人，听取辩护人或者值班律师、被害人及其诉讼代理人的意见，并记录在案。辩护人或者值班律师、被害人及其诉讼代理人提出书面意见的，应当附卷。

犯罪嫌疑人认罪认罚的，人民检察院应当告知其享有的诉讼权利和认罪认罚的法律规定，听取犯罪嫌疑人、辩护人或者值班律师、被害人及其诉讼代理人对下列事项的意见，并记录在案：

(一)涉嫌的犯罪事实、罪名及适用的法律规定；

(二)从轻、减轻或者免除处罚等从宽处罚的建议；

(三)认罪认罚后案件审理适用的程序;

(四)其他需要听取意见的事项。

人民检察院依照前两款规定听取值班律师意见的,应当提前为值班律师了解案件有关情况提供必要的便利。

第一百七十四条　【自愿认罪认罚的程序】犯罪嫌疑人自愿认罪,同意量刑建议和程序适用的,应当在辩护人或者值班律师在场的情况下签署认罪认罚具结书。

犯罪嫌疑人认罪认罚,有下列情形之一的,不需要签署认罪认罚具结书:

(一)犯罪嫌疑人是盲、聋、哑人,或者是尚未完全丧失辨认或者控制自己行为能力的精神病人的;

(二)未成年犯罪嫌疑人的法定代理人、辩护人对未成年人认罪认罚有异议的;

(三)其他不需要签署认罪认罚具结书的情形。

第一百七十六条　【提起公诉的条件和程序】人民检察院认为犯罪嫌疑人的犯罪事实已经查清,证据确实、充分,依法应当追究刑事责任的,应当作出起诉决定,按照审判管辖的规定,向人民法院提起公诉,并将案卷材料、证据移送人民法院。

【认罪认罚的量刑建议】犯罪嫌疑人认罪认罚的,人民检察院应当就主刑、附加刑、是否适用缓刑等提出量刑建议,并随案移送认罪认罚具结书等材料。

第一百九十条　【开庭】开庭的时候,审判长查明当事人是否到庭,宣布案由;宣布合议庭的组成人员、书记员、公诉人、辩护人、诉讼代理人、鉴定人和翻译人员的名单;告知当事人有权对合议庭组成人员、书记员、公诉人、鉴定人和翻译人员申请回避;告知被告人享有辩护权利。

【认罪认罚的审查】被告人认罪认罚的,审判长应当告知被告人享有的诉讼权利和认罪认罚的法律规定,审查认罪认罚的自愿性和认罪认罚具结书内容的真实性、合法性。

第二百零一条　【法院对认罪认罚案件量刑建议的处理】对于认罪认罚案件,人民法院依法作出判决时,一般应当采纳人民检察院指控的罪名和量刑建议,但有下列情形的除外:

(一)被告人的行为不构成犯罪或者不应当追究其刑事责任的;

(二)被告人违背意愿认罪认罚的;

(三)被告人否认指控的犯罪事实的;

(四)起诉指控的罪名与审理认定的罪名不一致的;

(五)其他可能影响公正审判的情形。

人民法院经审理认为量刑建议明显不当,或者被告人、辩护人对量刑建议提出异议的,人民检察院可以调整量刑建议。人民检察院不调整量刑建议或者调整量刑建议后仍然明显不当的,人民法院应当依法作出判决。

中华人民共和国社区矫正法实施办法

第四条　人民法院、人民检察院、公安机关、监狱对拟适用社区矫正的被告人、罪犯，需要调查其对所居住社区影响的，可以委托县级司法行政机关进行调查评估。

受委托的司法行政机关应当根据委托机关的要求，对被告人或者罪犯的居所情况、家庭和社会关系、一贯表现、犯罪行为的后果和影响、居住地村（居）民委员会和被害人意见、拟禁止的事项等进行调查了解，形成评估意见，及时提交委托机关。

最高人民法院关于审理破坏野生动物资源刑事案件具体应用法律若干问题的解释

第六条　违反狩猎法规，在禁猎区、禁猎期或者使用禁用的工具、方法狩猎，具有下列情形之一的，属于非法狩猎"情节严重"：

（一）非法狩猎野生动物二十只以上的；

（二）违反狩猎法规，在禁猎区或者禁猎期使用禁用的工具、方法狩猎的；

（三）具有其他严重情节的。

全国人民代表大会常务委员会关于全面禁止非法野生动物交易、革除滥食野生动物陋习、切实保障人民群众生命健康安全的决定

一、凡《中华人民共和国野生动物保护法》和其他有关法律禁止猎捕、交易、运输、食用野生动物的，必须严格禁止。

对违反前款规定的行为，在现行法律规定基础上加重处罚。

东方省林业局和草原关于发布野生鸟类禁猎期的通告

鸟类是自然生态系统的重要组成部分，在平衡自然、维系物种和保护生态方面具有不可替代作用。我省地处长江中游，南北过渡地带，素有"千湖之省"之称，也是候鸟的主要迁徙通道和聚集地，是鸟类栖息的中心省份之一。保护好鸟类资源，对保护生物多样性，维护生态平衡，建设生态文明、美丽中国具有重要意义。

为贯彻落实党的十九大和党中央国务院关于加快生态文明建设的决策部署，更好地保护好野生鸟类资源，根据《中华人民共和国野生动物保护法》和《东方省实施〈中华人民共和国野生动物保护法〉办法》的相关规定，省人民政府决定在全省行政区域范围内对所有野生鸟类进行禁猎，禁猎期为2019年1月1日至2023年12月31日。禁猎期

满后,再根据执行情况决定是否延续禁猎期限。

禁猎期间,除科学研究、种群调控、疫源疫病监测或者其他特殊情况外,各级林业行政主管部门对猎捕鸟类的行政许可申请一律不予审批。凡未经批准,使用禁止使用的猎捕工具和方法非法猎捕鸟类的,由县级以上林业行政主管部门依法给予处罚;构成犯罪的,依照《中华人民共和国刑法》第三百四十一条的规定,依法追究刑事责任。

第六章
妨害社会管理秩序罪诉讼全过程训练(二)
——以被告人刘东运输毒品案一审为例

一、选取本案的理由

第一,本案事实查明部分在诉讼证明上相对困难,也反映出毒品犯罪在证据证明上的共性问题。对于远超过实际掌握的死刑数量标准的毒品,被告人辩称对运输毒品"主观不明知",在案证据亦未达到法定证明标准,犯罪事实处于真伪不明状态,存在"合理怀疑的空间"。面对个案中证据内在的缺陷和不足,法官需要独立开展在案证据分析,其中包括运用间接证据证明待证事实,识别在证据推理链条中是否有遗漏的关键证据、是否存在潜在证据等,并建议公诉机关进一步补查补正,而非简单屈从于"疑罪从无"或"从轻"的处理。法官这种独立的证据分析思路是法科学生借助本案重点学习的内容之一。

第二,死刑适用条件的司法考察。关于死刑适用的条件,《刑法》采用"罪行极其严重"一语,这一表述本身并不具体。运输毒品犯罪,除涉及毒品数量、法定量刑情节外,往往涉及幕后组织、指使、雇佣者,被雇佣参与者、接货的毒品所有者、上下游买家、卖家,部分涉案人员系贫民、边民或无业人员,仅赚取少量费用,以及为贩卖而运输毒品等情节,单纯的运输毒品行为往往具有从属性、辅助性的特点,情况相对复杂。死刑判决的作出,法官如何考量不同犯罪类型之间的差别及个案的具体因素,借助本案有助于法学专业的学生展开深入的探讨。

第三,程序上,本案一审开庭历经庭审第一次、公诉机关补充证据(延期审理)、庭审第二次,为法科学生完整展开第一审公诉程序的全貌。证据的审查判断,除涉及物证、书证、证人证言、被告人供述和辩解、鉴定意见外,还涉及采取技术侦查措施收集的材料,即技侦资料,及转化材料的核实问题。

二、本案的训练方法

裁判要旨

本案训练共分3个阶段,每阶段2学时。

第一阶段:课前授课教师将起诉书、证据材料发给学生,使学生对案情提前了解。上课后,首先,教师介绍训练素材案例的背景和训练目的及要求,布置学生下一次上课的任务及作业——指导学生自由组合,以组为单位,选取其中3组分别作为控辩审三方开展一审公诉案件普通程序模拟法庭实训;其余组围绕"证据裁判"原则,分析论证依据现有证据材料,公诉机关指控被告人犯运输毒品罪是否成立,证据是否确实、充分?其次,教师针对下一阶段模拟法庭实训中学生提出的问题,给予指导。

第二阶段:课前学生上交作业。上课后,首先,展开公诉案件一审普通程序模拟法庭实训。其次,根据庭审教师引导学生归纳本案焦点问题,围绕被告人运输毒品主观故意的证明、罪与非罪认定、遗漏或潜在证据的补查补正及疑罪从无原则等几个专题展开讨论,引导学生进行课堂交流或辩论,以此加深对相关知识点的学习和认识。其次,针对下一阶段模拟法庭实训中学生提出的问题,给予指导。最后,教师将庭审笔录、补充调查函、公诉机关提交的新证据发给学生,布置学生第三阶段完成的作业——对庭审中辩护人无罪辩护的辩护意见和诉讼策略撰写点评意见。

第三阶段:课前学生上交作业,教师将一审判决书发给学生。上课后,首先,教师以辩护人为视角,针对以下问题组织学生展开讨论:(1)本案辩护人的无罪辩护是成功的吗?(2)在诉讼过程中,辩护人如何正确预测法官的行为,在罪轻辩护和无罪辩护之间,采取最佳的辩护策略?其次,介绍法官一审判决书,并就运输毒品罪的死刑适用问题,与学生进行交流。最后,教师与学生交流本案训练的感想和体会,并对整个实训情况进行总结。

三、本案需要展示的法律文书和证据

本案的训练材料目录

公诉机关提交的法律文书和证据材料	1.起诉书 2.公诉机关随案移送的证据材料 3.法庭审理中补充提供的新证据
庭审笔录和相关法律文书	1.庭审笔录(第一次) 2.证据补充调查函 3.庭审笔录(第二次) 4.刑事判决书

(一)起诉书

东方省南海市人民检察院
起 诉 书

南检公刑诉(2019)×号

被告人刘东,男(个人信息略)。因犯抢劫罪于2008年10月被判处有期徒刑十一年,剥夺政治权利一年,并处罚金人民币3000元,2015年5月15日刑满释放。因涉嫌犯运输毒品罪,于2018年8月21日被南海市公安局顺城区分局刑事拘留,同年9月26日经南海市顺城区人民检察院批准逮捕,同日由南海市公安局顺城区分局执行。

本案由南海市公安局顺城区分局侦查终结,以被告人刘东涉嫌犯运输毒品罪,于2018年11月24日向南海市顺城区人民检察院移送审查起诉。南海市顺城区人民检察院于2018年12月11日转至本院审查起诉。本院受理后,于2018年12月13日已告知被告人有权委托辩护人,依法讯问了被告人,听取了被告人的辩护人的意见,审查了全部案件材料。其间,因事实不清、证据不足,退回侦查机关补充侦查一次,因案情重大、复杂,延长审查起诉期限二次。

经依法审查查明:2018年8月21日20时许,被告人刘东驾驶车号牌为云SJ628的黑色长城哈弗H5小汽车从云南临沧农场医院经昆明、贵阳、怀化、常德、滨州至南海市顺城区广云大厦时,被公安民警抓获。经过对该哈弗小汽车进行搜查,在车辆的驾驶室门和副驾驶室门下面的底梁内查获疑似毒品68包。经鉴定,上述68包疑似毒品净重19716.30克,为毒品甲基苯丙胺,平均含量为15.03%。

认定上述事实的证据如下:1.查获的毒品等物证及照片;2.搜查笔录、扣押笔录、扣押清单、暂住证明、汽车销售合同、刑事判决等书证;3.证人牟洪杰、沐家念的证言;4.毒品检验鉴定书等鉴定意见;5.讯问录音录像等视听资料;6.被告人刘东的供述和辩解等。

本院认为,被告人刘东违反国家对毒品的管理规定,运输毒品甲基苯丙胺19716.30克,严重妨害社会管理秩序,其行为触犯了《中华人民共和国刑法》第三百四十七条第一款、第二款第(一)项的规定,犯罪事实清楚,证据确实、充分,应当以贩卖毒品罪追究其刑事责任。被告人刘东曾经被判处有期徒刑以上刑罚,刑罚执行完毕以后,在五年内再犯应当判处有期徒刑以上刑罚之罪,系累犯,根据《中华人民共和国

刑法》第六十五条的规定,应当从重处罚。根据《中华人民共和国刑事诉讼法》第一百七十六条的规定,提起公诉,请依法判处。

此致

东方省南海市中级人民法院

检察员:×××

2019年4月5日

(院章)

(二)公诉机关随案移送的证据材料

1.受案登记表、立案决定书、破案及抓获经过、毒品案件线索诉讼工作函证实:2018年8月21日19时40分左右,南海市公安局顺城区分局禁毒大队民警根据线索,在本市顺城区广云大厦附近设伏将涉嫌运输毒品的刘东抓获,并对其驾驶的牌号为云SJ628的车辆进行拆查,在车辆的驾驶室车门和副驾驶室车门下的底梁内查获毒品“麻果”疑似物68包,共计19716.30克。刘东在抓捕过程中没有抗拒行为。

2.常住人口基本信息证实:被告人刘东的身份情况。

3.刑事判决书、释放证明书证实:被告人刘东因犯抢劫罪于2008年被重庆市渝北区人民法院判处有期徒刑11年,剥夺政治权利一年,并处罚金人民币3000元;2015年5月15日刑满释放。

4.汽车销售合同证实:甲方临沧宏达商贸有限公司,乙方刘东,乙方购买一辆黑色长城哈弗H5汽车,成交价128800元,合同签订之日乙方应当首付预付款10000元,提车时必须付清尾款118800元,销售顾问牟春,乙方刘东,2018年5月5日。

5.沐家念中国农业银行银行卡交易明细证实:2018年5月5日,林丽芳6228480698791302871的账号向沐家念6228453300006060518账号网银转账10000元;同年5月6日,庄建6214835940843343的账号转存50000元,林凤妍6226562204902530的账号分别转存50000元、40000元。

6.辨认笔录证实:经证人沐家念辨认,“以上是刘东在我公司买车时收付款转账明细清单,沐家念,2018.11.7”。

7.临沧市公安局城北派出所出具的暂住登记证明证实:自2018年4月13日,被告人刘东暂住于云南省临沧市临翔区忙畔街道办事处忙令社区忙令路108号。

8.高速公路车辆通行记录、行车抓拍照片及过路过桥发票证实:车牌号为云SJ628的车辆于2018年8月20日0时49分从云南省楚大板桥站入口驶入楚大高速,3时35分经过昆安高速昆明西站出口;8月21日10时14分经过湖南省凤凰西站入口,14时56分经过城头山站出口,14时58分经过东方省东岳庙站入口,18时15分经过楚台站出口。

9.尿检报告书、尿检结果告知书证实:刘东的尿液检测样本经现场检测,结果呈甲基苯丙胺阴性,并有刘东签字。

10.搜查、提取、扣押、称量、取样笔录、扣押决定书及清单、物证毒品照片证实:(1)2018年8月21日,公安机关扣押刘东持有的车牌号为云SJ628汽车1辆、车钥匙1把、黑色小米牌手机1部、蓝色Vivo牌手机1部、白色Lingwin牌手机1部(号码15679827739)、黑色惠普牌笔记本电脑1台、过路过桥发票2张、银行卡5张。(2)2018年8月22日,公安机关从刘东驾驶的车牌号为云SJ628的哈弗汽车两侧大梁内查获透明胶带和黄色牛皮纸包装的毒品"麻果"疑似物68包,共计重量19716.36克,并依法提取、扣押、取样。并有搜查、称量、取样视频在卷。

11.辨认笔录

2018年11月7日,经证人沐家念辨认,刘东所驾驶的牌号为云SJ628的黑色哈弗越野车,是2018年5月5日刘东本人在云南省临沧市临翔区其店内购买。

12.鉴定意见

(1)南海市公安毒品司法鉴定中心出具的南公禁毒技检字(2018)第JD×号毒品检验鉴定书:所送编号为1-1-1、1-1-2、1-2-1、1-2-2、1-3-1至2-23-2的92份检材均检出毒品甲基苯丙胺成分。

(2)南海市公安毒品司法鉴定中心出具的南公禁毒技检字(2018)第DL×号毒品检验鉴定书:所送检的编号为1-1-1、1-2-1、1-3-1、1-4-1、1-5-1、1-6-1、1-7-1、1-8-1、1-9-1、1-10-1、1-11-1、1-12-1、1-13-1、1-14-1、1-15-1、1-16-1、1-17-1、1-18-1、1-19-1、1-20-1、1-21-1、1-22-1、1-23-1、2-1-1、2-2-1、2-3-1、2-4-1、2-5-1、2-6-1、2-7-1、2-8-1、2-9-1、2-10-1、2-11-1、2-12-1、2-13-1、2-14-1、2-15-1、2-16-1、2-17-1、2-18-1、2-19-1、2-20-1、2-21-1、2-22-1、2-23-1的一组样品甲基苯丙胺的平均含量为15.03%。

13.鉴定意见通知书证实:南公禁毒技检字(2018)第JD×号毒品检验鉴定书、南公禁毒技检字(2018)第DL×号毒品检验鉴定书、南公物鉴(电)字(2018)×号检验报告均依法告知、送达被告人,检验报告上有刘东签字,对于两份毒品鉴定书,刘东拒绝签字。

14.电子数据,南海市公安司法鉴定中心南公物鉴(电)字(2018)×号检验报告:编号为2018-16140-J1检材(LingwinA31手机)中恢复提取信息210条,其中短信11条、通话记录9条;编号为2018-16140-J2检材(蓝色VivoX9L手机)中提取信息42143条,其中短信46条、通话记录108条、QQ信息41473条;编号为2018-16140-J3检材(黑色小米手机)中恢复提取短信285条、通话记录402条、QQ信息38162条;编号为2018-16140-J4检材(惠普笔记本电脑)中恢复提取上网记录3710条,QQ信息4条、微信信息5条。

其中,手机短信显示:2018年8月19日20:52:07,刘东持有号码为15679827739的

手机收到 1065502001283600001 系统信息:你正在注册微信账号,验证码 278779,请勿转发(腾讯科技)。

手机通话截图显示:2018 年 8 月 19 日、21 日,刘东持有号码为 15679827739 的手机与号码为 15687990919 的手机频繁通话。并经刘东辨认该手机是其老板所给,15687990919 是老板的新号码。

手机微信聊天截图显示:2018 年 8 月 21 日 16:18—20:15,刘东持有号码为 15679827739 的手机与昵称"你好吗"微信聊天,摘录如下:

①2018 年 8 月 21 日 16:15

刘东:在哪家饭店吃饭,用不用我先去点菜。

②同日 18:20

你好吗:哦,好嘛,你先去汉族饭店的口边点菜,点好就一起吃嘛。

刘东:OK。

你好吗:好像有一家叫唐人城的饭店,那里的菜还吃得习惯点。

刘东:OK。这地方我没有去过,导航也找不到。

你好吗:哦,我现在看下,应该是泰人城。

刘东:不对哦。

你好吗:我在信息上找泰人城是找不到,你在导航上打 TRC 字母,就出来泰人城了。

刘东:还是找不到。

你好吗:好好好,我再问一下。

你好吗:黄湖区盘人城。

你好吗:是这个,是这个。

你好吗:就是这家饭店嘛,你去那里点菜,点好菜、洗好澡,然后等我一起来吃。

刘东:OK。

③同日 18:52

你好吗:广云大厦。

你好吗:刚才发错了。

你好吗:顺城区广云大厦。

刘东:好的好的,早点发给我就好了。

你好吗:没事没事。

④同日 19:15

刘东:点好菜了,可以吃饭了,还有多久到。

还好吗:好好好,等一下给你电话。

还好吗:我叫朋友到,你先吃着啊。

刘东:点好了,那你等一下过来的时候啊帮我把钥匙带过来,我没有拿走钥匙,忘在了屋里,没有拿出来。

⑤同日 19:33

还好吗:好的好的。

还好吗:就是刚刚说吃饭的地方,就是饭店的地方,他能不能找到?

刘东:找得到,找得到,你走到大马路边就看到了,我那辆车就停在大厦门口啊,有一排停车位,蛮好看的,你也知道我的车牌。

还好吗:OK、OK、OK。

还好吗:那你就在随便地方看一下,他们去洗澡之后,你也去洗澡嘛,房间里有一本漫画书,你应该拿去看了嘛,不能给他们看漫画书。

⑥同日 20:03

你好吗:收到请回答。

你好吗:什么情况是你一个人吗,还是你还有朋友?

手机截图经被告人刘东辨认无误,并有讯问视频在卷。

15.证人牟洪杰(临沧宏达商贸有限公司销售员)的证言证实:2018 年 5 月 5 日上午,刘东一来就要一辆哈弗 H5,那天我们没有这款车型,他只要这款,我就讲可以帮他调一辆,但需要四五天时间,刘东同意并付了 1 万元押金。两天后车调回来,刘东过来看车并试驾,并将车款全打在我们老板的账户上。因为刘东说急,订车到车辆全部手续办好总共花了一个星期左右,车辆也是交给了刘东,后来刘东只来过一次做保养就再也没来了。他当时讲他住在临沧临翔区客运站附近,就是为了要提车暂住在那。购车合同上我签的“牟春”是我的小名。车辆是 128800 元,购置税办下来花了 14 万元左右。刘东先付的 1 万元定金是手机支付转账,后付的全款是刘东自己银行转账到我老板沐家念农行账户上。

16.辨认笔录证实:2018 年 11 月 7 日,证人牟洪杰从 12 张不同男性照片中辨认出 3 号(刘东)就是 2018 年 5 月 5 日找其买车的男子。

17.证人沐家念(临沧宏达商贸有限公司老板)的证言:2018 年 5 月 5 日上午,公司销售员牟洪杰接待的刘东,购车款牟洪杰谈好后,当天刘东就将定金 10000 元用手机网银转到我的农行卡上,5 月 6 日刘东将车辆全款转给我,我给刘东我的农行账号,刘东让另外一个人打过来给我的,当时刘东在我们公司,他打电话叫别人打款。我收款的农行卡号是 6228453300006060518,余款分三笔打过来,两个 5 万、一个 4 万,一个星期左右手续办好后我们将车交给了刘东。

18.辨认笔录证实：证人沐家念从12张不同男性照片中辨认出10号(刘东)就是2018年5月5日找其买车的男子。

19.被告人刘东供述和辩解：

(2018年8月22日第1次笔录)2007年我因抢劫被重庆市渝都监狱服刑6年10个月。2018年8月19日下午四五点的样子，我从云南省临沧市过来。一直在高速上，晚上累了就车子上休息，8月21日下午6点过的南海收费站，名字记不得了，好像是两个字的。路线是先从临沧到昆明，昆明到贵阳，贵阳到怀化，到常德，再到南海滨州，然后进了市区。我自己开车来的，车牌号是云SJ628，一辆黑色的哈弗H5。车子是我本人的，行车证上是我的名字，但是我老板出钱买的，一共花了14万元。因为老板是缅甸人，在中国做事不方便，需要一个中国司机，所以行车证是我的名字。老板叫我开车(来南海)接人，8月21日晚8点左右在南海市顺城区广云大厦外面马路的公交站旁接老板的朋友回缅甸邦康。我不知道对方的信息。老板联系对方，然后老板再联系我。来南海前我把车子借给了老板的另一个朋友，时间是2018年7月下旬。严格说车子不是我的，老板叫我把车子给别人用，我就照做。当时老板的另一个朋友过来拿车，我不认识这个人，具体把车子拿过去做什么我也不知道。车子借给这个人用了20多天，8月19日下午三四点的时候我拿到了车，之后老板就叫我赶紧去南海市顺城区广云大厦接人，我就开着导航来了。车子别人还回来后，主驾驶外面的脚踏板坏了，其他没什么不一样。只知道大家称呼我老板“二哥”，好像姓李、缅甸人、手机号码15687990919，他自己说在缅甸搞建筑。我平时主要给老板开车，月工资6000元人民币，平时比较闲。来时老板给了我5000元人民币，一路上油费、过路费、吃住大概2000多元，老板说回去的费用他朋友出。公安机关在我车上搜出来了毒品“麻果”，好像68包。我不知道毒品哪里来的。毒品装在蓝色塑料小袋子里，外包装共三层，里面的包装是透明塑料袋，用褐色胶带包扎，中间是纸盒子，外面是透明塑料膜。毒品是公安机关把车子拆开，在车子左右底盘搜出来的，我现在知道车子是改装过的，但之前不清楚。我去年吸食“麻果”，现在不吸食了。

(2018年9月12日第2次笔录)我不知道老板真实姓名，别人都叫他“二哥”、缅甸人、35岁、1.8米左右，身材偏胖、黑黑的，会说普通话。今年4月我在缅甸邦康一个赌场赌博时认识的我老板，当时他问我想不想找事做，我说想啊，问他做什么事，他说给他开车接人，从临沧市机场接人到沧源县，我答应了。几天之后，他就给我买了一辆长城哈弗H5越野车，车子登记的是我的名字。上好牌后我开车回了一趟重庆老家，在重庆待了一个多月才回临沧。老板说他做建筑，下面有工人，具体多少人我不清楚，我没看见过老板的办公地点。我都是自己找宾馆住，钱我自己出。

2018年8月18日我老板给我打电话，要我明天到临沧市孟定镇的农场医院停车场去取我的车子，说有人在车上等我，等拿到车后开车去南海接个人。当时我问老板南海这么远，为什么不要那个人坐飞机过来，老板要我不要多问，去接就是了。也没有把要接的那个人的名字和联系方式告诉我，说等到了南海后再电话联系，他会安排好的。于是当天我就从缅甸邦康到临沧，第二天去了孟定镇农场医院，在停车场内找到我的车子。当时车上坐着一个男的，不认识，他把钥匙交给我，什么都没说就走了。我当时问了他一句："是不是'二哥'要你在这把车子给我的？"他直接把钥匙给我，没有回答。我想应该是老板安排好的，因为之前他要我把车给别人用时，是在临沧市沧源县把车给了别人，车给什么人用、用来做什么我不清楚，老板安排，车子虽然是我的名字，但实际是老板买的。拿到车后我跟老板打电话，老板说要我把自己的事搞好后慢慢开车去南海，没有限制什么时间到南海。他还告诉我车上放着一部白色手机，我用这个手机跟他单线联系，等到了南海后再给他打电话。我已经有两部手机了，不清楚老板为什么这么做，可能因为我有时候用手机玩游戏没有接他电话。我的Vivo手机内老板的号码是14528833662，这个手机是我专门跟老板联系的工作电话，另外一部小米手机用来联系亲戚朋友。老板给我的这部白色手机内他的号码是15687990919，来南海前他临时告诉我到南海后就用这部手机联系他。因为我的Vivo手机只跟老板联系，就没有存他名字，手机里其他的通话记录是外卖和小姐的，都不认识。当天(19日)下午4点左右，我从临沧市孟定镇出发，先到了临沧市，然后走国道往昆明方向，快到昆明时上高速，第二天凌晨两三点钟从收费站进入昆明市。从收费站出来开了十几分钟后，我就在路边停下，在车上睡了一觉，当时实在太累了。睡了五六个小时，重新进入收费站上高速继续行驶，途经贵州，下午六七点天快黑时到了贵州、湖南交界的铜仁县。在铜仁收费站下了高速，顺着路走了一段左转到了一个职业技术学院附近，在那附近找了一家宾馆住下，具体名字不记得了，我登记了本人身份证。第二天(21日)上午9点我从宾馆出来又上了高速，继续往南海开，途经湖南，下午五六点钟一直到了南海下了高速进入市区。下了高速我就跟老板打电话，说已经到了市区，老板告诉我具体到南海什么地方，要我到广云大厦马路边等着。我通过导航到了广云大厦，在马路边公交车旁，又跟老板打了电话说到了，老板要我等一下，他联系了那个朋友马上过来。我在马路边等了几分钟，这时有便衣警察过来将我抓了，带到了公安局。在公安局内，警察对我的车子进行搜查，在车门两边底梁内发现了毒品。

(2018年9月15日第3次笔录)从我身上搜到的五张银行卡，一张建行的、一张邮政储蓄的、一张工行的、两张农行的，建行卡是用我老乡身份证办的，不过五张实际都是我在用，我网上赌博有个微信群，赌博后在群内发红包结算，因为我的微

信涉嫌赌博被查封了,所以用老乡身份证办了银行卡。五张银行卡里没有我的工资,老板发我的工资是现金。

(2018年9月21日第4次笔录)我对南海并不熟悉,之前没有来过。我想老板要接的这个人可能出了什么事,不方便用身份证坐飞机、火车,想出国避一避,但具体什么问题我不知道。8月21日18时左右我从楚台卡口进入南海,下来高速就用白色手机跟老板联系,说我已经到了,老板告诉我到什么地方接他朋友。他先说了两个地方,一个汉族饭店、一个泰人城,但我导航都找不到,老板又告诉我是黄湖区的盘人城,我导航找到了这个地方,于是往盘人城开,走了20分钟左右,老板又跟我打电话说搞错了,要我去顺城区广云大厦,然后我又开车前往广云大厦。8月20日我在小旅馆开房,是用我本人身份证登记的,前台男服务员用我的身份证在机器上刷了一下登记。全国人口住宿信息查询系统未查询到我当日的住宿记录,我不知道具体原因。老板没有给我规定到南海的具体时间,但我想回重庆跟女朋友过七夕情人节(8月28日),所以想快点把事情做完。因为我觉得老板要我接的那个人肯定犯了什么事,要我接他过去是避一避,我们之间的联系需要保密,怕被人监听了,所以老板给了我一部专门的手机和号码,他自己也用的新号。我用这部新手机申请了新微信跟老板联系,8月21日快到南海时我要老板加了新微信,我的微信只有老板一个好友。

(2018年9月21日第5次笔录)我想到南海后,肯定要先找个地方吃饭,所以就发了"在哪家饭店吃饭,用不用我先去点菜"这条信息。之后老板告诉我到哪个酒店吃饭,先说到汉族饭店又说是唐人城饭店、泰人城,导航都搜索不到,于是老板又确定是黄湖区盘人城,最后又确定在顺城区广云大厦。我微信中说:"点好菜了,可以吃饭了,还有多久到?"但我并没有到酒店点菜,只是到广云大厦这里,这不是我们的暗语,我没法解释。我也不知道对方说的"洗澡""漫画书"什么意思,我推测可能是老板试探我是不是被抓了。

(2018年9月26日第6次笔录)2016年和之前,我和一起的牢友见面时吸食毒品K粉,之后就没有再吸食了。

(2018年11月20日第7次笔录)今年5月我在云南临沧市交通宾馆旁边的一个综合市场内购买了这辆车,具体店名不记得了。第一次去一个叫牟春的销售员接待了我,选好车后我付定金1万元并签了合同,三四天后车子到了我去提车,支付了后面的14万元,总价15万元,包括购车款、保险、购置税和上牌费。这15万元都是老板"二哥"转到这家店,直接打入店经理给我的农业银行账户内。

(三)庭审笔录和其他法律文书

1.庭审笔录(第一次)

法庭笔录(第一次)

时　　间:2019年9月20日9:00—11:29

地　　点:本院1号法庭

是否公开审理:公开

旁听人数:略

审判人员:略

书 记 员:略

庭前准备:略

【宣布开庭】记录如下:

审:(敲法槌)东方省南海市中级人民法院刑事审判第一庭现在开庭。

审:传被告人到庭。

审:首先核对被告人的身份(略)。

审:根据《中华人民共和国刑事诉讼法》第188条第1款、第190条的规定,本庭今天依法公开审理由东方省南海市人民检察院提起公诉的被告人刘东运输毒品一案。本案将适用一审普通程序进行审理,全部庭审活动将同步录音录像并网络直播。

审:现在宣布合议庭组成人员、出庭人员名单。本庭由南海市中级人民法院审判员××担任审判长,和审判员××、××组成合议庭,书记员××担任法庭记录。东方省南海市人民检察院指派检察员××等出庭支持公诉。受被告人亲属的委托,东方秉正律师事务所××律师,作为被告人刘东的辩护人出庭。

审:根据《最高人民法院关于适用〈中华人民共和国刑事诉讼法〉的解释》第193条的规定,被告人在法庭审理过程中享有以下诉讼权利:

1.申请回避权。(被告人如果认为合议庭组成人员、书记员、公诉人与本案有利害关系或者有不正当行为,可能影响案件公正处理的,可以提出正当理由申请回避。)

2.申请调查、取证权。(被告人可以申请通知新的证人到庭、调取新的证据、申请重新鉴定或者勘验、检查。)

3.辩护权。(被告人有自行辩护的权利。)

4.最后陈述权。(法庭辩论终结后,被告人有最后陈述的权利。)

同时,被告人在法庭上必须如实陈述事实和依法进行辩解,必须遵守法庭秩序和纪律。

审:被告人刘东是否申请回避?

被:不申请。

审:辩护人是否申请回避?

辩:不申请。

审:下面进行法庭调查。

审:首先由公诉人宣读起诉书。

公:宣读南检公刑诉(2019)×号起诉书。(略)

审:被告人刘东,你对起诉书指控你犯运输毒品罪的事实及罪名有无意见?请用简练的语言表述观点。

被:我来南海接人,不知道车上有毒品,我没有犯罪,我冤枉。

审:下面由公诉人就起诉书指控的事实讯问被告人。

公:(宣传法律政策。)

被:好的。

公:被告人刘东,你的职业?

被:我在缅甸给老板开车。

公:你老板的名字、职业?

被:名字不知道,只知道他是缅甸人,具体做什么生意不知道,大家称呼他“二哥”。

公:车牌号为SJ628的哈弗越野车是你本人的吗?

被:不是。

公:车子登记在谁名下?

被:我名下。

公:是谁亲自购买的?

被:我去买的。

公:具体购车时间、地点?

被:2018年5月在临沧一家4S店购买。

公:也就是在案发三个月前购买的。既然车子不是你的,为什么你跑到临沧买车,并且登记在你名下?

被:老板的要求。

公:在开车前,你认识这位“二哥”就是你所说的老板多久?

被:几个月吧。

公:你和他认识也就几个月,老板为什么不将车子登记在自己名下,而以你的名义购买?

被:他信任我,具体原因我也不了解。

公:你给老板开车主要干什么?

被:云南、缅甸边境线上跑、接人。

公:你老板经常跑内地吗?

被:不到内地。

公:按照你的说法,你开车是按照老板指示在边境线接人?

被:对,车子不是我的。

公:车辆行车记录、视频抓拍显示,这三四个月时间里,涉案车辆到过重庆、湖南、四川、云南,到这些地方你都是在给老板开车吗?

被:没有,是我自己在开。

公诉人:你开着车在几个省份跑,不用工作吗?

被:老板有时会放我假。

公诉人:高速公路通行记录显示,你于2018年5月8日至重庆永川方向出G85银昆高速驶出217出口,当月24日从217入口进入银昆高速,你自己开车在内地近20天,你可以如此随意地驾车出行吗?

被:老板放我长假。

公:被告人,希望你在法庭上端正态度、如实供述。

被:我说的都是事实。

公:你来南海做什么?

被:老板让我来接一个人回去。

公:什么人?

被:老板的朋友,我没有多问。

公:在哪里接人?

被:按照导航,到广云大厦。

公:公安机关抓获你时从你车上搜出几部手机?

被:好像三部。

公:接一个人需要使用三部手机吗?

被:其中一部是我平时用的,另一部是老板给我用于工作的,还有一部是接人前老板临时给我的,老板很谨慎,我当时觉得可能老板要我接的人有问题,或许犯了什么事,他们之间的联系需要保密,所以才给了我一部新手机。

公:老板要求你什么时间返回缅甸没有?

被:没有。

公:从车辆通行记录和高速公路抓拍视频看,8月20日0时你上高速,21日下午6时左右出高速,可谓日夜兼程,既然没有要求你具体返回时间,为什么如此匆忙?

被:想回重庆和女朋友一起过七夕情人节(8月28日)。

公:到了南海后,你与老板微信联系,你说“在哪家饭店吃饭”,你的老板不断更正点菜地点“唐人城、泰人城”“黄湖区盘人城,就是这家饭店”,最后又确认饭店是“顺城区广

云大厦”。这些地点是饭店吗？为什么不断使用暗语？

被:第一次到南海,我以为老板告诉我的是饭店名称。

公:被抓获前,当时你的车子就在广云大厦停车场,你的老板微信回复“他们去洗澡了,你也去洗澡,房间里还有一本漫画书,不能给他们看漫画书”,如何来的洗澡、房间、漫画书,你如何解释？

被:(沉默)

公:你在哪里被公安民警抓获？

被:停车场对面的公交车站。

公:既然来接人,为什么不马上联系对方,而要去广云大厦停车场路对面？

被:我只是按老板说的做。

公:请法庭注意,被告人对关键事实避重就轻,未如实供述,且案发时一系列举动不符合常理、当庭也不能作出合理解释。

公:讯问完毕。

审:被告人刘东的辩护人是否需要发问？

辩:刘东,我是你的辩护人,有几个问题需要询问,希望你向法庭如实回答。

被:好。

辩:刚刚回答公诉人提问,你称来南海是你的缅甸老板要你接一个人？

被:是的。

辩:接人之前,公安机关扣押的这辆哈弗越野车一直是你本人使用吗？

被:不是,我赶到临沧孟定镇农场医院取的车。

辩:取车具体时间？

被:8月19日上午。

辩:为什么要到孟定农场医院取车？

被:头一天缅甸老板告诉我的地点,因为当时车子不在我手上。

辩:车子不在你手上多久？

被:一个月左右吧,老板让我把车子借给他另一个朋友。

辩:你确定车子借出去了一个月左右？

被:是的,大概20天。

辩:你老板的这个朋友借车子做什么你知道吗？

被:不知道,老板让我不要多问。

辩:车子交给你时是否有异常？

被:车子交给我时好像主驾驶的脚踏板有一点损坏,其他没有发现异常。

辩:车内装有毒品,你是否知道？

被:不知道,老板只让我来南海接人。

辩:公安查获的毒品具体位置你知道吗?

被:公安对车子拆查后发现左右底盘部位藏有毒品,我当时在场。

辩:也就是说车子左右底盘被改装过?

被:是的,但是之前我不知道。

辩:对刘东发问暂时到此。

审1:被告人刘东,在公诉人、辩护人对你讯问、发问的基础上,合议庭有几个问题需要再核实一下,希望你如实回答。

被:我说的都是实话。

审1:合议庭再次确认一下,你是否知道车内藏有毒品?

被:不知道。

审1:你是根据你所称的"老板"的指示,导航到的盘人城、广云大厦?

被:是。

审1:你先后接到你所称的老板提供的"饭店""黄湖区盘人城、顺城区广云大厦",并且频繁使用"点菜、吃饭"等词语,你需要向法庭作出合理解释。

被:当时我以为老板让我接的人可能有问题,他希望保密吧,具体没有多想。

审:法庭调查结束。下面由公诉人向法庭举证。(在此需要说明的是,对于证实控辩双方没有异议的事实的证据,举证时可以简化,仅宣读证据名称和来源,说明所证明的内容;对于证实控辩双方有异议的事实的证据,应该重点展示。)

公:第一组证据,公安机关出具的破案、抓获材料,主要包括受案登记表、指定管辖决定书、立案决定书、拘留证、逮捕证、破案及抓获经过,证实:2018年8月21日19时40分左右,南海市公安局顺城区分局禁毒大队民警根据线索,在南海市顺城区广云大厦附近设伏将涉嫌运输毒品的刘东抓获,并对其驾驶的牌号为云SJ628的车辆进行拆查,在车辆的驾驶室车门和副驾驶室车门下的底梁内查获毒品"麻果"疑似物68包。刘东在抓捕过程中没有抗拒行为。

公:第二组证据,书证、物证照片,主要包括:(1)常住人口基本信息,证实:刘东于1987年10月2日出生及其他身份情况。(2)刑事判决书及释放证明,证实:被告人刘东因犯抢劫罪于2007年8月17日被重庆市渝北区人民法院判处有期徒刑十一年,并处罚金人民币3000元,2015年5月15日刑满释放。(3)汽车销售合同、沐家念农业银行卡交易明细清单、临沧市公安局城北派出所出具的暂住登记证明,证实:被告人刘东自2018年4月13日暂住于云南省临沧市临翔区忙畔街道办事处忙令社区忙令路1077号,刘东与临沧宏达商贸有限公司签订汽车买卖合同,购买黑色长城哈弗H5汽车一辆,购车款项共四笔15万元分别打入公司老板沐家念6228453300006060518农业银行账户。(4)车辆云SJ628经过云南省高速公路车辆通行记录及行车照片,证实:车牌号为云SJ628的车辆于2018年8月20日0时49分从云南省楚大板桥站入口驶入楚大高

速,3 时 35 分经过昆安高速昆明西站出口;8 月 21 日 10 时 14 分经过湖南省凤凰西站入口,14 时 56 分经过城头山站出口,14 时 58 分经过东方省东岳庙站入口,18 时 15 分经过楚台站出口。(5)南海市公安局顺城区分局天坛胡派出所现场检测报告书、尿检结果告知笔录,证实:刘东的尿液检测样本经现场检测,结果呈甲基苯丙胺阴性。

第三组证据,检查、辨认等笔录,主要包括:(1)搜查、扣押、提取、称量、取样笔录、扣押清单及物证毒品照片,主要证实:2018 年 8 月 21 日晚 9 时 26 分至 9 时 50 分,被告人刘东被抓获后,涉案车辆、手机、银行卡及毒品的扣押情况,以及公安机关从刘东驾驶的车牌号为云 SJ628 的哈弗汽车两侧大梁内查获蓝色塑料袋装毒品“麻果”疑似物 68 包,共计重量 19716.30 克,并依法扣押;8 月 22 日晚 9 时至次日 0 时 38 分,依法对疑似毒品“麻果”取样、称量、提取,并由刘东及见证人签字。(2)检查笔录,证实:2018 年 8 月 21 日晚 9 时 05 分至 15 分,民警对刘东进行身体检查,无明显皮外伤,并由刘东及见证人签字。(3)辨认笔录,证实:2018 年 11 月 7 日,证人牟洪杰(临沧宏达商贸有限公司销售人员)从 12 张不同男性照片中辨认出 3 号(刘东)就是 2018 年 5 月 5 日找其买车的男子;证人沐家念从 12 张不同男性照片中辨认出 10 号(刘东)就是 2018 年 5 月 5 日找其买车的男子,并有辨认人、见证人签字。

审:请法警协助将物证毒品、车辆照片、称量、取样照片交被告人刘东辨认。

被:车子是我开的,毒品不确定是不是从车中搜出的。

审:上面的签字是不是你的?

被:是。

审:被告人刘东对以上三组证据是否有意见?

被:南海公安确实从我车中搜出毒品,但我对车内藏有毒品是不知情的。

审:被告人刘东的辩护人对以上证据是否有意见?

辩:第一,拘留证显示刘东于 2018 年 8 月 22 日宣布拘留,但收押时间是 8 月 21 日 21 时,应当认定刘东实际被羁押时间为 2018 年 8 月 21 日。第二,第一组证据发、破案经过有异议,本案的线索来源不明,毒品藏匿方式高度隐蔽,发、破案经过不能证实刘东对车内毒品主观明知。第三,第二组、第三组,对证据的客观性、真实性均无异议,其中汽车销售合同、沐家念农业银行卡交易明细清单、临沧市公安局城北派出所出具的暂住登记证明,能证明刘东受其老板指使购买涉案车辆,但不能证实涉案车辆的实际所有人是刘东;同时购车款实际有他人网银转账,这些转款人是谁,是否与刘东有关系,在案证据均无法证明。

审:请公诉人继续举证。

公:第四组证据,鉴定意见及鉴定意见通知书,出具单位南海市公安毒品司法鉴定中心鉴定意见,证明公安机关对查获毒品的种类、含量分别作了鉴定。(1)南公禁毒技检字(2017)第 JD×号毒品检验鉴定书,鉴定结论:所送编号为 1-1-1、1-1-2、1-2-1 至 2-

23-2 的 92 份检材均检出毒品甲基苯丙胺成分。

(2)南公禁毒技检字(2017)第 DL×号毒品检验鉴定书,鉴定结论:所送检的编号为1-1-1、1-2-1、1-3-1、1-4-1、1-5-1、1-6-1、1-7-1、1-8-1、1-9-1、1-10-1、1-11-1、1-12-1、1-13-1、1-14-1、1-15-1、1-16-1、1-17-1、1-18-1、1-19-1、1-20-1、1-21-1、1-22-1、1-23-1、2-1-1、2-2-1、2-3-1、2-4-1、2-5-1、2-6-1、2-7-1、2-8-1、2-9-1、2-10-1、2-11-1、2-12-1、2-13-1、2-14-1、2-15-1、2-16-1、2-17-1、2-18-1、2-19-1、2-20-1、2-21-1、2-22-1、2-23-1 的一组样品甲基苯丙胺的平均含量为 15.03%。并依法送达刘东本人,第一份鉴定意见通知书有刘东本人签字,第二份刘东拒绝签字。

(3)第三份鉴定报告出具单位南海市公安司法鉴定中心,公安机关对从刘东处查获手机进行技术检验,南公物鉴(电)字(2018)×号检验报告证实:经对检材使用相关软件工具进行技术检验,从编号为 2018-16140-J1 检材(LingwinA31 手机)、编号为 2018-16140-J2 检材(VivoX9L 手机)、编号为 2018-16140-J3 检材(小米手机)中恢复提取到通讯录、短信息、通话记录、QQ 信息、微信、上网记录等信息。

第五组证据,电子数据。经对刘东手机进行技术检验,其中(1)手机短信,证实:2018 年 8 月 19 日 20 时 52 分 07 秒,刘东持有号码为 15679827739 的手机收到 1065502001283600001 系统信息:你正在注册微信账号,验证码 278779,请勿转发(腾讯科技)。(2)手机通话截图,证实:2018 年 8 月 19 日、21 日,刘东持有号码为 15679827739 的手机与号码为 15687990919 的手机频繁通话;并经刘东辨认该手机是其"老板"所给,15687990919 是"老板"的新号码。(3)手机微信聊天截图,证实:刘东持有号码为 15679827739 的手机新注册微信号与其所谓的"老板""你好吗"微信聊天,双方多使用暗语,对方多次提到在"饭店"一起吃饭,最后"吃饭"即见面的地点是顺城区广云大厦。法庭节录宣读如下:

①2018 年 8 月 21 日 16:15

刘东:在哪家饭店吃饭,用不用我先去点菜。

②同日 18:20

你好吗:哦,好嘛,你先去汉族饭店的口边点菜,点好就一起吃嘛。好像有一家叫唐人城的饭店,那里的菜还吃得习惯点。刘东:这地方我没有去过,导航也找不到。你好吗:哦,我现在看下,应该是泰人城。刘东:还是找不到。你好吗:好好好,我再问一下。你好吗:黄湖区盘人城,是这个,就是这家饭店嘛,你去那里点菜,点好菜、洗好澡,然后等我一起来吃。刘东:OK。

③同日 18:52

你好吗:广云大厦,刚才发错了,顺城区广云大厦。刘东:好的好的,早点发给我就好了。

审:被告人刘东对以上二组证据是否有意见?

被:没有意见。

审:被告人刘东的辩护人对以上证据是否有意见?

辩:对于鉴定意见,无异议;对于刘东手机中提取的微信、通话记录及手机短信,真实性、客观性均无异议,对于待证事实的关联性而言,仅能证明刘东来汉途中与其老板通过手机联系,不能证明刘东运输毒品的主观明知。

审:请公诉人继续举证。

公:第六组证据,证人证言。(1)证人牟洪杰的证言,该证人系被告人刘东所购车辆车店的销售员,主要证实:2018年5月5日,刘东购车经过。节录宣读:2018年5月5日上午,刘东一来就要一辆哈弗H5,我记得很清楚那天我们是没有这款车型的,但他只要这款车辆,我就讲我们可以帮他调一辆,但需要四五天时间,刘东同意了并付了1万元押金,2天后的样子车就调回来了我们请刘东过来试驾一下,试好车后当天刘东就将车全款打给我们老板账户上。因为刘东说急,车辆订车到车辆全部手续办好共花了一个星期左右,后来刘东只来过一次做保养就再也没有来了。听他讲他当时住在临沧临翔区客运站附近,就是为了提车暂时住在那里。

(2)证人沐家念的证言,该证人系车店老板,主要证实:刘东当天购车及付款经过。节录宣读;2018年5月5日上午,我们公司的销售员牟洪杰(牟春)接待的,价钱是牟洪杰谈好后,当天刘东就将定金10000元用手机网银转到我的农行卡里,5月6日刘东就将车辆全款给我了,刘东在我们公司内,我将自己的农行账号给了刘东,刘东打电话叫另外一个人打的款,分三笔打过来,一个星期左右把车手续办好后就将车交给了刘东。

第七组证据,被告人刘东的供述和辩解,侦查阶段被告人刘东有八次供述,均辩称自己不知道车内藏有毒品,主要证实:其本人于2007年因抢劫罪在重庆市渝都监狱劳动改造6年10个月以及自己受缅甸老板指派开车从云南临沧到南海市顺城区广云大厦来接人去往缅甸邦康。刘东于2018年8月19日下午四五点从云南临沧市出发,途经昆明、贵阳、怀化、常德,同年8月21日下午6点钟到达南海,由南海滨州进入南海市区。所开车辆为一辆黑色长城哈弗H5,车牌号为云SJ628,车辆登记在刘东本人名下,但买车的钱是刘东在缅甸的老板出的。刘东是该缅甸人的司机,工资是每月6000元人民币。此次来汉,刘东的老板额外给了他5000元人民币,一路上的油费、过路费、食宿费用总共用了2000多元。回去的费用由刘东老板的朋友支付,即刘东来南海接应的人。车子开来南海之前,即2018年7月下旬,刘东将车借给了其老板的另一个朋友使用了20余天,2018年8月19日下午三四点,该人将车归还给刘东。车子使用后除了主驾驶外面的脚踏板有损坏外无其他异常。但经公安机关对车子的拆查发现车子左右底盘部位改装过。公安机关于车子左右底盘部位搜出68包毒品“麻果”。毒品装在蓝色的塑料里,外包装共三层,里面是透明塑料袋,用褐色胶带包扎好,中间是纸盒子,外面是透明的塑料膜。刘东2016年及之前吸食毒品K粉,现已戒毒。

同时，公安机关出具情况说明，民警到云南省临沧市孟定镇孟家农场医院核实刘东是否在此处找他人接车，该医院未安装监控视频，对进出车辆也无登记，无法查询，并有孟定农场门口照片在卷。

第八组证据，视听资料，主要包括：(1)公安机关对毒品搜查、称量、取样视频；(2)对被告人刘东的讯问光盘。

公：审判长，本案所有证据出示完毕。

审：被告人刘东对以上三组证据是否有意见？

被：没有意见，我说的都是实话。

审：被告人刘东的辩护人对以上证据是否有意见？

辩：对上述证据的客观性、真实性均无异议，对与待证事实的关联性：第一，证人牟洪杰、沐家念的证言能证实，2017年5月5日、5月6日购车、付款经过，提请法庭注意的是，沐家念证明，5月6日付全款时，刘东打电话让另一个人付款，那么这个人是实际购车人吗？现有证据存疑。第二，刘东本人的供述对车内藏有毒品主观不明知，出发前，孟定镇孟家农场医院交车情况，公安未予查证，故现有证据不足以证明运输毒品的"故意"，刘东无罪。

审：对于被告人及辩护人的质证意见，公诉人是否需要说明？

公：说明两点，第一，关于刘东的羁押时间，在刘东2018年8月22日宣布拘留前，也就是前一天晚上9时，刘东被抓获在押，故羁押时间认定为2018年8月21日。第二，被告人刘东及其辩护人对公诉人出示的所有证据的合法性、真实性均不持异议，存在出入的是证据的关联性问题，即能证明什么、不能证明什么，主要集中在被告人刘东对运输毒品的主观明知问题、对于所购买的涉案车辆刘东是不是所有权人，这两个问题我们在辩论阶段予以回应。

审：被告人及其辩护人有无新的证据需要提交？

被：没有。

辩：没有。

审：(与合议庭成员交换意见后)法庭举证、质证阶段，控辩双方充分发表了各自的质证意见。本庭注意到，被告人及其辩护人对当庭出示和宣读的证据的真实性、合法性均无异议，对于部分证据与待证事实的关联性，即被告人对车内运输毒品是否主观明知这一焦点，请控辩双方在法庭辩论阶段予以充分展开。

审：法庭调查结束！下面进行法庭辩论，控辩双方在辩论时，应重点就被告人是否构成犯罪、罪轻、罪重以及法律适用发表意见，请注意观点明确、语言简洁。首先由公诉人发言。

公：审判长、审判员，根据《中华人民共和国刑事诉讼法》第一百七十六条的规定，我们受东方省南海市人民检察院指派，代表本院，以国家公诉人的身份，出席法庭支持公

诉,并依法对刑事诉讼实行法律监督。现对本案证据和案件情况发表如下意见,请法庭注意。结合案情重点阐述以下问题:(1)本案被告人刘东构成运输毒品罪。客观上,刘东实施了将毒品从云南运至南海的行为;主观上,应推定刘东对运输的毒品主观明知。关于对刘东运输毒品主观明知的认定,首先刘东采取高度隐蔽的方式携带、运输毒品;其次从刘东的微信聊天记录及通话记录中可以看出,刘东从云南临沧到南海所谓“接人”的过程中,与其口中的“老板”单线联系,一直使用暗语,且内容和行为均反常。例如,被告人在到达目的地南海顺城区广云大厦后,与其“老板”在微信中多次提及“在哪里吃饭,要不要我先过去点菜”,对方回复“黄湖区盘人城”这个地名后,又说“就是这个饭店,然后你去点菜,点好菜,洗好澡,然后等我过来吃饭”,以及刘东把车停在广云大厦停车场,并未接人,而是先行离开,语音告诉其老板“点好菜了,可以吃饭了”。对于上述有悖常理的举止和行为,被告人当庭不能作出合理解释。第三,从云南临沧农场医院到南海2178公里有余,无论是从经济和时间效率角度看,开车都是不划算的,这种接人的方式本身就违背常理。第四,从刘东同其所称的“老板”联系方式看,刘东持有三个手机号,为了接人使用专用手机重新注册微信号,单线联系,行动方式亦极为隐秘。第五,查获的毒品数量巨大,高达19716.36克。综合以上事实和证据,根据最高人民法院、最高人民检察院、公安部《办理毒品犯罪案件适用法律若干问题的意见》中“关于毒品犯罪嫌疑人、被告人主观明知的认定问题”,被告人刘东采用高度隐蔽的方式携带、运输毒品,且不能做出合理解释,应推定被告人主观对运输毒品明知,应当以运输毒品罪追究其刑事责任。(2)关于量刑建议。被告人刘东具有以下量刑情节:①运输毒品甲基苯丙胺19716.36克,数量大,且远超实际掌握的判处死刑的毒品数量标准。②被告人系累犯。根据《中华人民共和国刑法》规定,建议对被告人判处死刑,但可不必立即执行。综上,被告人刘东非法运输毒品,数量大,其行为触犯了《中华人民共和国刑法》第三百四十七条第一款、第二款第一项之规定,犯罪事实清楚,证据确实充分,应当以运输毒品罪追究其刑事责任。

审:被告人刘东自行辩护。

被:我确实不知道车内藏有毒品,老板只是让我来南海接人,我是冤枉的,请法庭依法查明。

审:被告人的辩护人发表辩护意见。

辩:东方秉正律师事务所接受本案刘东的委托,指派我作为其辩护人提供辩护。辩护人为被告人做无罪辩护,并简要发表如下辩护意见:(1)现有证据不能证实车牌号为云SJ628的黑色长城哈弗H5汽车的实际所有人是刘东。该车虽登记在刘东本人名下,但实际出资人不是刘东本人,而是其老板。(2)涉案车辆毒品藏匿位置极其隐蔽,现有证据不足以证实刘东运输毒品的主观故意。首先,本案线索来源不明,公安机关出具的破案及抓获经过仅提到“顺城区分局禁毒大队根据线索”在顺城区广云大厦提前设伏将

刘东抓获,那么这一线索究竟是什么,需要查证,以排除人为“做案子”的可能。第二,车内客观上藏有毒品,且数量大,公诉机关的量刑建议是死刑,在这种情况下,对于被告人主观明知的认定需要公诉机关积极证明,而非推定,因为这是一种有罪推定色彩,不利于保障人权。对于为什么使用暗语、单线联系以及从云南到南海两千多公里采用开车接人的方式,我的当事人已经作出了合理解释,就是他本能感觉到接的这个人可能有问题,所以他的老板特别谨慎,这一解释相对合理。本案缺乏关键性证据直接证明刘东对运输毒品的主观故意问题,应当作出有利于被告人的处理,以证据不足认定被告人无罪。(3)如果合议庭认定被告人有罪,对于毒品犯罪,刘东系初犯偶犯,仅领取老板几千元路费;毒品未流入社会、危害性较小;同时请合议庭注意,该案线索来源不明,不排除人为“做案子”或有特情人员介入的可能,在量刑时应作对被告人有利的处理,请求对刘东酌定从轻处罚。

审:公诉人是否需要答辩?

公:需要。第一,关于本案线索来源,受制于毒品犯罪的隐蔽性、侦查手段的局限性及上下游犯罪的关联性,本案线索来源于兄弟单位,但无须对线索具体来源明确说明。当然在量刑上公诉人的建议是死刑,缓期二年执行,这也是有利于被告人的考虑。第二,根据最高人民法院、最高人民检察院、公安部《办理毒品犯罪案件适用法律若干问题的意见》,被告人主观明知的认定可以适用推定,故本案认定被告人对运输毒品主观明知的认定何来有罪推定一说,请辩护人注意用语。第三,涉案车辆是被告人亲自购买、登记在被告人名下,被告人是所有权人,如果被告人及其辩护人认定车子系他人所有,请提供证据积极主张,公诉人不负有举证责任。

审:被告人有无新的辩护意见?

被:请我的辩护人为我辩护。

审:被告人的辩护人有无新的辩护意见?

辩:我方重审,本案对被告人运输毒品主观明知的认定确实不够充分,公诉人量刑建议是死刑,在这一前提下,请合议庭慎重考虑证据证明问题。

审:在刚才的法庭辩论阶段,控辩双方充分发表了辩论意见,本庭注意到,被告人对于公诉机关指控的事实无异议,本案的焦点是:(1)证据证明问题:①车牌号为云SJ628的涉案车辆实际所有人的证据证明;②刘东运输毒品的主观明知的证明问题。(2)罪与非罪问题,即被告人刘东是否构成运输毒品罪。合议庭在评议时将予以充分的重视。

审:法庭辩论结束,被告人刘东,你站起来。根据《中华人民共和国刑事诉讼法》第198条第3款的规定,被告人有最后陈述的权利。

审:被告人刘东,你可以作最后陈述。

被:谢谢审判长和合议庭成员,我不知道车上有毒品,我无罪,请法庭依法查明。

审:被告人刘东运输毒品一案,经法庭调查、法庭辩论和被告人最后陈述,法庭的审理事项全部完成。控辩双方在庭审中的争议焦点书记员已经记录在案,依照《中华人民共和国刑事诉讼法》的规定,本庭将根据庭审中查明的事实、调查核实的证据和有关法律规定,对本案进行评议,在评议中将充分注意公诉人发表的公诉意见、辩护人发表的辩护意见以及被告人的辩解。评议后,宣告判决,宣判日期另行通知。

审:现在休庭(敲法槌)。

审:被告人退庭。

2.证据补充调查函

东方省南海市中级人民法院
证据补充调查函

南海市人民检察院:

我院正在审理的被告人刘东运输毒品一案,法庭审理过程中,发现以下方面对证据有疑问,请贵院补充证据或者作出说明:

1.关于本案线索来源。公安机关出具的发破案经过证实,本案线索来源于云南省腾冲市公安局禁毒支队,该线索具体是什么,根据该线索顺城区分局禁毒大队如何提前锁定云SJ628的哈弗越野车并设伏抓获刘东,需进一步补正。

2.涉案车辆的购车情况。银行卡交易明细、证人证言证实,2018年5月5日,涉案车辆付款前,刘东先电话联系了第三人,之后沐家念农业银行账户分别收到户名林丽芳、庄建、林凤妍网银转账10000元、50000元、50000元、40000元,请根据该线索进一步调查核实打款人身份信息并进一步补强。

3.被告人刘东对涉案毒品是否"主观明知"。现有证据对该关键问题的证明不确实、充分,请进一步补强。

南海市中级人民法院

2019年8月3日

(院印)

3.公诉机关补充提供的新证据

(1)云南省腾冲市公安局出具情况说明:2018年8月20日云南省保山市技侦支队在对外号为"四哥"的不知名男子所持有的电话号码19874566623进行侦控时,发现该号码与一名持有12985832261号码的不知名男子欲商量偷运一批毒品到东方省南海市

伺机进行贩卖，且该外号为“四哥”的男子与南海市购毒买家商定好价格及数量，准备将毒品运输到南海市之后就立即现款现货交易。2018 年 8 月 21 日 18 时，外号为“四哥”的男子用电话号码 19874566623 向持有 12985832261 号码的不知名男子发送短信“顺城区广云大厦”。分析认为该地点为毒品交货地点。获此线索后保山市公安局技侦支队立即将该线索通报给腾冲市公安局技侦大队，该大队在接到线索后立即展开相关工作，并将这一情报线索输出给南海市公安局顺城区公安分局禁毒大队。

(2)南海市公安局顺城区分局出具的情况说明：涉案线索“顺城区广云大厦”监听资料的原件存放地点为云南省保山市公安局技侦支队，系该队侦控取得，后通报给腾冲市公安局禁毒支队后输出给顺城区公安分局禁毒大队。2019 年 9 月 6 日，该大队民警前往保山市公安局调取监听资料，保山市公安局以该情报未直接输出至该大队，没有工作联系为由不提供监听。同年 9 月 7 日，该大队民警赶往腾冲市公安局，请求协助。同日腾冲市公安局与保山市公安局联系工作，保山市公安局同意提供监听，但提出原件只能由情报通报单位腾冲市公安局民警听取后转化为文字材料，不提供监听录音复制件。同日腾冲市公安局民警提取监听转换文字材料后，依法加盖单位公章、制作人签名，移交至该大队。

(3)云南省保山市公安局对他案 19874566623 持机人(外号“四哥”)通信监控的技侦资料(被监听人使用方言)摘录如下：

①时间:2018 年 8 月 21 日 18:32:09，12985832261(毒品卖家、主叫)，19874566623(“四哥”、被叫)

毒品卖家：四哥。

“四哥”：按。

毒品卖家：你说错了吧，他是这个开(泰)龙啊，你说那个不有啊。

“四哥”：有嘛，盘人城啊。

毒品卖家：不有那个，开龙，开龙城不是。

“四哥”：盘，盘。

毒品卖家：开吧，不是盘，如果是开局合了。

“四哥”：按。

毒品卖家：如果是开局合了，就叫他发文字来瞧瞧，盘不有啊，开，开始只有一个。

“四哥”：唉，我问瞧他们。

②时间:2018 年 8 月 21 日 18:33:12，19874566623(“四哥”、主叫)，1582713607(南海买家、被叫)

南海买家：喂，四哥。

"四哥":你说那个位置给是叫盘人城。

南海买家:嗯,对的。

"四哥":好好好。

南海买家:就是你那个朋友现在过去了嘛。

"四哥":他等一下就过去。

南海买家:他到盘人城附近,实在找不到,我叫你找到大联酒店,一个朋友过去。

……

"四哥":哪个区?

南海买家:黄湖,黄湖。

"四哥":黄湖还是王湖?

南海买家:黄、黄……

"四哥":嗯,好。

③ 时间:2018 年 8 月 21 日 18:45:43,1582713607(南海买家、主叫),19874566623("四哥"、被叫)

南海买家:喂,四哥,他那个地址改了,改成那个广云大厦,我刚发给你。

"四哥":嗯,好。

南海买家:你让他搜广云大厦。

"四哥":嗯,好。

④时间:2018 年 8 月 21 日 18:46:27,19874566623("四哥"、主叫),1582713607(毒品卖家、被叫)

"四哥":刚才他又重发给我一个地址,改成那点,刚才我发来给你那个嘎。

⑤2018 年 8 月 21 日 19:23:54,12985832261(毒品卖家、主叫),19874566623("四哥"、被叫)

毒品卖家:那个就是等一下,刚才我打着了他,你叫他们你说的那个位置可以待命了。

"四哥":你到你就跟我说就得了,我叫他们来接他。

毒品卖家:不是,他们已经可以待命了,刚才后面你发我那个位置吗,他们已经在那点找了。

……

毒品卖家:我们呢,人在那点吃饭,然后那个不拿,然后就讲他们开起车子克就得了。

"四哥":哦。

毒品卖家：等一下（跟他人通话），就是我跟你讲那个点那里了，就是停在那里了。

"四哥"：那个钥匙等我拿给他们。

……

毒品卖家：黑色呢越野车这种就得啦，就是那个位置你说给他们，不消报得弄清楚。

"四哥"：什么？

毒品卖家：黑色呢，黑色呢那个 H 那种嘛，黑色 H 云 S 牌照就得了。

"四哥"：嗯。

⑥2018 年 8 月 21 日 19:32:55，19874566623（"四哥"、主叫），1582713607（南海买家、被叫）

南海买家：他们到了吗？

"四哥"：你叫他们去就是最后那个位置那点，你叫他们克着那个黑色云 H5。

南海买家：云 H？

"四哥"：嗯嗯，那个什么黑色呢 H5 好像说，嗯，他是云这边的，他呢，车钥匙就在里面。

⑦2018 年 8 月 21 日 19:32:55，19874566623（"四哥"、主叫），12985832261（毒品卖家、被叫）

毒品卖家：阿哥，你现在叫他们克指定位置就可以吃饭了，反正就是黑色云 S 就得了，一克就看见了，反正他就在旁边看着，然后就可以给他们自由活动，在他们模式中了。

"四哥"：嗯。

⑧2018 年 8 月 21 日 19:32:55，19874566623（"四哥"、主叫），1582713607（南海买家、被叫）

"四哥"：他是云这边车牌一辆，一辆黑色呢，你去开门就可以了。

南海买家：上面没有人是吧。

"四哥"：没有。

南海买家：嗯，没人啊，他停在大门口的位子了吗？

"四哥"：就是你们最后发来这个里面。

南海买家：等一下，他说那个停在大门口还是停在停车场？

"四哥"：他应该是在停车场里面。

⑨2018 年 8 月 21 日 20:00:37（刘东被抓获后），19874566623（"四哥"、主叫），13708596261（毒品卖家、被叫）

"四哥"：那个你咋个说整个。

毒品卖家：不有啊，我加着微信呢。

“四哥”：他有几个人？

毒品卖家：我没有问他，我加着他微信呢啊，应该是有一个啊。

“四哥”：那不对，那个应该是有问题，好像是他打开门一看里面是一个人在着了，但是他戴着手铐还是戴着表看不清楚呢他就跑了。后面就有人拍他肩膀了嘛，他就把那个人推倒就跑了。

⑩2018 年 8 月 22 日 15:53:44，12985832261(毒品卖家、主叫)，19874566623(“四哥”、被叫)

毒品卖家：车子嘛，应该不是我呢人开。

“四哥”：车子不是你呢人开。

毒品卖家：因为人呢人已经下车掉了，他已经说是叫他们克得了，我呢人不可能说是有炸弹他还克抱了嘛，关键时刻，给是？他已经晓得有炸弹，不可能开车克抱啊……

“四哥”：那个我……

毒品卖家：一般这种情况，因为他下车了他就说给我，然后我才讲完他，他就打电话让开掉了，克边上走开了十多分钟，然后马上你又打电话来问我几个人嘛，所以说……我的人是不在着，就是当时是什么情况他也看不见过，当时他是在远处呢，他不可能说那个炸弹要炸了他也要过克，克拿着啊，他克拿不可能，所以说就是他们呢人开车了。

(4)书证

①6214835940843343 账号的开户人信息：庄建辉，男，公民身份号码 340321197008041957，电话 13127092503，通过《全国违法犯罪人员信息资源库》系统，未查询到开户人有违法犯罪记录；经多次拨打其登记电话 13127092503，始终呈空号状态，不具备开展进一步侦查的条件；同时，该所民警于 2019 年 10 月 7 日在云南省临沧市中国农业银行调取的沐家念收款明细清单显示户名“庄建”应为笔误，实际姓名为庄建辉，作出更正。

②6226562204902530 账号的开户人信息：林凤妍，女，公民身份号码 350321199101305647，电话 18164216618，通过《全国违法犯罪人员信息资源库》系统，未查询到开户人有违法犯罪记录；经多次拨打其登记电话 18164216618，始终呈占线状态、无法拨通，不具备开展进一步侦查的条件。

(5)证人证言

证人张海军(侦查人员)的证言。略[具体内容参见(2019)东 02 刑初×号判决书]

证人杨辉(侦查人员)的证言与证人张海军所证情节基本相同。

4.庭审笔录(第二次)

法庭笔录(第二次)

时　　间:2019年11月7日9:00—11:29

地　　点:本院1号法庭

是否公开审理:公开

旁听人数:略

审判人员:略

书 记 员:略

庭前准备与宣布开庭:略

【法庭调查】记录如下:

审:传被告人到庭。东方省南海市中级人民法院刑事审判第一庭现在继续开庭。首先核对被告人的身份(略)。

记录如下:

审:请法警协助让被告人坐下。

审:东方省南海市人民检察院指控的被告人刘东运输毒品一案,本院于2018年5月30日公开开庭进行了审理。庭后,公诉机关补充并提交了相关证据,合议庭依法启动法庭调查程序。

审:下面进行法庭举证、质证。首先由公诉人向法庭宣读和出示证据。

公:第一次开庭后,我们针对本案的线索来源、涉案车辆购车情况以及被告人刘东是否对运输毒品主观明知进行补充侦查,现向法庭出示三组证据。第一组证据,云南省腾冲市公安局出具的情况说明,主要证实:本案线索来源于云南省保山市技侦支队,具体情况是,2018年8月20日云南省保山市技侦支队在对外号为"四哥"的不知名男子所持有的电话号码19874566623进行侦控时,发现该号码与一名持有12985832261号码不知名男子欲商量偷运一批毒品到东方省南海市伺机进行贩卖,且该外号为"四哥"的男子与南海市购毒买家商定好价格及数量,准备将毒品运输到南海市之后就立即现款现货交易。2018年8月21日18时,外号为"四哥"的男子用电话号码19874566623向持有12985832261号码的不知名男子发送短信"顺城区广云大厦"。分析认为该地点为毒品交货地点。获此线索后保山市公安局技侦支队立即将该线索通报给腾冲市公安局技侦大队,该大队在接到线索后立即展开相关工作,并将这一情报线索输出给南海市公安局顺城区公安分局禁毒大队。也就是说,云南公安首先根据技侦锁定了本案的毒品交易地点"顺城区广云大厦"及车牌号为云的运输毒品车辆,而被设伏抓获的开车司机即本案被告人刘东就是负责运输及交易毒品的。同时公诉人说明:根据线索来源,本案涉

嫌为贩卖而运输毒品,不同于单纯运输毒品的行为,该量刑情节请合议庭一并考量。

审:被告人对公诉人出示的该组证据有无异议?

被:没有意见,但都与我无关。

审:被告人的辩护人有无异议?

辩:没有意见,但线索来源不能证实刘东对车内毒品主观明知。

审:公诉人是否需要说明?

公:不需要。

审:请公诉人继续宣读和出示证据。

公:第二组证据,包括侦查机关从云南省保山市公安局调取的技侦资料、证人证言及情况说明,主要证明该组证据与第一次庭审中出示的微信聊天记录相互印证,证实被告人刘东运输毒品的主观故意问题。(1)南海市公安局顺城区分局出具的情况说明,主要证实:涉案线索"顺城区广云大厦"监听资料的原件存放地点为云南省保山市公安局技侦支队,系该队侦控取得,后通报给腾冲市公安局禁毒支队后输出给顺城区公安分局禁毒大队。具体情况是,2019 年 9 月 6 日,该大队民警前往保山市公安局调取监听资料,保山市公安局以该情报未直接输出至该大队,没有工作联系为由不提供监听。同年 9 月 7 日,该大队民警赶往腾冲市公安局,请求协助。同日腾冲市公安局与保山市公安局联系工作,保山市公安局同意提供监听,但提出原件只能由情报通报单位腾冲市公安局民警听取后转化为文字材料,不提供监听录音复制件。同日腾冲市公安局民警提取监听转换文字材料后,依法加盖单位公章、制作人签名,移交至该大队。(2)云南省保山市公安局对他案 19874566623 持机人(外号"四哥")通信监控的技侦资料,因被监听人使用边境方言,部分内容较为晦涩,现向法庭节录宣读:(略)。(3)本案参与抓捕的两名侦查人员的证言,现向法庭节录宣读:(略)。

审:被告人对公诉人出示的该组证据有无异议?

被:(沉默……)请我的辩护人为我发表意见。

审:被告人的辩护人有无异议?

辩:(1)技侦资料未提取原始语音复印件,仅为复听后人为打印版,提取程序不合法,真实性存疑,同时该监听内容中并未提到刘东本人,与刘东无关,不能证实刘东对车内毒品的主观明知。(2)对于两名侦查人员的证言,真实性存疑。

审:公诉人是否需要说明?

公:关于技侦资料,首先,本案技侦资料来源、提取过程合法,内容及制作过程真实,并加盖云南保山公安局公章以及云南腾冲市公安局、南海顺城分局禁毒大队的情况说明予以佐证。第二,从证明内容看,技侦资料监听内容的关键节点与微信聊天内容中刘东与"你好吗"聊天内容高度吻合。也就是说,案发前后同一时间段,对于这宗运输至顺城的毒品,毒品上下游卖家、买家,同时通过手机通话和微信聊天掌控局面。例如,关于

毒品接货地点、交接方式:21 日 19:15,刘东微信“你好吗”“点好菜,可以吃饭了,还有多久到?”“你好吗”回复“等一下给你电话”。19:23,尾号 261 男子电话“四哥”“刚才我打着了他,你叫他们你说的位置可以待命了。我们呢人在那点吃饭,然后那个不拿,然后就叫他们开起车子克就得了”。车子是“黑色云 H5 云 S 牌照”。“四哥”回复“我叫他们来接他”。19:32,“四哥”通知尾号 607 南海买家“你叫他们去最后那个位置地点,黑色云 H5”。19:33,“你好吗”再次向刘东确认“饭店的地方,他能不能找到”,刘东回复“你走到大马路边上就看到了,车停在大厦门口,有一排停车位”。还有毒品交易地点、交易过程、拿车钥匙以及刘东被抓获后,尾号 261 明确告知“四哥”“他已经晓得有炸弹”。同时,监听内容、微信聊天记录也有现场参与抓捕的两名侦查人员的证言予以佐证,足以证实刘东对其运输毒品的行为主观明知。

审:请公诉人继续宣读和出示证据。

公:第三组书证,根据 4S 店经理沐家念银行明细,公安机关调取了哈弗汽车转款账户开户人信息,(1) 6214835940843343 账号的开户人:庄建辉,男,公民身份号码 340321197008041957,电话 13127092503,通过《全国违法犯罪人员信息资源库》系统,未查询到开户人有违法犯罪记录;经多次拨打其登记电话 13127092503,始终呈空号状态;同时,该所民警于 2019 年 10 月 7 日在云南省临沧市中国农业银行调取的沐家念收款明细清单显示户名“庄建”应为笔误,实际姓名为庄建辉,作出更正。(2)6226562204902530 账号的开户人:林凤妍,女,公民身份号码 350321199101305647、电话 18164216618,通过《全国违法犯罪人员信息资源库》系统,未查询到开户人有违法犯罪记录;经多次拨打其登记电话 18164216618,始终呈占线状态、无法拨通。(3)6228489698791302871 账号已注销,无身份信息,均不具备开展进一步侦查的条件。

公:证据出示完毕。

审:被告人对公诉人出示的该组证据有无异议?

公:没有。

审:被告人的辩护人有无异议?

辩:无异议。

审:被告人刘东,法庭需要向你核实,2018 年 5 月 16 日,你所购车辆打款账户的开户人庄建辉、林凤妍、林丽芳,你是否认识?

被:不认识。

审:被告人,你有如实供述的义务,车子是你亲自买的,登记在你名下,打款是否和你有关?

被:我打电话给老板后,是他找人付的款。

审:被告人及其辩护人是否有新证据提交?

被:没有。

辩：没有。

审：法庭举证、质证阶段，控辩双方充分发表了各自的质证意见，书记员已经记录在案，合议庭在对案件进行评议时，将对以上证据予以充分论证，确认其效力。

审：法庭调查结束。

审：现在休庭(击法槌)。

审：被告人退庭。

5.刑事判决书

东方省南海市中级人民法院
刑事判决书

(2019)东02刑初×号

公诉机关东方省南海市人民检察院。

被告人刘东，男(个人信息略)。因犯抢劫罪于2008年10月被判处有期徒刑十一年，剥夺政治权利一年，并处罚金人民币3000元，2015年5月15日刑满释放。因涉嫌犯运输毒品罪于2018年8月22日被刑事拘留，同年9月26日被逮捕。现羁押于南海市第二看守所。

辩护人叶炳强、田晶，东方秉正律师事务所律师。

东方省南海市人民检察院以南检公刑诉(2019)××号起诉书，指控被告人刘东犯运输毒品罪，于2019年4月19日向本院提起公诉，本院于同日立案，并依法组成合议庭，于2019年9月20日、11月7日二次公开开庭进行了审理。东方省南海市人民检察院指派检察员××、×××出庭支持公诉，被告人刘东及其辩护人叶炳强、田晶到庭参加诉讼。南海市人民检察院建议延期审理二次，本案经合议庭评议并经审判委员会讨论决定，现已审理终结。

南海市人民检察院指控：被告人刘东驾驶车牌号为云SJ628的黑色长城哈弗H5小汽车从云南临沧农场医院经昆明、贵阳、怀化、常德、滨州，于2018年8月21日20时许到达南海市顺城区广云大厦时，被公安民警抓获。经过对该哈弗小汽车进行搜查，在车辆的驾驶室门和副驾驶室门下面的底梁内查获疑似毒品68包。经鉴定，上述疑似毒品净重19716.30克，为毒品甲基苯丙胺，平均含量为15.03%。

公诉机关宣读并出示的证据有：(1)查获的毒品等物证及照片；(2)搜查笔录、扣押笔录、扣押清单、暂住证明、汽车销售合同、刑事判决等书证；(3)证人牟洪杰、沐家念的证言；(4)毒品检验鉴定书等鉴定意见；(5)讯问等视听资料；(6)被告人刘东的供述和辩解等。

公诉机关认为，被告人刘东违反国家对毒品的管理规定，运输毒品甲基苯丙胺19716.30克，严重妨害社会管理秩序，其行为触犯了《中华人民共和国刑法》第三百四十七条第一款、第二款第(一)项，应当以运输毒品罪追究其刑事责任。

被告人刘东对起诉书指控其犯运输毒品罪的事实及罪名均有异议，辩称：(1)车牌号为云SJ628的黑色长城哈弗H5汽车系受雇"老板"出资；(2)前往南海市系接送受雇"老板"的朋友，不知车上藏有毒品。其辩护人提出如下辩护意见：(1)毒品藏匿位置隐蔽，现有证据无法证实刘东运输毒品的故意；(2)现有证据不能证实涉案车辆的实际所有人是刘东；(3)腾冲市公安机关出具的技侦资料提取程序不合法、真实性存疑，内容与刘东无关联；(4)若认定刘东构成犯罪，刘东应构成非法持有毒品罪，同时毒品未流入社会、危害性相对较小，请求对刘东酌情从轻处罚。

经审理查明，被告人刘东驾驶车牌号为云SJ628的黑色长城哈弗H5汽车从云南临沧农场医院经昆明、贵阳、怀化、常德、滨州，于2018年8月21日20时许行至南海市顺城区广云大厦时，被公安民警抓获。经过搜查，在该车的驾驶室门和副驾驶室门下面的底梁内查获毒品疑似物68包。经鉴定，上述疑似毒品净重19716.30克，均为毒品甲基苯丙胺，平均含量为15.03%。

认定上述事实，经法庭举证、质证，本院予以确认的下列证据证实：

1.南海市公安局顺城区分局出具的破案、抓获经过及云南省腾冲市公安局出具的工作函证实：本案线索来源、案发经过及被告人刘东系被抓获归案。

2.云南省腾冲市公安局出具的情况说明证实：2018年8月20日云南省保山市技侦支队在对外号为"四哥"的男子所持有的电话号码19874566623进行侦控时，发现该号码与一名持有12985832261号码不知名男子欲商量偷运一批毒品到东方省南海市伺机进行贩卖，且该外号为"四哥"的男子与南海市购毒买家商定好价格及数量，准备将毒品运输到南海市之后就立即现款现货交易。2018年8月21日18时，外号为"四哥"的男子用电话号码19874566623向持有12985832261号码的不知名男子发送短信"顺城区广云大厦"。分析认为该地点为毒品交货地点。获此线索后保山市公安局技侦支队将该线索通报给腾冲市公安局技侦大队，该大队在接到线索后立即展开相关工作，并将这一情报线索输出给南海市公安局顺城区分局禁毒大队。

3.公安机关制作的搜查、提取、扣押、称量、取样笔录、扣押清单及物证毒品照片证实：(1)2018年8月21日，公安机关扣押刘东持有的车牌号为云SJ628汽车1辆、车钥匙1把、黑色小米牌手机1部、黑色Vivo牌手机1部、白色Lingwin牌手机1部(号码15679827739)、黑色惠普牌笔记本电脑1台、过路过桥发票2张、银行卡5张。(2)2018年8月22日，公安机关从刘东驾驶的车牌号为云SJ628的哈弗汽车两侧大梁内查获透明胶带和黄色牛皮纸包装的毒品麻果疑似物68包，提取后经称量净重19716.30克，并依法扣押、取样。

上述毒品及称量、取样照片当庭交被告人刘东辨认无误。

并有搜查、称量、取样视频在案佐证。

4.鉴定意见

(1)南海市公安毒品司法鉴定中心南公禁毒技检字(2018)第JD×号毒品检验鉴定书证实:所送92份检材均检出毒品甲基苯丙胺成分。

(2)南海市公安毒品司法鉴定中心南公禁毒技检字(2018)第DL×号毒品检验鉴定书证实:所送检样品甲基苯丙胺的平均含量为15.03%。

(3)南海市公安司法鉴定中心南公物鉴(电)字(2018)×号检验报告证实:经对检材使用相关软件工具进行技术检验,从编号为2018-16140-J1检材(LingwinA31手机)、编号为2018-16140-J2检材(VivoX9L手机)、编号为2018-16140-J3检材(小米手机)中恢复提取到通讯录、短信息、通话记录、QQ信息、微信、上网记录等信息。

5.公安机关调取的车辆通行记录、视频抓拍照片、公路收费发票证实:车牌号为云SJ628的车辆于2018年8月20日0时49分从云南省楚大板桥站入口驶入楚大高速,3时35分经过昆安高速昆明西站出口;8月21日10时14分经过湖南省凤凰西站入口,14时56分经过城头山站出口,14时58分经过东方省东岳庙站入口,18时15分经过楚台站出口。

6.电子证据

(1)手机短信证实:2018年8月19日20:52:07,刘东持有号码为15679827739的手机收到1065502001283600001系统信息:你正在注册微信账号,验证码278779,请勿转发(腾讯科技)。

(2)手机通话截图证实:2018年8月19日、21日,刘东持有号码为15679827739的手机与号码为15687990919的手机频繁通话。

并经刘东辨认该手机是其“老板”所给,15687990919是“老板”的新号码。

(3)手机微信聊天截图证实:2018年8月21日16:18—20:15,刘东持有号码为15679827739的手机与昵称“你好吗”微信聊天,摘录如下:

①2018年8月21日16:15

刘东:在哪家饭店吃饭,用不用我先去点菜。

②同日18:20

你好吗:哦,好嘛,你先去汉族饭店的口边点菜,点好就一起吃嘛。好像有一家叫唐人城的饭店,那里的菜还吃得习惯点。刘东:这地方我没有去过,导航也找不到。你好吗:哦,我现在看下,应该是泰人城。刘东:还是找不到。你好吗:好好好,我再问一下。你好吗:黄湖区盘人城,是这个,就是这家饭店嘛,你去那里点菜,点好菜、洗好澡,然后等我一起来吃。刘东:OK。

③同日 18:52

你好吗:广云大厦,刚才发错了,顺城区广云大厦。刘东:好的好的,早点发给我就好了。

④同日 19:15

刘东:点好菜了,可以吃饭了,还有多久到。你好吗:好好好,等一下给你电话。我叫朋友到,你先吃着啊。点好了,那你等一下过来的时候啊帮我把钥匙带过来,我没有拿走钥匙,忘在了屋里,没有拿出来。

⑤同日 19:33

你好吗:就是刚刚说吃饭的地方,就是饭店的地方,他能不能找到?刘东:找得到,你走到大马路边就看到了,我那辆车就停在大厦门口啊,有一排停车位,蛮好看的你也知道我的车牌。你好吗:OK,那你就在随便地方看一下,他们去洗澡之后,你也去洗澡嘛,房间里有一本漫画书,你应该拿去看了嘛,不能给他们看漫画书。

⑥同日 20:03

你好吗:收到请回答,什么情况是你一个人吗,还是你还有朋友?

手机截图经被告人刘东辨认无误,并有讯问视频在案佐证。

7.技侦资料

(1)南海市公安局顺城区分局出具的情况说明证实:涉案线索"顺城区广云大厦"监听资料的原件存放地点为云南省保山市公安局技侦支队,系该队侦控取得,后通报给腾冲市公安局禁毒支队后输出给顺城区公安分局禁毒大队。2019 年 9 月 6 日,该大队民警前往保山市公安局调取监听资料,保山市公安局以该情报未直接输出至该大队,没有工作联系为由不提供监听。同年 9 月 7 日,该大队民警赶往腾冲市公安局,请求协助。同日腾冲市公安局与保山市公安局联系工作,保山市公安局同意提供监听,但提出原件只能由情报通报单位腾冲市公安局民警听取后转化为文字材料,不提供监听录音复制件。同日腾冲市公安局民警提取监听转换文字材料后,依法加盖单位公章、制作人签名,移交至该大队。

(2)云南省保山市公安局对他案 19874566623 持机人(外号"四哥")通信监控的技侦资料证实:

①时间:2018 年 8 月 21 日 18:32:09,12985832261(毒品卖家、主叫),19874566623("四哥"、被叫)

毒品卖家:四哥。"四哥":按。毒品卖家:你说错了吧,他是这个开(泰)龙啊,你说那个不有啊。"四哥":有嘛,盘人城啊。毒品卖家:不有那个,开龙城不是。"四哥":盘,盘。毒品卖家:如果是开局合了,就叫他发文字来瞧瞧,盘不有啊,开是只有一个。"四哥":唉,我问瞧他们。

②时间:2018 年 8 月 21 日 18:33:12,19874566623(“四哥”、主叫),1582713607(南海买家、被叫)

“四哥”:你说那个位置是叫盘人城。南海买家:对的。“四哥”:好好好。南海买家:就是你那个朋友现在过去了嘛。“四哥”:他等一下就过去。南海买家:他到盘人城附近,实在找不到,我叫你找到大联酒店,一个朋友过去。“四哥”:哪个区?南海买家:就是耳朵旁边一个皮,我发给你,好吧。

③时间:2018 年 8 月 21 日 18:45:43,1582713607(南海买家、主叫),19874566623(“四哥”、被叫)

南海买家:喂,四哥,他那个地址改了,改成那个广云大厦,我刚发给你。“四哥”:嗯,好。南海买家:你让他搜广云大厦。

④2018 年 8 月 21 日 19:23:54,12985832261(毒品卖家、主叫),19874566623(“四哥”、被叫)

毒品卖家:那个就是等一下,刚才我打着了他,你叫他们你说的那个位置可以待命了。“四哥”:你到你就跟我说就得了,我叫他们来接他。毒品卖家:不是,他们已经可以待命了,刚才后面你发我那个位置吗,他们已经在那点找了。毒品卖家:我们呢人在那点吃饭,然后那个不拿,然后就讲他们开起车子克就得了。“四哥”:那个钥匙等我拿给他们。毒品卖家:黑色呢越野车这种就得啦,就是那个位置你说给他们,不消报得弄清楚。“四哥”:什么?

毒品卖家:黑色呢,黑色呢那个 H 那种嘛,黑色 H 云 S 牌照就得了。

⑤2018 年 8 月 21 日 19:32:55,19874566623(“四哥”、主叫),1582713607(南海买家、被叫)

南海买家:他们到了吗?“四哥”:你叫他们去就是最后那个位置那点,你叫他们克着个黑色云 H5。南海买家:云 H?“四哥”:嗯嗯,那个什么黑色呢 H5 好像说,嗯,他是云这边的,他呢车钥匙就在里面。

⑥2018 年 8 月 21 日 19:32:55,19874566623(“四哥”、主叫),12985832261(毒品卖家、被叫)

毒品卖家:阿哥,你现在叫他们克指定位置就可以吃饭了,反正就是黑色的云 S 就得了,一克就看见了,反正他就在旁边看着,然后就可以给他们自由活动,在他们模式中了。

⑦2018 年 8 月 21 日 19:32:55,19874566623(“四哥”、主叫),1582713607(南海买家、被叫)

“四哥”:他是云这边车牌一辆,一辆黑色呢,你去开门就可以了。南海买家:上面没有人是吧。“四哥”:没有。南海买家:嗯,没人啊,他停在大门口的位子了吗?“四哥”:就是你们最后发来这个里面。南海买家:等一下,他说那个停在大门口还是停在停车

场？“四哥”：他应该是在停车场里面。

⑧2018 年 8 月 21 日 20：00：37（刘东被抓获后），19874566623（“四哥”、主叫），13708596261（毒品卖家、被叫）

“四哥”：那个你咋个说整个。毒品卖家：不有啊，我加着微信呢。“四哥”：他有几个人？毒品卖家：我没有问他，我加着他微信呢啊，应该是有一个啊。“四哥”：那不对，那个应该是有问题，好像是他打开门一看里面是一个人在着了，但是他戴着手铐还是戴着表看不清楚呢他就跑了。后面就有人拍他肩膀了嘛，他就把那个人推倒就跑了。

⑨2018 年 8 月 22 日 15：53：44，12985832261（毒品卖家、主叫），19874566623（“四哥”、被叫）

毒品卖家：车子嘛，应该不是我呢人开。“四哥”：车子不是你呢人开。毒品卖家：因为人呢人已经下车掉了，他已经说是叫他们克得了，我呢人不可能说是有炸弹他还克抱了嘛，关键时刻，给是？他已经晓得有炸弹，不可能开车克抱啊……“四哥”：那个我……毒品卖家：一般这种情况，因为他下车了他就说给我，然后我才讲完他，他就打电话让开掉了，克边上走开了十多分钟，然后马上你又打电话来问我几个人嘛，所以说……我的人是不在着，就是当时是什么情况他也看不见过，当时他是在远处呢，他不可能说那个炸弹要炸了他也要过克，克拿着啊，他克拿不可能，所以说就是他们呢人开车了。

8.公安机关调取的汽车销售合同证实：甲方临沧宏达商贸有限公司，乙方刘东，乙方购买一辆黑色长城哈弗 H5 汽车，成交价 128800 元，合同签订之日乙方应当首付预付款 10000 元，提车时必须付清尾款 118800 元，销售顾问牟春，乙方刘东，2018 年 5 月 5 日。

9.公安机关调取的中国农业银行银行卡交易明细、招商银行南海分行、中国民生银行南海分行司法查询回执、户籍身份信息及情况说明证实：(1)沐家念 6228453300006060518 账号于 2018 年 5 月 5 日收到林丽芳 6228480698791302871 账号网银转账 10000 元；于同年 5 月 6 日收到庄建辉 6214835940843343 账号转存 50000 元，林凤妍 6226562204902530 账号转存 50000 元、40000 元。

并经证人沐家念辨认“以上是刘东在我公司买车时收付款转账明细清单，沐家念、2018.11.7”。

(2)6214835940843343 账号的开户人信息：庄建辉，男，公民身份号码 340321197008041957，电话 13127092503，通过《全国违法犯罪人员信息资源库》系统，未查询到开户人有违法犯罪记录；经多次拨打其登记电话，始终呈空号状态，不具备开展进一步侦查的条件。6226562204902530 账号的开户人信息：林凤妍，女，公民身份号码 350321199101305647，电话 18164216618，通过《全国违法犯罪人员信息资源库》系统，未查询到开户人有违法犯罪记录；经多次拨打其登记电话，始终呈占线状态、无法拨通，不具备开展进一步侦查的条件。

10.证人证言

(1)证人张海军(侦查人员)的证言:2018年8月21日17时许,我大队接情报称有一辆长城牌越野车运输毒品到南海,交易地点在本市顺城区空军18场大门口,该车正进入本市向18场方向驶来,要求我队到18场门口堵截。我和杨辉作为本案侦查人员于同日19时许到达现场并停好车后,准备下车。一辆长城云SJ628哈弗H5牌汽车在我们车后停下。我们立即把该车牌照传递给云南警方并确定该车就是嫌疑车辆。我观察到:车停好后,该车司机在观察了周围情况,发现没有其他人员及可疑情况后下车,将车钥匙放在主驾驶室座位上,然后走到离该车30米处的一个公交车站的座位上坐着,同时观察该车周围情况。我安排民警杨辉盯住该嫌疑人,这时我打开该车副驾驶门,将车钥匙拿在手上,放在随身携带的包包里,离开该车,坐在该车边的公共座椅上。晚上8点左右,有一个穿全身白色衣服的男子,35岁左右,在车周围观察了一圈,然后问我这个车子是我开来的吗。我看了一下对方,告诉他是的。他就让我把车子钥匙给他,同时让我接听他递给我的电话,我说:“不需要了,你上车,我把钥匙给你,同时有事跟你交代。”上车后他问我:“车钥匙呢?”我边说:“来,我来把钥匙给你。”边从随身携带的包包里面搜出一个手铐,直接向他右手拷去,由于铐子滑轮卡住,未能铐上。我们两个人就在车内进行了搏斗,过了十几秒钟,对方打开车门要逃走,我伸手抓他的衣服,抓住了他的腰带,并将腰带折断,最后他下车后翻越马路中间的护栏逃走了。约5分钟后,长城车自己上了锁。这时,我回头向那个送车的人方向看去,那个男的正在边接电话边离开,我和杨辉赶过去将对方当场抓获,从他身上找到了另一把车钥匙,并让他打开了车门。

证人杨辉(侦查人员)的证言印证了证人张海军所证情节。

(2)证人牟洪杰(临沧宏达商贸有限公司销售员)的证言:2018年5月5日上午,刘东一来就要一辆哈弗H5,我记得很清楚那天我们是没有这款车型的,但是他只要这款车辆,我就讲我们可以帮他调一辆过来,但是需要四五天时间,刘东当天就同意了并付了1万元定金,两天后车就调回来了,刘东过来试驾一下,就将车款全打给我们老板的账户上去了。因为刘东说急,车辆从订车到全部手续办好共花了一个星期左右,车辆交给了刘东,后来刘东只来过一次做保养就再也没有来过了。听他讲他当时住在临沧临翔区客运站附近,他就是为了要提车暂时住那。购车合同上我签的“牟春”是我的小名。车辆是128800元,购置税办下来花了14万左右。刘东先付的1万元定金是手机支付转账的,后付全款是刘东自己银行转账到我老板沐家念农行银行卡号上。

并有公安机关调取的刘东暂住登记证明予以印证。

2018年11月7日,牟洪杰从12张不同男性照片中辨认出3号(刘东)就是2018年5月5日找其买车的男子。

(3)证人沐家念(临沧宏达商贸有限公司老板)的证言:2018年5月5日上午,我们公司的销售员牟洪杰接待的刘东,价钱是牟洪杰谈好后,当天刘东就将定金10000元用

手机网银转到我的农行卡,5月6日刘东将车辆全款给我了,我把农行账号给刘东后,刘东让另外一个人打过来给我的,因为当时刘东在我们公司内,刘东打电话叫别人打的款。我收款的银行卡卡号是6228453300006060518,余款分三笔打过来,两个5万、一个4万,一个星期左右车手续办好后将车交给刘东。

证人沐家念从12张不同男性照片中辨认出10号(刘东)就是2018年5月5日找其买车的男子。

11.被告人刘东的供述和辩解:警察将我抓获后,对我的车子进行搜查,在车门两边底梁内搜出了68包毒品麻果。我不知道车子被改装过车上藏有毒品,也不知道毒品哪里来。2016年我吸食过毒品"K粉"、麻果,之后没有再吸食了。从2018年4月,我给一个35岁左右的缅甸老板开车,大家称呼他"二哥"。查获的车子是我本人的,行车证是我的名字,但购车款是老板出的。2018年5月我在云南临沧一个综合市场买的车子,销售员叫牟春,我选好后付1万元定金并签订了合同,过了三四天提车时支付尾款14万元,共计15万元。这15万元都是"二哥"转的,店老板"沐哥"把一个农业银行账号给我,我发给了"二哥","二哥"转钱后告诉我,我再向店家确认他们是否收到款。

2018年8月18日,我"老板"打电话要我到临沧市孟定镇的农场医院停车场里去拿我的车子(车牌号为云SJ628的黑色哈弗H5汽车),会有人在车上等我,然后开车去南海接个人回缅甸邦康。当天我从缅甸邦康回到临沧市,第二天(8月19日)在孟定镇的农场医院停车场有个男子直接把钥匙给我。车上放着一部白色手机,拿到车后"老板"用新号码15687990919给我打过来,要我用白色手机15679827739这个号码跟他单线联系。我有两部手机,我的Vivo手机专门用来跟"老板"工作联系,存的"老板"的号码14528833662,没有存名字;另外一部小米手机用来跟亲戚朋友联系;"老板"给我的那部白色手机号码是15679827739。"老板"给了我一部专门的手机和号码,他也用了新号码,我认为可能是"老板"觉得我和"老板"的手机都被监听了,不安全,我们之间的联系需要保密,怕被人监听。到南海后我用"老板"给的那部手机的号码申请了新微信,微信里只有"老板"一个好友,和我聊天的是"老板",手机微信也只有我在使用。当天下午4点左右,我一个人驾驶这辆车从临沧市孟定镇出发,途经昆明、贵阳、怀化、常德,同年8月21日下午6点钟到达南海,下高速进入市区。下高速后我用白色手机跟"老板"联系,"老板"告诉我到南海的什么地方接那个朋友,先说了汉族饭店、盘人城,我在导航上都找不到,"老板"又说是黄湖区盘人城,我导航走了20分钟左右,"老板"说搞错了,要我去顺城区广云大厦。我到广云大厦后,在马路边的一辆公交车旁等着,然后我又跟"老板"打了电话说已经到了,"老板"要我等一下,他联系了那个朋友马上过来。我在马路边等了几分钟,这时有便衣警察过来把我抓了。微信中说"黄湖区盘人城"是个地名,不是一家饭店,"老板"要我在这点菜;"老板"要我点好菜之后等他一起过来吃,但"老板"又不在南海;我聊天中说"点好菜了,可以吃饭了,还有多久到"事实上我没有到酒店

点菜,只是到了广云大厦这里;我聊天中说“你等下过来的时候把钥匙带过来”以及“老板”在聊天中说的“洗澡”“漫画书”等内容我均无法解释。

12.公安机关出具的户籍资料证实:被告人刘东的身份情况。

13.重庆市渝北区人民法院刑事判决书、释放证明书证实:被告人刘东因犯抢劫罪于2007年被重庆市渝北区人民法院判处有期徒刑十一年,剥夺政治权利一年,并处罚金人民币3000元;于2015年5月15日刑满释放。

关于被告人刘东及其辩护人提出,现有证据不能证实车牌号为云SJ628的黑色长城哈弗H5汽车的实际所有人是刘东的辩解及辩护意见。经查,现有证据证实:涉案车辆系刘东本人于案发前至临沧宏达商贸公司挑选、签订购车合同并实际交付,交付时亦提供刘东身份信息,车辆登记在其本人名下。关于涉案车辆的实际出资人,证人沐家念证言及银行卡交易明细证实:购车当天,定金1万元由刘东本人手机网银支付,尾款14万元由刘东电话打给一人让其付款,后沐家念银行卡收到庄建辉、林凤妍等账户14万元的转账。因庄建辉、林凤妍的身份以及刘东电话具体内容、第三人打款的性质均无法核实,在现有证据不能证实涉案车辆实际出资人的情况下,应认定购车合同签订人、车辆交付人及车辆所有权证登记人刘东为涉案车辆的所有权人。故上述辩解及辩护意见不成立,本院不予采纳。

关于被告人刘东及其辩护人提出涉案车辆中毒品藏匿位置隐蔽,现有证据无法证实刘东运输毒品的主观故意的辩解及辩护意见,以及其辩护人提出若认定刘东构成犯罪,刘东应构成非法持有毒品罪的辩护意见。经查:(1)被告人刘东开车从云南临沧到南海存在一系列有悖常理的行为,其本人对此不能作出合理解释。①从经济和时间成本看,从云南临沧来南海开车“接人”这一方式不符合常理,接人却不知对方联系方式,未事先确定时间、地点,通过“你好吗”多次更换“接人”地点后不直接与被接的人联系而是将车钥匙放入车内后走开等一系列举动不符合常理。②车内查获3部手机,除日常使用以及与“老板”专门工作的2部手机外,1部最新手机专用于来南海“接人”与“老板”“你好吗”单线联系,亦不符合常理。③到南海后,刘东先后接到“你好吗”提供的地址“黄湖区盘人城”“顺城区广云大厦”,并称上述地点为“饭店”,频繁使用“点菜”“吃饭”“拿走钥匙”等暗语,内容及行为反常。(2)案发前后同一时间段,技侦资料中手机尾号261的毒品卖家、“四哥”等人通话内容与“你好吗”、刘东微信聊天内容中关于毒品接货地点、交接方式、车辆牌号及型号、钥匙等情节衔接一致、高度吻合。(3)刘东被抓获后的第二天,尾号261毒品卖家电话“四哥”,谈到运输毒品的人“当时他在远处”,并告诉其下车后“克边上走开了10多分钟”。该内容与侦查人员证言关于刘东“下车离开该车,将车钥匙放在主驾驶室座位上,然后走到该离车30米处的一个公交车站的座位上坐着”一节高度吻合。同时尾号261毒品卖家明确告知“四哥”运输毒品的人“已经晓得有炸弹”。综上现有证据证实刘东接收到尾号261毒品卖家关于毒品交接的信息,并且

明知其所实施的是运输毒品的行为，构成运输毒品罪。故上述辩解及辩护意见不成立，本院不予采纳。

刘东的辩护人还提出：云南省腾冲市公安机关出具的技侦资料提取程序不合法、真实性存疑、内容与刘东无关联，以及毒品未流入社会、危害性较小，请求对刘东酌情从轻处罚的辩护意见。经查，公安机关出具的技侦资料及情况说明证实：本案技侦资料由云南省腾冲市公安局提取后转化为文字形式并盖有提取单位公章、制作人签名，同时公安机关对技侦资料原件存放地点、制作过程以及无法调取语音复制件的原因作了说明，技侦资料来源、提取过程合法，内容及制作过程真实，且与待证事实具有关联性。毒品未流入社会系公安机关及时查获，并非被告人刘东的主观意愿。故上述辩护意见不成立，本院不予采纳。

本院认为，被告人刘东违反国家对毒品的管理规定，运输毒品甲基苯丙胺19716.30克，其行为已构成运输毒品罪，且数量大。公诉机关指控的犯罪事实成立，罪名准确，本院予以确认。被告人刘东曾被判处有期徒刑以上刑罚，在刑罚执行完毕五年以内再犯应当判处有期徒刑以上刑罚之罪的，系累犯，应当从重处罚。依照《中华人民共和国刑法》第三百四十七条第一款、第二款第(一)项、第四十八条、第五十七条、第六十五条第一款、第六十四条的规定，判决如下：

一、被告人刘东犯运输毒品罪，判处死刑，剥夺政治权利终身，并处没收个人全部财产。

二、公安机关扣押的车牌号为云SJ628的汽车1辆及车钥匙1把、手机3部、笔记本电脑1台、银行卡5张等由其依法没收，上缴国库；扣押的毒品由其依法没收，予以销毁。

如不服本判决，可在接到判决书的第二日起十日内，通过本院或者直接向东方省高级人民法院提出上诉。书面上诉的，应当提交上诉状正本一份、副本二份。

审判长　×××

审判员　×××

审判员　×××

（院印）

二〇一九年十一月二十九日

本件与原本核对无异

法官助理　×××

书 记 员　×××

四、相关法律及规范性文件

中华人民共和国刑法

第六十五条　【一般累犯】被判处有期徒刑以上刑罚的犯罪分子，刑罚执行完毕或者赦免以后，在五年以内再犯应当判处有期徒刑以上刑罚之罪的，是累犯，应当从重处罚，但是过失犯罪和不满十八周岁的人犯罪的除外。

前款规定的期限，对于被假释的犯罪分子，从假释期满之日起计算。

第三百四十七条　【走私、贩卖、运输、制造毒品罪】走私、贩卖、运输、制造毒品，无论数量多少，都应当追究刑事责任，予以刑事处罚。

走私、贩卖、运输、制造毒品，有下列情形之一的，处十五年有期徒刑、无期徒刑或者死刑，并处没收财产：

(一)走私、贩卖、运输、制造鸦片一千克以上、海洛因或者甲基苯丙胺五十克以上或者其他毒品数量大的；

(二)走私、贩卖、运输、制造毒品集团的首要分子；

(三)武装掩护走私、贩卖、运输、制造毒品的；

(四)以暴力抗拒检查、拘留、逮捕，情节严重的；

(五)参与有组织的国际贩毒活动的。

走私、贩卖、运输、制造鸦片二百克以上不满一千克、海洛因或者甲基苯丙胺十克以上不满五十克或者其他毒品数量较大的，处七年以上有期徒刑，并处罚金。

走私、贩卖、运输、制造鸦片不满二百克、海洛因或者甲基苯丙胺不满十克或者其他少量毒品的，处三年以下有期徒刑、拘役或者管制，并处罚金；情节严重的，处三年以上七年以下有期徒刑，并处罚金。

单位犯第二款、第三款、第四款罪的，对单位判处罚金，并对其直接负责的主管人员和其他直接责任人员，依照各该款的规定处罚。

利用、教唆未成年人走私、贩卖、运输、制造毒品，或者向未成年人出售毒品的，从重处罚。

对多次走私、贩卖、运输、制造毒品，未经处理的，毒品数量累计计算。

中华人民共和国刑事诉讼法(2018年修正)

第五十五条　【重证据、重调查研究、不轻信口供原则】对一切案件的判处都要重证据，重调查研究，不轻信口供。只有被告人供述，没有其他证据的，不能认定被告人有罪

和处以刑罚；没有被告人供述，证据确实、充分的，可以认定被告人有罪和处以刑罚。

证据确实、充分，应当符合以下条件：

（一）定罪量刑的事实都有证据证明；

（二）据以定案的证据均经法定程序查证属实；

（三）综合全案证据，对所认定事实已排除合理怀疑。

第一百九十六条　【休庭调查】法庭审理过程中，合议庭对证据有疑问的，可以宣布休庭，对证据进行调查核实。

第二百条　【评议、宣判】在被告人最后陈述后，审判长宣布休庭，合议庭进行评议，根据已经查明的事实、证据和有关的法律规定，分别作出以下判决：

（一）案件事实清楚，证据确实、充分，依据法律认定被告人有罪的，应当作出有罪判决；

（二）依据法律认定被告人无罪的，应当作出无罪判决；

（三）证据不足，不能认定被告人有罪的，应当作出证据不足、指控的犯罪不能成立的无罪判决。

第二百零四条　【延期审理】在法庭审判过程中，遇有下列情形之一，影响审判进行的，可以延期审理：

（一）需要通知新的证人到庭，调取新的物证，重新鉴定或者勘验的；

（二）检察人员发现提起公诉的案件需要补充侦查，提出建议的；

（三）由于申请回避而不能进行审判的。

第二百零五条　【法庭审理中补充侦查的时限】依照本法第二百零四条第二项的规定延期审理的案件，人民检察院应当在一个月以内补充侦查完毕。

最高人民法院关于适用《中华人民共和国刑事诉讼法》的解释（2012年修订）

第一百零五条　没有直接证据，但间接证据同时符合下列条件的，可以认定被告人有罪：

（一）证据已经查证属实；

（二）证据之间相互印证，不存在无法排除的矛盾和无法解释的疑问；

（三）全案证据已经形成完整的证明体系；

（四）根据证据认定案件事实足以排除合理怀疑，结论具有唯一性；

（五）运用证据进行的推理符合逻辑和经验。

第一百零七条　采取技术侦查措施收集的证据材料，经当庭出示、辨认、质证等法庭调查程序查证属实的，可以作为定案的根据。

使用前款规定的证据可能危及有关人员的人身安全，或者可能产生其他严重后果

的,法庭应当采取不暴露有关人员身份、技术方法等保护措施,必要时,审判人员可以在庭外核实。

第一百零八条　对侦查机关出具的被告人到案经过、抓获经过等材料,应当审查是否有出具该说明材料的办案人、办案机关的签名、盖章。

对到案经过、抓获经过或者确定被告人有重大嫌疑的根据有疑问的,应当要求侦查机关补充说明。

第二百二十条　法庭对证据有疑问的,可以告知公诉人、当事人及其法定代理人、辩护人、诉讼代理人补充证据或者作出说明;必要时,可以宣布休庭,对证据进行调查核实。

对公诉人、当事人及其法定代理人、辩护人、诉讼代理人补充的和审判人员庭外调查核实取得的证据,应当经过当庭质证才能作为定案的根据。但是,对不影响定罪量刑的非关键证据、有利于被告人的量刑证据以及认定被告人有犯罪前科的裁判文书等证据,经庭外征求意见,控辩双方没有异议的除外。

有关情况,应当记录在案。

全国部分法院审理毒品犯罪案件工作座谈会纪要
(法〔2008〕324号,以下简称《大连会议纪要》)

一、毒品案件的罪名确定和数量认定问题

《刑法》第三百四十七条规定的走私、贩卖、运输、制造毒品罪是选择性罪名,对同一宗毒品实施了两种以上犯罪行为并有相应确凿证据的,应当按照所实施的犯罪行为的性质并列确定罪名,毒品数量不重复计算,不实行数罪并罚。对同一宗毒品可能实施了两种以上犯罪行为,但相应证据只能认定其中一种或者几种行为,认定其他行为的证据不够确实充分的,则只按照依法能够认定的行为的性质定罪。如涉嫌为贩卖而运输毒品,认定贩卖的证据不够确实充分的,则只定运输毒品罪。对不同宗毒品分别实施了不同种犯罪行为的,应对不同行为并列确定罪名,累计毒品数量,不实行数罪并罚。对被告人一人走私、贩卖、运输、制造两种以上毒品的,不实行数罪并罚,量刑时可综合考虑毒品的种类、数量及危害,依法处理。

罪名不以行为实施的先后、毒品数量或者危害大小排列,一律以刑法条文规定的顺序表述。如对同一宗毒品制造后又走私的,以走私、制造毒品罪定罪。下级法院在判决中确定罪名不准确的,上级法院可以减少选择性罪名中的部分罪名或者改动罪名顺序,在不加重原判刑罚的情况下,也可以改变罪名,但不得增加罪名。

三、运输毒品罪的刑罚适用问题

对于运输毒品犯罪,要注意重点打击指使、雇佣他人运输毒品的犯罪分子和接应、

接货的毒品所有者、买家或者卖家。对于运输毒品犯罪集团首要分子，组织、指使、雇佣他人运输毒品的主犯或者毒枭、职业毒犯、毒品再犯，以及具有武装掩护、暴力抗拒检查、拘留或者逮捕、参与有组织的国际毒品犯罪、以运输毒品为业、多次运输毒品或者其他严重情节的，应当按照刑法、有关司法解释和司法实践实际掌握的数量标准，从严惩处，依法应判处死刑的必须坚决判处死刑。

毒品犯罪中，单纯的运输毒品行为具有从属性、辅助性特点，且情况复杂多样。部分涉案人员系受指使、雇佣的贫民、边民或者无业人员，只是为了赚取少量运费而为他人运输毒品，他们不是毒品的所有者、买家或者卖家，与幕后的组织、指使、雇佣者相比，在整个毒品犯罪环节中处于从属、辅助和被支配地位，所起作用和主观恶性相对较小，社会危害性也相对较小。因此，对于运输毒品犯罪中的这部分人员，在量刑标准的把握上，应当与走私、贩卖、制造毒品和前述具有严重情节的运输毒品犯罪分子有所区别，不应单纯以涉案毒品数量的大小决定刑罚适用的轻重。

对有证据证明被告人确属受人指使、雇佣参与运输毒品犯罪，又系初犯、偶犯的，可以从轻处罚，即使毒品数量超过实际掌握的死刑数量标准，也可以不判处死刑立即执行。

毒品数量超过实际掌握的死刑数量标准，不能证明被告人系受人指使、雇佣参与运输毒品犯罪的，可以依法判处重刑直至死刑。

涉嫌为贩卖而自行运输毒品，由于认定贩卖毒品的证据不足，因而认定为运输毒品罪的，不同于单纯的受指使为他人运输毒品行为，其量刑标准应当与单纯的运输毒品行为有所区别。

十、主观明知的认定问题

毒品犯罪中，判断被告人对涉案毒品是否明知，不能仅凭被告人供述，而应当依据被告人实施毒品犯罪行为的过程、方式、毒品被查获时的情形等证据，结合被告人的年龄、阅历、智力等情况，进行综合分析判断。

具有下列情形之一，被告人不能作出合理解释的，可以认定其“明知”是毒品，但有证据证明确属被蒙骗的除外：

(1)执法人员在口岸、机场、车站、港口和其他检查站点检查时，要求行为人申报为他人携带的物品和其他疑似毒品物，并告知其法律责任，而行为人未如实申报，在其携带的物品中查获毒品的；

(2)以伪报、藏匿、伪装等蒙蔽手段，逃避海关、边防等检查，在其携带、运输、邮寄的物品中查获毒品的；

(3)执法人员检查时，有逃跑、丢弃携带物品或者逃避、抗拒检查等行为，在其携带或者丢弃的物品中查获毒品的；

(4)体内或者贴身隐秘处藏匿毒品的；

(5)为获取不同寻常的高额、不等值报酬为他人携带、运输物品,从中查获毒品的;

(6)采用高度隐蔽的方式携带、运输物品,从中查获毒品的;

(7)采用高度隐蔽的方式交接物品,明显违背合法物品惯常交接方式,从中查获毒品的;

(8)行程路线故意绕开检查站点,在其携带、运输的物品中查获毒品的;

(9)以虚假身份或者地址办理托运手续,在其托运的物品中查获毒品的;

(10)有其他证据足以认定行为人应当知道的。

全国法院毒品犯罪审判工作座谈会纪要
(法〔2015〕129 号,以下简称《武汉会议纪要》)

(四)死刑适用问题

当前,我国毒品犯罪形势严峻,审判工作中应当继续坚持依法从严惩处毒品犯罪的指导思想,充分发挥死刑对于预防和惩治毒品犯罪的重要作用。要继续按照《大连会议纪要》的要求,突出打击重点,对罪行极其严重、依法应当判处死刑的被告人,坚决依法判处。同时,应当全面、准确贯彻宽严相济刑事政策,体现区别对待,做到罚当其罪,量刑时综合考虑毒品数量、犯罪性质、情节、危害后果、被告人的主观恶性、人身危险性及当地的禁毒形势等因素,严格审慎地决定死刑适用,确保死刑只适用于极少数罪行极其严重的犯罪分子。

1.运输毒品犯罪的死刑适用

对于运输毒品犯罪,应当继续按照《大连会议纪要》的有关精神,重点打击运输毒品犯罪集团首要分子,组织、指使、雇佣他人运输毒品的主犯或者毒枭、职业毒犯、毒品再犯,以及具有武装掩护运输毒品、以运输毒品为业、多次运输毒品等严重情节的被告人,对其中依法应当判处死刑的,坚决依法判处。

对于受人指使、雇佣参与运输毒品的被告人,应当综合考虑毒品数量、犯罪次数、犯罪的主动性和独立性、在共同犯罪中的地位作用、获利程度和方式及其主观恶性、人身危险性等因素,予以区别对待,慎重适用死刑。对于有证据证明确属受人指使、雇佣运输毒品,又系初犯、偶犯的被告人,即使毒品数量超过实际掌握的死刑数量标准,也可以不判处死刑;尤其对于其中被动参与犯罪,从属性、辅助性较强,获利程度较低的被告人,一般不应当判处死刑。对于不能排除受人指使、雇佣初次运输毒品的被告人,毒品数量超过实际掌握的死刑数量标准,但尚不属数量巨大的,一般也可以不判处死刑。

一案中有多人受雇运输毒品的,在决定死刑适用时,除各被告人运输毒品的数量外,还应结合其具体犯罪情节、参与犯罪程度、与雇佣者关系的紧密性及其主观恶性、人身危险性等因素综合考虑,同时判处二人以上死刑要特别慎重。

(六)累犯、毒品再犯问题

累犯、毒品再犯是法定从重处罚情节,即使本次毒品犯罪情节较轻,也要体现从严惩处的精神。尤其对于曾因实施严重暴力犯罪被判刑的累犯、刑满释放后短期内又实施毒品犯罪的再犯,以及在缓刑、假释、暂予监外执行期间又实施毒品犯罪的再犯,应当严格体现从重处罚。

最高人民法院、最高人民检察院、公安部《关于办理毒品犯罪案件毒品提取、扣押、称量、取样和送检程序若干问题的意见》(公禁毒〔2016〕511号)

第三十三条　具有下列情形之一的,公安机关应当委托鉴定机构对查获的毒品进行含量鉴定:

(一)犯罪嫌疑人、被告人可能被判处死刑的;

(二)查获的毒品系液态、固液混合物或者系毒品半成品的;

(三)查获的毒品可能大量掺假的;

(四)查获的毒品系成分复杂的新类型毒品,且犯罪嫌疑人、被告人可能被判处七年以上有期徒刑的;

(五)人民检察院、人民法院认为含量鉴定对定罪量刑有重大影响而书面要求进行含量鉴定的。

进行含量鉴定的检材应当与进行成分鉴定的检材来源一致,且一一对应。

最高人民法院、最高人民检察院、公安部《关于规范毒品名称表述若干问题的意见》(法〔2014〕224号)

二、几类毒品的名称表述

(一)含甲基苯丙胺成分的毒品

1.对于含甲基苯丙胺成分的晶体状毒品,应当统一表述为甲基苯丙胺(冰毒),在下文中再次出现时可以直接表述为甲基苯丙胺。

2.对于以甲基苯丙胺为主要毒品成分的片剂状毒品,应当统一表述为甲基苯丙胺片剂。如果犯罪嫌疑人、被告人供述为“麻古”“麻果”或者其他俗称的,可以在文书中第一次表述该类毒品时用括号注明,如表述为甲基苯丙胺片剂(俗称“麻古”)等。

3.对于含甲基苯丙胺成分的液体、固液混合物、粉末等,应当根据其毒品成分和具体形态进行表述,如表述为含甲基苯丙胺成分的液体、含甲基苯丙胺成分的粉末等。

第七章
贪污贿赂罪诉讼全过程训练
——以原审被告人胡一凡贪污、受贿案再审为例

一、选择本案的理由

第一，本案既具有职务犯罪的一般特征，又具有其自身特点：(1)原审被告人采取欺骗手段骗取房地产公司支付的国有土地使用权转让补偿款，涉及贪污罪与诈骗罪的法条竞合关系。(2)围绕被告人20万元投资款的性质及受贿数额，三次裁判结果存在较大差异(原审法院认定无罪，再审法院认定受贿罪成立。其中，原一审认定指控受贿罪证据不足，原二审认定指控受贿罪成立但具体数额证据不足)。因此通过本案的训练，以动态的判决形成为视角，在法的确定性与不确定性之间，学习者在评判三种裁判文本及承办法官对该问题处理的基础上，提供一种看待法律推理中"逻辑、规则和开放性事实"的有益视角。

第二，本案是再审案件具体条款是否具有溯及既往效力的典型案例。再审期间《刑法修正案(九)》及司法解释颁布、实施，重新设立了贪污、受贿罪的法定刑。本案再审焦点问题之一：原审被告人于2005年投资20万元的行为是否应认定为受贿罪，本案再审可能存在三种情形：无罪、法定刑三年以下有期徒刑或拘役、法定刑十年以上有期徒刑。依据司法解释，再审案件应以行为时法律为依据，即不具有溯及力，但当启动再审适用旧法明显加重被告人处罚时，是否可以溯及既往采取有利于行为人的解释？以辩护人为视角，此类开放性理论问题比较适合本科生或法律硕士展开深入讨论。

第三，程序上，可重点探讨以下问题：(1)抗诉再审案件基本流程、其与申诉引起再审的区别、再审法院、再审不加刑原则。(2)不同诉讼阶段的应变，随着一审、二审、再审程序流转，承办法官的审理对象和庭审重点如何发生变化，辩护律师的辩护重心及策略如何调整。(3)本案涉及法律文书较多，也可增强学习者对各类法律文书的写作能力。

二、本案的训练方法

本案训练共分3个阶段，每阶段2学时。

第一阶段：课前授课教师将起诉书、证据材料、原一审判决书、抗诉书、上诉状、原二审裁定书、抗诉书（再审）等发给学生，使学生对案情提前了解及预习相关法律知识。上课后，首先，教师介绍案件背景、训练目的及要求：分组形式，以辩护人的思维，展开案情研判汇报会；场景设置：再审程序辩护人接受委托为原审被告人辩护，以委托人合法利益最大化为依归，展开案情汇报、研判；汇报内容主要包括：案件由来和审理经过、原公诉机关指控内容和原判要点、抗诉机关抗诉意见及理由、原审被告人及辩护人意见、理由及整体诉讼策略的选择。其次，布置学生下一次上课的任务及作业——再审程序模拟法庭实训，将申诉状、再审决定书等材料发给学生，学生以控辩审三方自由组合并各自准备庭审提纲、起诉书、辩护词等。

第二阶段：上课后，首先，展开再审程序模拟法庭实训，实训结束后教师将庭审笔录范本、抗诉案件检察员出庭意见书、辩护词发给学生，并对本案模拟庭审流程进行点评。其次，就“抗诉与申诉启动再审的异同、再审法院、再审不加刑原则、审判程序”等程序性问题深入讲解、深化运用。最后，根据庭审教师引导学生归纳本案的焦点问题，布置作业——根据本案焦点问题讨论形成的意见，以法官为视角撰写再审判决书并提交。

第三阶段：课前学生上交作业。上课后，首先，教师将再审判决书发给学生，由学生自行对照、评析。其次，教师介绍法官再审判决书，评析学生的再审判决书撰写质量及优缺点，深化对再审文书撰写的认识。最后，教师与学生交流本案训练的感想和体会，并对整个实训情况进行总结。

三、本案需要展示的法律文书和证据

本案的训练材料目录

原审	1.刑事起诉书 2.公诉机关随案移送的证据材料 3.刑事判决书 4.刑事抗诉书 5.刑事上诉状 6.刑事裁定书

续表

审判监督程序	抗诉	刑事抗诉书
	再审	1.庭审笔录 2.出庭意见书 3.辩护词 4.刑事判决书(见扫码材料)

(一)原审

1.刑事起诉书

东方省南海市顺城区人民检察院
起 诉 书

东顺检刑诉(2011)××号

被告人胡一凡,男,南海市宜春区国土资源局原副局长兼土地储备中心主任(个人信息略)。因涉嫌犯受贿罪于2010年1月7日由南海市顺城区检察院决定刑事拘留,同年12月7日由南海市公安局顺城区分局执行,同年12月17日经南海市人民检察院决定逮捕,同年12月20日由南海市公安局顺城区分局执行。

本案由本院侦查终结,以被告人胡一凡涉嫌犯贪污罪、受贿罪,于2011年5月7日移送审查起诉。本院受理后,于次日已告知被告人胡一凡有权委托辩护人,依法讯问了被告人,听取了被告人的辩护人的意见,审查了全部案件材料。其间,因部分事实不清、证据不足,退回侦查部门补充侦查一次(自2011年6月21日至8月1日);因案情重大、复杂,延长审查起诉期限一次(自2011年6月8日—22日)。

经依法审查查明:

(一)贪污罪

2005年5月15日,南海市宜春区政府将宜地(2004)20号国有土地使用权出让给南海市宏光房地产开发有限责任公司(以下简称"宏光公司")进行房地产开发。随后,宏光公司在宜春区注册成立东方三辉置业有限责任公司(以下简称"三辉公司"),对上述宜地(2004)20号国有土地进行开发,并由三辉公司向宜春区政府支付人民币800万元的土地使用权出让金。在开发过程中,三辉公司因故决定退出,公司总经理叶新江随即找宜春区政府协商退出事宜,宜春区政府安排被告人胡一凡负责协调此事。在协调过程中,宜春区三清恒美地产开发有限公司(以下简称"三清公司")愿意按宏光公司与宜春区政府签订的《国有土地使用权出让协议》所约定的内容接受宜地(2004)20号国有

土地的使用权。在进一步确定转让费用过程中，叶新江与被告人胡一凡商定由三清公司支付宏光公司人民币818.8万元(含国有土地使用权转让费人民币800万元及建围墙费等费用共计人民币18.8万元)的转让费。被告人胡一凡随即向三清公司董事长周瑞称要支付给宏光公司共计人民币828.8万元的费用，并代表宜春区土地储备中心与三清公司签订相应协议。三清公司按约定汇款人民币828.8万元给三辉公司后，被告人胡一凡安排邓晓勇通过叶新江在三辉公司领取人民币10万元。

(二)受贿罪

2008年元月，被告人胡一凡利用职务之便，假托邓晓勇名义在南海安普地产置业有限公司(以下简称“安普公司”)投资人民币20万元，并签订协议约定无论盈亏一年后返还本金和回报共计人民币40万元。2009年元月，被告人胡一凡安排邓晓勇在安普公司董事长杨天海处以支票的形式领款共计人民币40万元。

认定上述事实的证据如下：

1.发破案经过、组织机构代码证、户籍证明、简历、干部考核登记表、干部任免审批表、国有土地使用权出让协议、国有土地使用权出让合同及补充协议、地块挂牌成交资料等书证；

2.证人刘明祥、周瑞、叶新江、邓晓勇等的证言；

3.被告人胡一凡的供述和辩解等。

本院认为，被告人胡一凡身为国家工作人员，利用职务上的便利，侵吞公共财物；利用职务上的便利，为他人谋取利益，非法索取、收受他人财物，严重侵犯了国家工作人员职务的廉洁性，其行为触犯了《中华人民共和国刑法》第三百八十二条第一款、第三百八十五条第一款、第三百八十六条、第三百八十三条，犯罪事实清楚，证据确实、充分，应当以贪污罪、受贿罪追究其刑事责任。根据《中华人民共和国刑事诉讼法》第一百四十一条的规定，提起公诉，请依法判处。

此致

南海市顺城区人民法院

检察员：×××

2011年8月13日

(院印)

2.公诉机关随案移送的证据材料

(1)本案破案经过证实：

①2009年10月，南海市顺城区人民检察院在办理南海市安普公司董事长杨天海涉嫌单位行贿一案时，发现被告人胡一凡涉嫌受贿。2010年1月6日，南海市顺城区人民

检察院受南海市人民检察院指定，侦查办理被告人胡一凡涉嫌受贿一案。2010 年 12 月 6 日，被告人胡一凡在其亲属的陪同下到南海市人民检察院投案。次日，南海市顺城区人民检察院对其刑事拘留，被告人胡一凡如实向南海市顺城区人民检察院交代了其受贿等犯罪事实。

②宜春区国土资源局、宜春区土地储备中心的中华人民共和国组织机构代码证证实：宜春区国土资源局系机关法人，宜春区土地储备中心系事业法人。

③宜春区国土资源局出具的关于局领导班子分工及调整分工的会议纪要、基本简历、东方省国土资源厅出具的省厅管理干部考核登记表、任免审批表、户籍证明等证实：被告人胡一凡于 2001 年 5 月至 2010 年 5 月任宜春区国土资源局党委委员、副局长，2003 年 3 月至 2009 年 12 月兼任宜春区土地储备中心主任，2006 年 2 月至 2008 年 4 月分管宜春区土地利用、国土监察、土地储备，2008 年 4 月至 6 月分管宜春区土地征收、国土监察、土地储备，2008 年 6 月至 2009 年 12 月分管宜春区国土监察、土地储备。

(2)指控贪污事实的证据：

①国有土地使用权出让协议、银行汇款凭证、公司财务账目等证实：宜春区人民政府与宏光公司签订协议，2005 年 5 月 15 日，宏光公司从宜春区人民政府取得宜地(2004)20 号土地的国有土地使用权，用于房地产开发，三辉公司向宜春区政府支付土地使用权出让金人民币 800 万元。

②宜春区土地储备中心与三清公司签订的《国有土地使用权出让协议》、宜春区国土资源局与三清公司签订的《国有土地使用权出让合同》《国有土地使用权出让合同补充协议》、三清公司银行汇款凭证、公司财务账目等证实：三清公司按照宜春区政府与宏光公司签订的《国有土地使用权出让协议》约定内容，接受宜地(2004)20 号国有土地使用权，2006 年 1 月至 4 月，三清公司分三次汇款共计人民币 828.8 万元至三辉公司。

③三辉公司出具的证明材料、该公司对宜地(2004)20 号国有土地开发所支出的费用明细及票据凭证证实：2006 年 1 月至 4 月，三辉公司相继收到三清公司汇款共计人民币 828.8 万元，后签发现金支票 10 万元至收款人邓晓勇。

④银行现金支票存根及辨认笔录证实：经证人邓晓勇辨认，称："这张 10 万元的中国银行现金支票存根是我帮胡一凡从三辉公司领取的，款项性质听胡一凡说是业务费。"

⑤证人刘明祥(宜春区土地资产经营领导小组办公室原主任)的证言：2005 年 5 月，宏光公司以 800 万元取得了 20 号国有土地使用权，开发过程中他们又提出投资环境不好决定退出。当时这个事情很棘手，区政府安排胡一凡协调此事。之后三清公司主动提出愿意接受 20 号土地使用权，之后胡一凡代表宜春区土地储备中心与三清公司签订了转让协议。这块土地使用权转让过程中，除国有土地出让金以外胡一凡多要的费用，应归宜春区政府所有。

证人曲丽秀(宜春区国土资源局原局长)、谢瑞福(宜春区土地储备中心副主任)的证言与证人刘明祥所证情节基本一致。

⑥证人周瑞(三清公司董事长)的证言:2005年10月,我们得知宏光公司退出宜地(2004)20号国有土地的开发后,第一时间向区政府提出愿意按宏光公司与政府之前签订的协议内容接受这块土地的使用权。转让费用是在区国土资源局胡一凡办公室详谈的,胡一凡提出828.8万元,具体包括国有土地使用权出让金800万元、利息15万元、围墙工程款13.8万元,这个价格我们是接受的。之后,我们公司就按照协议内容分几次共向宏光公司支付了828.8万元。至于828.8万元资金后续使用情况,就不清楚了。

⑦证人叶新江(宏光公司总经理)的证言:2005年5月,我们公司与区政府签订协议,以800万元价格取得20块国有土地的使用权,合同履行后,大约10月份,因涉及土地纠纷和村民闹事,该块土地投资环境不是很理想,公司决定退出20号土地的开发。区里很重视随即安排区国土资源局副局长胡一凡协调处理此事。胡一凡当时提出的方案是尽力寻找合适的第三方,由第三方将土地出让金直接支付给我们。我表示同意,同时也提出除前期支付的土地出让金800万元外,能否退还公司前期开发支出的围墙、退地补偿和差旅费等共计18万元左右。胡一凡表示具体看引入的第三方企业的意愿和履行能力,他将尽力斡旋此事,确保我们的利益。之后,听胡一凡说20号地块最终由三清公司接盘。2006年1月至4月,三清公司分几笔共计向我公司打款828.8万元,其中有一笔10万元,胡一凡电话里特别交代是三清公司为表示感谢支付给他本人的中介费,转给邓晓勇即可,当天我安排公司财务将一张10万元的支票让邓晓勇领取。

⑧证人邓晓勇(胡一凡的朋友)的证言:2006年,胡一凡让我帮他在宏光公司要得人民币10万元的业务费,之后我从三辉公司领取一张10万元支票,交给了胡一凡。

(3)指控受贿事实的证据:

①联合投资协议:签订人,甲方邓晓勇、乙方安普公司;内容(1)邓晓勇协助安普公司办理土地开发中的立项、准建、批复,费用由安普公司承担;(2)邓晓勇在2008年1月18日投资人民币20万元,12个月内收回投资及回报共计40万元,无论该项目经济效益如何均不增加或减少。

②杨天海中国农业银行622848607256319324 0账户明细、邓晓勇中国工商银行181308794483329020 1账户明细、安普公司中国工商银行转账支票、财务账、记账凭证证实:2008年元月,邓晓勇通过杨天海在安普公司投入人民币20万元,2009年元月从安普公司领取人民币40万元。

③营业执照、宜地(2005)20号国有土地使用权挂牌出让、竞买、成交协议等证实:2007年9月,安普公司取得宜春区沙咀办事处黄金大道北侧宜地(2005)20号地块的

国有土地使用权证，后在该土地上进行房地产开发。

④证人杨天海（安普公司董事长）的证言：2007年上半年，胡一凡多次找我要求以邓晓勇名义在安普公司投资，先要投50万元，我不同意，之后又提出投40万元，我也没答应。当时胡一凡在宜春区国土资源管理局任副局长，我从事房地产开发时有很多事情需要他帮忙，所以在这之后我又与公司股东商量，同意胡一凡投资20万元，无论盈亏，我们公司一年后给付胡一凡人民币40万元。之后的一天，在我办公室我在协议上签字并盖安普公司公章。随后邓晓勇将这20万元汇给我，我将这20万元交给了公司财务，让财务以邓晓勇借款的名义挂在公司账上。2009年元月，邓晓勇从我们公司领取了两张20万元的支票，共计40万元。这20万元没有在公司财务上做账，只是公司分红的时候算我直接领取了红利。

⑤证人胡一光（胡一凡的哥哥）的证言：2008年元月，胡一凡和邓晓勇告诉我要在安普公司投资20万元，其中10万元是我投资天下置业公司退的分红，另外10万元由胡一凡和邓晓勇筹集，投资以邓晓勇的名义进行。

⑥证人邓晓勇的证言：2008年元月的一天，胡一凡对我说："我和杨天海已经说好了，本来打算要在他那里投40万元，结果只让我投资20万元，你帮忙去办一下，因为我办这件事情不好。"我表示同意。之后，胡一凡将我介绍给杨天海，当时说以我的名义投资。之后的一天，在胡一凡哥哥胡一光家，胡一凡、胡一光和我在场，胡一凡拟定了一份他在安普公司的投资协议，大致内容是协议约定：胡一凡在杨天海的安普公司投资20万元，无论盈亏一年后安普公司返还胡一凡40万元，同时胡一凡协助安普公司办理"安普国际公馆"的立项、批复，费用由安普公司负担。2009年元月，我按照胡一凡的安排到安普公司领取人民币40万元，杨天海让公司财务开出了两张金额为20万元的支票给我，我都交给了胡一凡。胡一凡用我的身份证在银行开户后，把这40万元取出存入银行。

⑦证人王方（安普公司办公室主任）的证言：2008年10月，杨天海要我借款给安普公司，说等公司赚了钱，杨天海给我红钱。之后我以我母亲蔡月枝的名义将6万元现金交给安普公司财务，安普公司财务给我出具了收条。2009年1月27日安普国际公馆开盘后，公司财务将我的6万元投资款退还，杨天海单独给我5万元，说是我借给公司6万元分的分红钱。

⑧被告人胡一凡的供述和辩解：2008年1月，杨天海提出让我到安普公司投资人民币20万元，我表示同意，就以邓晓勇的名义与安普公司签订一份联合投资协议，其中我出资10万元、胡一光出资10万元，之后邓晓勇将这20万元交给了杨天海。2009年，我又安排邓晓勇拿着协议和20万元收据找杨天海，并通过杨天海在安普公司领取金额为20万元的支票两张，邓晓勇将两张支票转交给我，我把钱取出。

3.刑事判决书

南海市顺城区人民法院
刑 事 判 决 书

(2011)东顺刑初字第×号

公诉机关南海市顺城区人民检察院。

被告人胡一凡,男,宜春区国土资源局原副局长兼土地储备中心主任(个人信息略)。因涉嫌犯受贿罪于2010年12月7日被刑事拘留,2010年12月20日被逮捕。现羁押于南海市顺城区看守所。

南海市顺城区人民检察院以东顺检刑诉(2010)×号起诉书指控被告人胡一凡犯贪污罪、受贿罪,于2011年8月17日向本院提起公诉。本院依法组成合议庭,公开开庭审理了本案。南海市顺城区人民检察院指派检察员×××等出庭支持公诉。被告人胡一凡到庭参加了诉讼。现已审理终结。

南海市顺城区人民检察院指控:(略)。

公诉机关认为,被告人胡一凡的行为构成贪污罪和受贿罪,应依照《中华人民共和国刑法》第三百八十二条、第二百八十五条之规定对被告人胡一凡予以判处。

被告人胡一凡辩称:1.关于贪污罪,是叶新江要求三清公司支付宏光公司转让费的数额为人民币828.8万元,我利用个人关系帮助叶新江所在公司找接受宜地(2004)20号国有土地使用权的单位,并为此支出了人民币七八万元,叶新江所在公司应承担此该笔费用,从我在该公司领取的10万元中予以扣除;2.关于指控我受贿罪,我在杨天海公司的投资是和我哥哥胡一光共同投资的,开始杨天海答应我们投资人民币80万元,胡一光为此停止了其他方面的投资,但杨天海反悔只同意我们投资人民币20万元,给胡一光造成了经济损失,因此,杨天海支付给我的人民币20万元除投资利益外还有对胡一光的经济补偿。

经审理查明:

宜春区国土资源局系机关法人,宜春区土地储备中心系事业法人。被告人胡一凡于2001年5月至2010年5月任宜春区国土资源局党委委员、副局长,于2003年3月至2009年12月兼任宜春区土地储备中心主任,并于2006年2月至2008年4月分管宜春区土地利用、国土监察、土地储备,于2008年4月至6月分管宜春区土地征收、国土监察、土地储备,于2008年6月至2009年12月分管宜春区国土监察、土地储备。

上述事实,有经庭审举证、质证的下列证据证实,本院予以确认:(略)。

(一)贪污事实

2005年5月15日,南海市宏光房地产开发有限责任公司(以下简称“宏光公司”)与宜春区人民政府签订一份《国有土地使用权出让协议》,约定宜春区人民政府向宏光公司出让宜地(2004)20号国有土地的使用权,宏光公司随即在宜春区注册成立了东方三辉置业有限责任公司(以下简称“三辉公司”),由叶新江任三辉公司总经理,向宜春区人民政府支付国有土地使用权出让金800万元,进行房地产开发。在开发过程中,叶新江向宜春区人民政府表示宏光公司因故决定退出该土地的开发,要求宜春区人民政府退还土地使用权出让金800万元,宜春区人民政府安排时任宜春区国土资源局副局长兼土地储备中心主任的被告人胡一凡负责协调此事。在协调过程中,胡一凡向叶新江提出以寻找第三方接受宜地(2004)20号国有土地的使用权,第三方将土地使用权出让金直接支付给宏光公司的方式解决此事,叶新江表示同意,同时叶新江提出宏光公司除要求退还土地使用权出让金800万元外,还要求退还宏光公司在开发前期支出的围墙补偿款等费用18万元左右。之后,宜春区三清恒美地产开发有限公司(以下简称“三清公司”)向宜春区人民政府表示愿意按宏光公司与宜春区人民政府签订的《国有土地使用权出让协议》所约定的内容接受宜地(2004)20号国有土地的使用权。在确定转让费用过程中,胡一凡与叶新江商定由三清公司向宏光公司支付818.8万元(含土地使用权出让金800万元及围墙补偿款等费用18.8万元)。胡一凡在与三清公司商谈转让费用时,隐瞒了其与叶新江商定的内容,向三清公司董事长周瑞谎称宏光公司要求三清公司支付828.8万元的费用(含土地使用权出让金800万元、利息15万元及围墙补偿款13.8万元),三清公司信以为真,表示同意。继而,胡一凡代表宜春区土地储备中心与三清公司签订一份《协议》,约定将宜地(2004)20号国有土地的使用权转让给三清公司,三清公司支付宏光公司828.8万元(含土地使用权出让金800万元及利息15万元和围墙补偿款13.8万元)。协议签订后,三清公司于2006年1月18日至4月10日按协议分数次向宏光公司共汇款828.8万元。在此过程中,胡一凡对叶新江谎称三清公司向宏光公司的汇款中有三清公司给胡一凡的中介费10万元,叶新江信以为真,胡一凡即安排朋友邓晓勇于2006年1月25日通过叶新江从三辉公司领取10万元,邓晓勇将该款交给了胡一凡。

上述事实,有经庭审举证、质证的下列证据证实,本院予以确认:(略)。

关于公诉机关指控被告人胡一凡受贿一节,经查:2007年9月,安普公司取得宜春区沙嘴办事处黄金大道北侧宜地(2004)20号地块的国有土地使用权,用于居住、商业开发。2008年1月,胡一凡与安普公司董事长杨天海商定由胡一凡向安普公司投资20万元,一年内安普公司返还其投资和回报共计40万元。2008年1月12日,胡一凡将其与其兄胡一光的20万元安排其朋友邓晓勇存入杨天海的银行卡,杨天海将该款交安普公司财务,该公司出具一份内容为“收到邓晓勇投资款20万元”的收据,在公司账目记为收到邓晓勇借款20万元,邓晓勇将该收据转交胡一凡。2008年1月16日,胡一凡以邓

晓勇的名义与安普公司签订了一份《联合投资协议》，该协议内容为安普公司与邓晓勇联合对安普公司购得的宜地(2004)20号土地进行房地产开发，所有涉及立项、准建、批复均由邓晓勇协助办理，费用由安普公司承担，邓晓勇向安普公司投资20万元，12个月内(2008年1月18日至2009年1月18日)收回投资和回报共计40万元整，无论该项目经济效益如何均不增加或减少。2009年2月9日，胡一凡安排邓晓勇通过杨天海在安普公司领取金额为20万元的支票两张共计40万元，邓晓勇将支票转交胡一凡，胡一凡持邓晓勇的居民身份证在银行开户，将40万元取出存入该银行账户。

上述事实，有经庭审举证、质证的下列证据证实，本院予以确认:(略)。

被告人胡一凡的此项行为是否构成受贿应适用《最高人民法院、最高人民检察院关于办理受贿刑事案件适用法律若干问题的意见》(以下简称《意见》)之规定，《意见》第三条规定了“关于以开办公司等合作投资名义收受贿赂”之范畴，该条的内容为“国家工作人员利用职务上的便利为请托人谋取利益，由请托人出资，‘合作’开办公司或者进行其他‘合作’投资的，以受贿论处。受贿数额为请托人给国家工作人员的出资额。国家工作人员利用职务上的便利为请托人谋取利益，以合作开办公司或者其他合作投资的名义获取‘利润’，没有实际出资和参与管理、经营的，以受贿论处”;《意见》第四条“关于以委托请托人投资证券、期货或者其他委托理财的名义收受贿赂”中规定“国家工作人员利用职务上的便利为请托人谋取利益，以委托请托人投资证券、期货或者其他委托理财的名义，未实际出资而获取‘收益’，或者虽然实际出资，但获取‘收益’明显高于出资应得收益的，以受贿论处。受贿数额，前一情形，以‘收益’额计算;后一情形，以‘收益’额与出资应得收益额的差额计算”。依照上述规定，国家工作人员与他人进行合作投资，虽然实际出资，但所获收益与实际赢利明显不符的，属于变相受贿。但是，原公诉机关所举证据不能证明胡一凡出资20万元实际赢利的数额，故不能确定胡一凡所获20万元是否与其出资实际赢利明显不符。同时，原公诉机关所举证据亦不能证明胡一凡利用其职务之便，为安普公司谋取利益，故原公诉机关指控胡一凡此节行为系受贿的证据不足，不能成立。

关于被告人胡一凡提出，转让费数额828.8万元是叶新江要求三清公司支付宏光公司的，其利用个人关系帮叶新江公司找接受宜地(2004)20号国有土地使用权的单位，并为此支出的人民币七八万元应从10万元中扣除的辩护意见。经查，被告人胡一凡作为分管宜春区土地利用的国土资源局副局长，利用其负责调处宜地(2004)20号国有土地使用权转让及经费退赔事宜的职务之便，采取欺骗手段，侵吞国有土地使用权转让费10万元，其行为已构成受贿罪，至于胡一凡辩称为协调土地使用权转让事宜的花费，无证据证明，故上述辩解不成立，不予采纳。

本院认为，被告人胡一凡身为国家工作人员，利用职务之便，采取欺骗的手段，侵吞公款10万元，其行为已构成贪污罪。案发后，胡一凡主动投案，并如实供述了其贪污的

主要犯罪事实，系自首，且全额退赃，依法减轻处罚。公诉机关指控被告人胡一凡犯贪污罪事实清楚、证据确实充分，本院予以确认；指控胡一凡受贿一节事实不清、证据不足，指控的犯罪不能成立。依照《中华人民共和国刑法》第三百八十五条第一款、第三百八十六条、第三百八十三条第二款、第六十七条第一款、第六十四条，《最高人民法院关于处理自首和立功具体应用法律若干问题的解释》第一条、第三条之规定，判决如下：

一、被告人胡一凡犯贪污罪，判处有期徒刑六年，并处没收财产三万元。

二、南海市顺城区人民检察院暂扣的被告人胡一凡涉案赃款人民币十万元予以没收，上缴国库；检察机关暂扣的其他款项，由其依法处理。

如不服本判决，可在收到本判决书的第二日起十日内，通过本院或者直接向南海市中级人民法院提出上诉。书面上诉的，应提交上诉状正本一份、副本二份。

审判长　×××

审判员　×××

审判员　×××

（印章）

二〇一一年十一月二十一日

本件与原本核对无异

书记员　×××

4.刑事抗诉书

南海市顺城区人民检察院
刑事抗诉书

东顺检刑抗(2011)×号

本院于2011年11月26日收到南海市顺城区人民法院以(2011)东顺刑初字第×号刑事判决书对被告人胡一凡犯贪污罪一审判决：

一、被告人胡一凡犯贪污罪，判处有期徒刑六年，并处没收财产三万元。

二、南海市顺城区人民检察院暂扣的被告人胡一凡涉案赃款人民币十万元予以没收，上缴国库；检察机关暂扣的其他款项，由其依法处理。

本院依法审查后认为，南海市顺城区人民法院对被告人胡一凡受贿事实认定无罪，该判决无充分理由否定起诉指控事实及定性，系认定事实、适用法律错误，理由如下：被告人胡一凡以邓晓勇的名义与安普公司签订的联合投资协议只是幌子，并不是实际投

资，其在安普公司出资20万元，一年内收回投资和回报共计40万元，其实质是胡一凡利用职务上的便利，为安普公司谋取利益，变相收受贿赂，故其所获得的20万元的回报不是出资所获得的赢利，应当全部认定为贿赂款，抗诉机关指控此节的事实清楚、证据充分，没有必要提供胡一凡20万元出资实际盈利的相关证据，原判采信证据不当，导致认定事实、适用法律错误。

综上，南海市顺城区人民法院(2011)东顺刑初字第×号刑事判决书事实认定、法律适用错误。为维护司法公正，准确惩治犯罪，依照《中华人民共和国刑事诉讼法》第181条的规定，特提出抗诉，请依法判处。

此致

南海市顺城区人民检察院
2011年12月1日
(院印)

5.刑事上诉状

刑事上诉状

上诉人(原审被告人)：胡一凡，南海市宜春区国土资源局原副局长兼土地储备中心主任(个人信息略)。

上诉人涉嫌贪污罪、受贿罪一案，因不服南海市顺城区人民法院(2011)东顺刑初字第×号刑事判决，现提出上诉。

上诉请求：

1.请求撤销南海市顺城区人民法院(2011)东顺刑初字第×号刑事判决；

2.直接改判上诉人无罪。

事实与理由：

原判认定我构成贪污罪，定性错误。南海市宜春区人民政府与宏光公司签订了《国有土地使用权出让协议》，按照协议规定，宏光公司支付了800万元国有土地使用权出让金，政府也实际收取，宏光公司已实际取得土地使用权，并从事前期开发。由于土地纠纷和村民闹事，致使后来宏光公司的开发受阻，市政府是违约方。市政府同意宏光公司将土地使用权转让给三清公司。宏光公司与三清公司的土地使用权转让是两个土地使用者之间的交易行为，无论实际转让费用多少与市政府不相干。宜春区人民政府作为出让方已将国有土地使用权出让给宏光公司，且没有依法收回宏光公司的土地使用权，怎么可能一女嫁二夫又将土地使用权出让给三清公司呢？同时，宏光公司转让土地

使用权给三清公司的过程中我也付出了劳动及相关费用，故我在宏光公司获取的10万元是三清公司给我的劳务费，不属于公款，不应认定为贪污。

起诉书将宏光公司与三清公司之间的土地使用权转让认定为市政府出让给三清公司属于定性错误，导致原审法院错误判决。原审法院认定我的行为所指向的10万元性质上属于宜春区人民政府的公共财产的观点不成立，本案所涉贪污罪没有犯罪对象。综上，请贵院依法查明事实，改判上诉人无罪。

此致

南海市中级人民法院

上诉人：胡一凡

2011年12月3日

6.刑事裁定书

南海市中级人民法院
刑 事 裁 定 书

(2012)东南中刑终字第×号

抗诉机关(原公诉机关)南海市顺城区人民检察院。

上诉人(原审被告人)胡一凡，南海市宜春区国土资源局原副局长兼土地储备中心主任(个人信息略)。2010年12月7日因涉嫌犯受贿罪被刑事拘留，同年12月20日被逮捕。现羁押于南海市顺城区看守所。

辩护人××，南海市顺城区法律援助中心律师。

南海市顺城区人民法院审理南海市顺城区人民检察院指控原审被告人胡一凡犯贪污罪、受贿罪一案，于2011年11月21日作出(2011)东顺刑初字第×号刑事判决。宣判后，南海市顺城区人民检察院以东顺检刑抗(2011)×号刑事抗诉书提出抗诉。南海市人民检察院以东南检支刑抗(2012)×号支持刑事抗诉意见书支持抗诉。原审被告人胡一凡提出上诉。本院依法组成合议庭，于2012年3月1日公开开庭审理了本案。南海市人民检察院检察员××、助理检察员××出庭履行职务，上诉人胡一凡及其辩护人××到庭参加诉讼。本案经合议庭评议，并提交审判委员会讨论决定，现已审理终结。

原判认定：南海市宜春区国土资源局系机关法人，南海市宜春区土地储备中心系事业法人。被告人胡一凡于2001年5月至2010年5月任宜春区国土资源局党委委员、副局长，于2003年3月至2009年12月兼任宜春区土地储备中心主任，并于2006年2月至2008年4月分管宜春区土地利用、国土监察、土地储备，于2008年4月至6月分管宜

春区土地征收、国土监察、土地储备，于2008年6月至2009年12月分管宜春区国土监察、土地储备。

原判认定的上述事实，有以下证据予以证实：(略)。

(一)贪污事实

2005年5月15日，南海市宏光房地产开发有限责任公司(以下简称“宏光公司”)与南海市宜春区人民政府签订一份《国有土地使用权出让协议》，约定宜春区人民政府向宏光公司出让宜地(2004)20号国有土地的使用权，宏光公司随即在宜春区注册成立了东方三辉置业有限责任公司(以下简称“三辉公司”)，由叶新江任三辉公司总经理，向宜春区人民政府支付国有土地使用权出让金800万元，进行房地产开发。在开发过程中，叶新江向宜春区人民政府表示宏光公司因故决定退出该土地的开发，要求宜春区人民政府退还土地使用权出让金800万元，宜春区人民政府安排时任宜春区国土资源局副局长兼土地储备中心主任的被告人胡一凡负责协调此事。在协调过程中，胡一凡向叶新江提出以寻找第三方接受宜地(2004)20号国有土地的使用权，第三方将土地使用权出让金直接支付给宏光公司的方式解决此事，叶新江表示同意，同时叶新江提出宏光公司除要求退还土地使用权出让金800万元外，还要求退还宏光公司在开发前期支出的围墙补偿款等费用18万元左右。之后，宜春区三清恒美地产开发有限公司(以下简称“三清公司”)向宜春区人民政府表示愿意按宏光公司与宜春区人民政府签订的《国有土地使用权出让协议》所约定的内容接受宜地(2004)20号国有土地的使用权。在确定转让费用过程中，胡一凡与叶新江商定由三清公司向宏光公司支付818.8万元(含土地使用权出让金800万元及围墙补偿款等费用18.8万元)。胡一凡在与三清公司商谈转让费用时，隐瞒了其与叶新江商定的内容，向三清公司董事长周瑞谎称宏光公司要求三清公司支付828.8万元的费用(含土地使用权出让金800万元、利息15万元及围墙补偿款13.8万元)，三清公司信以为真，表示同意。继而，胡一凡代表宜春区土地储备中心与三清公司签订一份《协议》，约定将宜地(2004)20号国有土地的使用权转让给三清公司，三清公司支付宏光公司828.8万元(含土地使用权出让金800万元及利息15万元和围墙补偿款13.8万元)。协议签订后，三清公司于2006年1月18日至4月10日按协议分数次向宏光公司共汇款828.8万元。在此过程中，胡一凡对叶新江谎称三清公司向宏光公司的汇款中有三清公司给胡一凡的中介费10万元，叶新江信以为真，胡一凡即安排朋友邓晓勇于2006年1月25日通过叶新江从三辉公司领取10万元，邓晓勇将该款交给了胡一凡。

原判认定的上述事实，有以下证据予以证实：(略)。

原判还认定，2010年12月6日，被告人胡一凡在其亲属的陪同下到南海市人民检察院投案。次日，南海市顺城区人民检察院受南海市人民检察院指定侦查办理本案，于当天对胡一凡进行刑事拘留，胡一凡如实向南海市顺城区人民检察院交代了其上述贪

污、受贿的主要事实。案发后,南海市顺城区人民检察院反贪污贿赂局追缴胡一凡上述全部贪污、受贿赃款。该事实有南海市人民检察院出具的犯罪嫌疑人胡一凡投案经过及暂扣款物收据予以证实。

原判另认定,关于原公诉机关指控"2008年元月,被告人胡一凡利用职务之便,以邓晓勇的名义在宜春区安普公司(以下简称'安普公司')投资20万元,并签订协议约定无论盈亏一年后返还本金和回报共计40万元。2009年元月,胡一凡安排邓晓勇在安普公司董事长杨天海处以支票的形式领款共计40万元"系受贿一节,经查,2007年9月,安普公司取得宜春区沙嘴办事处黄金大道北侧宜地(2005)20号地块的国有土地使用权,用于居住、商业开发。2008年1月,胡一凡与安普公司董事长杨天海商定由胡一凡向安普公司投资20万元,一年内安普公司返还其投资和回报共计40万元。2008年1月12日,胡一凡将其与其兄胡一光的20万元安排其朋友邓晓勇存入杨天海的银行卡,杨天海将该款交安普公司财务,该公司出具一份内容为"收到邓晓勇投资款20万元"的收据,在公司账目记为收到邓晓勇借款20万元,邓晓勇将该收据转交胡一凡。2008年1月16日,胡一凡以邓晓勇的名义与安普公司签订了一份《联合投资协议》,该协议内容为安普公司与邓晓勇联合对安普公司购得的宜地(2005)20号土地进行房地产开发,所有涉及立项、准建、批复均由邓晓勇协助办理,费用由安普公司承担,邓晓勇向安普公司投资20万元,12个月内(2008年1月18日至2009年1月18日)收回投资和回报共计40万元整,无论该项目经济效益如何均不增加或减少。2009年2月9日,胡一凡安排邓晓勇通过杨天海在安普公司领取金额为20万元的支票两张共计40万元,邓晓勇将支票转交胡一凡,胡一凡持邓晓勇的居民身份证在银行开户,将40万元取出存入该银行账户。

原判认定的上述事实,有以下证据予以证实:(略)。

原判根据查明的上述事实认为,被告人胡一凡的此节行为是否构成受贿应适用《最高人民法院、最高人民检察院关于办理受贿刑事案件适用法律若干问题的意见》(以下简称《意见》)之规定,《意见》第三条规定了"关于以开办公司等合作投资名义收受贿赂"之范畴,该条的内容为"国家工作人员利用职务上的便利为请托人谋取利益,由请托人出资,'合作'开办公司或者进行其他'合作'投资的,以受贿论处。受贿数额为请托人给国家工作人员的出资额。国家工作人员利用职务上的便利为请托人谋取利益,以合作开办公司或者其他合作投资的名义获取'利润',没有实际出资和参与管理、经营的,以受贿论处";《意见》第四条"关于以委托请托人投资证券、期货或者其他委托理财的名义收受贿赂"中规定"国家工作人员利用职务上的便利为请托人谋取利益,以委托请托人投资证券、期货或者其他委托理财的名义,未实际出资而获取'收益',或者虽然实际出资,但获取'收益'明显高于出资应得收益的,以受贿论处。受贿数额,前一情形,以'收益'额计算;后一情形,以'收益'额与出资应得收益额的差额计算"。依照上述规定,国

家工作人员与他人进行合作投资，虽然实际出资，但所获收益与实际赢利明显不符的，属于变相受贿。但是，原公诉机关所举证据不能证明胡一凡出资20万元实际赢利的数额，故不能确定胡一凡所获20万元是否与其出资实际赢利明显不符。同时，原公诉机关所举证据亦不能证明胡一凡利用其职务之便，为安普公司谋取利益，故原公诉机关指控胡一凡此项行为系受贿的证据不足，不能成立。

综上，原判认为，被告人胡一凡身为国家工作人员，利用其负责调处宜地(2004)20号国有土地使用权转让及经费退赔事宜的职务之便，采取欺骗的手段，侵吞公款10万元，其行为已构成贪污罪。案发后，胡一凡主动投案，并如实供述了贪污犯罪的主要事实，系自首，且全额退赃，故依法对其减轻处罚。依照《中华人民共和国刑法》第三百八十五条第一款、第三百八十六条、第三百八十三条第二款、第六十七条第一款、第六十四条和《最高人民法院关于处理自首和立功具体应用法律若干问题的解释》第一条、第三条之规定，判决：一、被告人胡一凡犯贪污罪，判处有期徒刑六年，并处没收财产三万元；二、南海市顺城区人民检察院暂扣的被告人胡一凡涉案赃款人民币十万元予以没收，上缴国库；检察机关暂扣的其他款项，由其依法处理。

南海市顺城区人民检察院抗诉提出，胡一凡以邓晓勇的名义与安普公司签订的联合投资协议只是幌子，并不是实际投资，其在安普公司出资20万元，一年内收回投资和回报共计40万元，其实质是胡一凡利用职务上的便利，为安普公司谋取利益，变相收受贿赂，故其所获得的20万元的回报不是出资所获得的赢利，应当全部认定为贿赂款，抗诉机关指控此节的事实清楚、证据充分，没有必要提供胡一凡20万元出资实际赢利的相关证据，胡一凡的受贿数额应当认定为20万元，原判采信证据不当，导致认定事实、适用法律错误，建议二审予以纠正。

南海市人民检察院认为南海市顺城区人民检察院的抗诉正确，予以支持。并在二审开庭审理时提出了原判认定胡一凡犯贪污罪的事实清楚、证据充分，应予维持的出庭意见。

上诉人胡一凡上诉提出，其为宏光公司转让土地给三清公司的过程中付出了劳动和相关费用，其在宏光公司获取的10万元是三清公司给其的劳务费，不属于公款，不应认定为贪污，原判对此认定事实不清，定性错误。

辩护人亦提出了以上相同辩护意见。

经二审审理查明，南海市顺城区人民法院在判决书中所列举的认定本案事实的证据，在二审开庭审理时亦当庭进行了宣读、出示并质证。二审期间，支持抗诉机关南海市人民检察院、原审被告人胡一凡及其辩护人均未提供新的证据。本院对一审判决所列并经二审庭审质证的证据予以确认。经二审审理查明，一审判决认定的事实清楚，证据确实、充分。

对于抗诉机关南海市顺城区人民检察院和支持抗诉机关南海市人民检察院提出，

胡一凡2008年1月18日在安普公司投资20万元，一年内收到回报即收益20万元，该行为属于胡一凡利用职务上的便利，为安普公司谋取利益而非法收受安普公司贿赂的行为，对其获得的20万元收益应当全部认定为受贿，抗诉机关指控此节的事实清楚、证据充分的抗诉意见，经查，根据二审查明的事实和证据，可以确认胡一凡向安普公司投资20万元是客观事实，但对其获得20万元收益的行为是否属于受贿行为以及受贿数额如何认定，应从以下几个方面进行评析。1.胡一凡的上述行为属于受贿性质的行为。第一，胡一凡利用了职务之便，为他人谋取利益。胡一凡与安普公司所签订的联合投资协议约定："安普公司与邓晓勇(邓晓勇仅为代表，实际为胡一凡)联合对安普公司购得的宜地(2005)20号土地进行房地产开发，所有涉及立项、准建、批复事宜均由邓晓勇协助办理，费用由安普公司承担，邓晓勇向安普公司投资20万元，12个月内收回投资和回报共计40万元，无论该项目经济效益如何均不增加或减少。"胡一凡时任南海市宜春区国土资源局副局长兼土地储备中心主任，其中土地储备中心的职责包括储备土地、做好储备土地开发、管理等出让前准备工作。且安普公司董事长杨天海亦向胡一凡表明了具体的请托事项，因其在从事房地产开发，有很多事需要胡一凡帮忙，才同意胡一凡投资20万元，一年内收益20万元。因此，胡一凡承诺为房产开发办理"立项、准建、批复"无疑属于利用职务上的便利为请托人谋取利益。第二，《意见》第三条第二款规定："国家工作人员利用职务上的便利为请托人谋取利益，以合作开办公司或者其他合作投资的名义获取'利润'，没有实际出资和参与管理、经营的，以受贿论处。"这表明国家工作人员利用职务上的便利进行各种"投资"并获取"利润"的，若不同时具备两个条件(实际出资和参与管理、经营)，应视为受贿行为。本案中，邓晓勇(实际为胡一凡)并没有同时具备"实际投资"和"管理、经营"两个要素。其中，邓晓勇(实际为胡一凡)为安普公司办理立项、准建、批复的行为不是经营、管理行为，而是属于"利用职权上的便利为请托人谋取利益的行为"。据此，胡一凡虽实际出资，但没有参与管理、经营，仍属于受贿行为。2.胡一凡在此项行为中的受贿数额不能确定。《意见》第四条规定，"国家工作人员利用职务上的便利为请托人谋取利益，以委托请托人投资证券、期货或者其他委托理财的名义，未实际出资而获取'收益'，或者虽然实际出资，但获取'收益'明显高于出资应得收益的，以受贿论处。受贿数额，前一情形，以'收益'额计算；后一情形，以'收益'额与出资应得收益额的差额计算"。本院认为，根据该规定，对于国家工作人员利用职务上的便利，进行所谓委托理财获取明显高于出资应得"收益"的受贿犯罪，其数额认定应该扣除出资正常情况下的应得收益。从有利于被告人的角度出发，该条的立法精神可以适用于《意见》第三条。结合本案，胡一凡在安普公司投资20万元后，一年内获得收益20万元，如将胡一凡获得的该20万元收益全部认定为其受贿额，就与上述司法解释的规定不符。鉴于抗诉机关和支持抗诉机关对胡一凡投资20万元的应得收益额是多少未提供相关证据证实，并以胡一凡所获得的20万元收益应全部认定为受贿数额为由不予

提供证据，据此，现有证据不能证实胡一凡出资20万元实际赢利的数额，亦不能确定胡一凡所获20万元收益是否与其出资实际赢利明显不符，更不能确定胡一凡此笔事实的受贿数额。综上所述，胡一凡在此节行为中实施了利用职务之便为他人谋取利益的行为，原判认定原公诉机关所举证据不能证明胡一凡利用职务之便，为安普公司谋取利益，该认定不当，应予纠正。但现有证据不能确定胡一凡此项行为的具体受贿数额，导致认定其犯罪的证据不足，二审亦不予认定。故抗诉机关和支持抗诉机关关于胡一凡非法收受安普公司贿赂20万元的事实清楚、证据充分的抗诉意见不能成立，本院不予支持。

对于上诉人胡一凡及其辩护人提出，胡一凡在宏光公司转让土地使用权给三清公司的过程中付出了劳动和相关费用，其在宏光公司获取的10万元是三清公司给其的劳务费，不属于公款，其行为不应认定为贪污的上诉理由和辩护意见。经查，贪污罪，是指国家工作人员利用职务上的便利，侵吞、窃取、骗取或者以其他手段，非法占有公共财物的行为。结合二审查明的事实，本院认为，胡一凡的上述行为构成贪污罪。理由：1.胡一凡的行为属于利用职务之便的行为。胡一凡身为宜春区国土资源局副局长兼土地储备中心主任，其受宜春区人民政府的委托调处国有土地使用权转让及土地使用权出让金退赔事宜过程中，其行为是代表政府行为。既然如此，不管其行为是欺骗还是其他方式，宜春区人民政府都必须对土地使用权出让金的真实性承担保证责任。或者说，其在土地使用权出让金退赔事宜中所声称的价格，对本案中接受国有土地使用权的三清公司和宜春区人民政府均具有约束力。2.胡一凡的行为所指向的10万元在性质上属于公共财物。首先，从表面上看，胡一凡的欺骗行为导致了三清公司损失10万元，但从本质上看，该损失是宜春区人民政府职务行为的结果，属于政府保证行为，三清公司在知道被骗事实后可以追回损失，且追索的对象为宜春区人民政府而非胡一凡个人。其次，贪污罪中公共财产并不限于合法性财产，只要是通过政府行为而取得，实际为政府占有、使用中的财物，比如非法征收的财物、欺骗企事业单位而来的财物等，均属于公共财物。3.胡一凡的行为侵害了职务行为的纯洁性和公务人员的廉洁性。胡一凡代表政府在经手、处理国有土地使用权转让事宜的过程中，以欺骗的手段非法占有公共财物，使职务行为的纯洁性和公务人员的廉洁性均遭受了侵害。综上，上诉人的上诉理由和辩护人的辩护意见均不能成立。对抗诉机关及支持抗诉机关提出胡一凡犯贪污罪的事实清楚、证据充分的出庭意见予以支持。

本院认为，原审判决认定事实清楚、证据充分，适用法律正确，量刑适当，审判程序合法。南海市顺城区人民检察院的抗诉意见和南海市人民检察院的支持抗诉意见及上诉人胡一凡的上诉理由和辩护人的辩护意见均不能成立，本院不予采纳。依照《中华人民共和国刑事诉讼法》第一百八十九条第（一）项之规定，裁定如下：

驳回抗诉机关南海市顺城区人民检察院的抗诉及上诉人胡一凡的上诉，全案维持原判。

本裁定为终审裁定。

审判长　×××

审判员　×××

审判员　×××

（院印）

二〇一二年三月二十三日

本件与原件核对无异

书记员　×××

（二）审判监督程序

1.抗诉

东方省人民检察院
刑事抗诉书

东检刑抗（2013）×号

原审被告人胡一凡，南海市宜春区国土资源局原副局长、土地储备中心主任（个人信息略）。2010年12月7日因涉嫌犯受贿罪被刑事拘留，2010年12月20日被逮捕。现在南海市监狱服刑。

2011年8月17日，南海市顺城区人民检察院以对胡一凡犯贪污罪、受贿罪向南海市顺城区人民法院提起公诉。同年11月21日，南海市顺城区人民法院以（2011）东顺刑字第×号刑事判决书对被告人胡一凡贪污、受贿一案作出判决：一、被告人胡一凡犯贪污罪，判处有期徒刑六年，并处没收财产三万元；二、南海市顺城区人民检察院暂扣的被告人胡一凡涉案赃款人民币十万元予以没收，上缴国库；检察机关暂扣的其他款项，由其依法处理。判决下达后，南海市顺城区人民检察院和原审被告人胡一凡均不服，分别提出抗诉和上诉。2012年3月23日，南海市中级人民法院以（2012）东南中刑终字第×号刑事裁定书裁定维持原判。2012年4月28日，南海市人民检察院提请我院按照审判监督程序向东方省高级人民法院提出抗诉。

经依法审查查明，本案的事实如下：

(一)贪污罪

2005年5月至2006年1月,原审被告人胡一凡在任南海市宜春区国土资源管理局副局长兼南海市宜春区土地储备中心主任期间,利用其负责调处宜地(2004)20号国有土地使用权转让及经费退赔事宜的职务之便,采取欺骗手段,侵吞公款人民币10万元(以下币种同)。

(二)受贿罪

2007年,宜春区安普房地产置业有限公司(以下简称"安普公司")在宜春区沙嘴办事处黄金大道北侧宜地(2005)20号地块进行房地产项目开发时,原审被告人胡一凡多次向安普公司董事长杨天海提出投资入股的要求,遭到杨天海拒绝,后杨天海考虑到原审被告人胡一凡国家工作人员的身份以及以后有求于他的原因而同意原审被告人胡一凡的投资入股要求。经双方协商,由原审被告人胡一凡向安普公司投资20万元,一年内安普公司返还其投资和回报共计40万元,并约定由邓晓勇具体经办此事。2008年1月12日,原审被告人胡一凡安排邓晓勇将20万元存入杨天海的个人银行账户内。同年1月16日原审被告人胡一凡以邓晓勇的名义与安普公司签订了一份《联合投资协议》,该协议约定邓晓勇向安普公司投资20万元,12个月内(2008年1月18日至2009年1月18日)收回投资和回报共计40万元整,无论该项目经济效益如何均不增加或减少。2009年2月9日,原审被告人胡一凡安排邓晓勇从安普公司领取金额为20万元的支票两张,邓晓勇将支票转交原审被告人胡一凡后,胡一凡持邓晓勇身份证将40万元取出并据为己有。

以上犯罪事实清楚,证据确实、充分,足以证明。

本院认为,原审裁定以受贿数额不能确定为由对原审被告人胡一凡受贿20万元的事实不予认定属认定事实和适用法律错误。原审被告人胡一凡的行为属于以投资为名的受贿行为,其行为已触犯《中华人民共和国刑法》第三百八十五条之规定,应当以受贿罪追究其刑事责任。为维护司法公正,准确惩治犯罪,依照《中华人民共和国刑事诉讼法》第二百四十三条第三款的规定,对南海市中级人民法院(2012)东南中刑终字第×号刑事裁定书提出抗诉,请依法判处。

此致

东方省高级人民法院

东方省人民检察院

2013年8月2日

(院印)

2.再审

(1)庭审笔录

东方省高级人民法院审判监督第一庭
开庭笔录

时间:2013年12月2日上午10时00分

地点:东方省南海监狱临时法庭

是否公开开庭审理:公开

审判人员:略

书记员:略

审:(槌!)东方省高级人民法院审判监督第一庭现在开庭。

审:传原审被告人胡一凡到庭。

审:原审被告人胡一凡,南海市中级人民法院(2012)东南中刑终字第×号刑事裁定书所列你的姓名、民族、出生年月、出生地、家庭住址等基本身份情况以及你被采取强制措施的时间是否属实?

被:属实。

审:东方省人民检察院东检刑抗(2013)×号抗诉书收到没有?什么时间收到的?

被:收到了,2013年11月10日收到的。

审:根据《中华人民共和国刑事诉讼法》第一百八十五条,第二百四十三条第三款、第四款及第二百四十五条之规定,本庭今天依法在东方省南海市监狱临时法庭公开开庭审理由东方省人民检察院提起抗诉的原审被告人胡一凡贪污、受贿一案。

审:现在宣布合议庭组成人员、书记员、检察员和诉讼参与人名单。本案由东方省高级人民法院审判监督第一庭审判员×××担任审判长,与代理审判员××、××组成合议庭,书记员××担任法庭记录。东方省人民检察院指派检察员××、代理检察员××出庭履行职务。东方秉正律师事务所律师××、××接受原审被告人胡一凡的委托,担任其再审辩护人。

审:根据《中华人民共和国刑事诉讼法》第十一条、第二十八条、第二十九条、第三十二条、第一百九十二条、第一百九十三条、第二百零一条等有关条款的规定,当事人(被告人及其法定代理人)在法庭上享有下列诉讼权利:(1)申请回避权。被告人及其辩护人如果认为本合议庭组成人员、书记员、检察员与本案有利害关系,或者有不正当的行为,可能影响案件公正审判的,有权申请上列人员回避。(2)辩护权。被告人除有权自行辩护外,还有权委托一至两名辩护人为自己辩护。(3)申请动议权。被告人及其辩护

人有权申请通知新的证人到庭,调取新的物证,申请重新鉴定或勘验,但必须经法庭同意。(4)发问和质证权。经审判长许可,当事人可以对出庭的证人、鉴定人发问;对庭审中出示的证据有权质证。(5)最后陈述权。在法庭辩论结束后,被告人有最后陈述的权利。(6)补正笔录权。被告人及其辩护人认为庭审笔录有差错,有申请补正的权利。

审:原审被告人胡一凡,你听清楚没有?是否申请回避?

被:听清楚了,不申请回避。

审:胡一凡的辩护人听清楚没有?是否申请回避?

辩:听清楚了,不申请回避。

审:现在开始法庭调查,首先由抗诉机关宣读东方省人民检察院东检刑抗(2013)×号刑事抗诉书。

检:宣读东检刑抗(2013)×号刑事抗诉书(略)。

审:原审被告人胡一凡,抗诉书指控你犯贪污、受贿罪的事实是否属实,你可以就本案的事实、证据和适用法律等问题进行当庭陈述。

被:抗诉书指控我犯贪污罪、受贿罪不是事实,指控不属实。我在被刑拘期间,办案人员对我疲劳审讯,我在神志不清的情况下做的笔录。第二阶段,在看守所讯问时,把我的老花镜也拿走了,笔录我看不清,他们在电脑上将审讯笔录上的字放大,又不让我修改,说自己修改,直到顺城区法院一审开庭,我才知道被骗了。当时我和杨天海商量投资,杨天海答应筹集80万元,我哥哥放弃了其他生意,后来杨天海不知道什么原因又拒绝了。邓晓勇和我是一个湾子长大的,他在农行当过科长,杨天海是搞企业的,邓晓勇和杨天海住得很近,就去找杨天海商量入股的事。二人商量后,投资入股的事我就不知道了。安普公司开发的土地是通过竞标取得的,我没帮什么忙,杨天海后来也没有找我帮忙,更不存在我主动帮忙。2009年我还在位时,杨天海就和其他人合伙搞房地产开发,他没有找我,我也不知情,我在安普公司这块地上没有给他帮任何忙。我还想陈述下贪污罪。

审:你对贪污涉案的十万元有什么异议?

被:我有确凿证据证明我不构成贪污罪:(1)原审对政府行为的定性错误。①《中华人民共和国城镇国有土地使用权出让转让暂行条例》第八条、第十九条分别明确了什么是出让什么是转让,明确土地出让时政府可以收取土地出让金,而转让不可以收取费用。②宜春区人民政府与宏光公司签订了国有土地使用权协议,按照协议宏光公司支付了800万元出让金,取得了土地使用权,进行后期开发,后来因其他原因,政府同意转让。按照条例,不论转让费多少,与政府毫不相干。③政府已将土地出让给宏光公司,怎么可能将土地再次转让给三清公司?检方在起诉书中将宏光公司与三清公司间的土地使用权转让说成了出让,定性错误,导致法院误判。(2)土地储备中心是宜春区城投公司的二级单位,没有任何行政职能,宜春区土地储备中心与三清公司签协议是根据市

政府领导的意见和宏光公司的委托，协议中明确了是土地使用权转让，是充当宏光公司与三清公司的中间人。(3)《东方省实施〈中华人民共和国城市房地产管理法〉办法》第三条第二款规定："县级以上人民政府房地产管理部门负责本行政区域房地产业的行政管理，未设房地产管理部门的，由建设行政主管部门负责，指导、管理城镇国有土地使用权有偿转让和开发利用工作。"我作为土地储备中心主任没有管理职能，我只是充当了中介人，为宏光公司转让土地使用权还自己花费了 7 万多元，这 10 万元中部分属于我个人垫付部分属于劳动报酬，贪污罪不能成立。

审：检察员对本案的事实、证据、适用法律是否还有补充陈述？

检：我们到宜春区国土资源局进行了调查，进行了证据复核，复核了以下证据：2006 年宜春区国土资源局开会对党组成员的分工。证明原审被告人胡一凡的职责与权限。

审：该证据是不是原审出示过的证据？

检：是的。

审：原审的证据已庭审质证，无须再质证。

审：根据原判认定的事实及再审抗诉理由，对法庭调查重点归纳如下：原审被告人胡一凡以邓晓勇名义在安普公司投资 20 万元，一年内收益 20 万元的行为是否属于受贿行为及受贿数额的具体认定。

审：原审被告人胡一凡，你对本庭归纳的法庭调查重点有无异议或补充？

被：依照《中华人民共和国刑事诉讼法》第一百四十五条，请法庭全面审查，我不构成贪污罪，请求将贪污罪一并审查。

审：辩护人对法庭确定的调查重点有无异议或补充？

辩：同意合议庭确定的法庭调查重点，同时关于胡一凡提出的 10 万元贪污款也请法庭一并考虑。

审：检察员有无异议或补充？

检：没有。

审：下面由控辩双方对被告人进行讯问、发问，法庭提醒控辩双方注意：(1)发问、讯问前应举手示意，并经审判长许可。(2)发问、讯问应围绕本次庭审重点进行(抗诉理由和控辩双方有异议的事实)，发问、讯问的内容不得与案件事实无关，对于一方已经发问、讯问的内容，对方无须重复；(3)发问不准带有诱导性，讯问不准指供、诱供；(4)原审被告人应如实回答辩护人、检察员和合议庭成员的提问，不得作虚假陈述；(5)不得使用不文明的语言，不得贬损他人的人格尊严。

审：首先由检察员讯问被告人。

检：2006 年 2 月 6 日至 2008 年 4 月期间，你在宜春区国土资源局任职情况？

被：副局长。

检：具体分管工作？

被:土地利用、土地监察和土地储备。

检:按照2006年领导班子分工的会议纪要,你分管土地利用、国土资源监察工作、主持土地中心工作,具体分管土地利用科、负责土地收购储备、招标、拍卖、挂牌、存量土地资产处置,农村集体非农业建设用地流转管理和联系国土监察局,是这样吗?

被:2008年我已抽调到市里搞中心工作。

检:抽调的具体时间?

被:2008年年初。

检:你抽调的时间是2008年4月30日,对2006年会议纪要的分工内容你有无异议?

被:土地储备中心2008年已划到城投公司。

检:也就是说2006年至2008年年初,你主管这些工作?

被:是的。

检:安普中心这块地,杨天海是否找过你咨询?

被:电话咨询过,具体关于土地招拍挂的程序及流程。

检:安普公司手续没办全就施工,你是否知道?

被:不知道。

检:2007年上半年,你是否找杨天海要求投资?

被:没有,找他商量投资是地已经到手之后。

检:地拿到手之后,你找他要求投资?

被:对。

检:最初是否找他投资50万元?

被:具体数额我没有提。

检:杨天海的证词,杨天海说你先要求投资50万元,又提出40万元,他均未答应,后来考虑到以后有求于你,与你达成20万元的投资协议?

被:这不是事实。

检:我请求法庭播放杨天海于2011年1月15日证言的录像资料(播放杨天海证言,略)。

检:2009年元月,你是否电话联系邓晓勇到安普领取支票?

被:是杨天海让我通知邓晓勇去取款。

检:如果是邓晓勇投资,为什么杨天海没有邓晓勇的电话,而通知你本人?

被:邓晓勇经常换电话。

检:邓晓勇领取支票后,你是否持邓晓勇的身份证将40万元取出?

被:是邓晓勇自己取的。

检:这40万元是不是你存的?

被:不是,邓晓勇存的。

检:之后你是否把这40万元借给他人?

被:借给了陈志坤。

检:既然如你所说,钱不是你的,为什么这40万元的出借人是你?

被:(沉默。)

检:审判长,讯问暂时到此。

审:下面由辩护人发问被告人。

辩:邓一凡,你刚刚提到在安普公司投资的情况?

被:是的。

辩:具体什么时间签订的投资协议?

被:是在土地使用权取得之后,协议是邓晓勇和杨天海签的,具体签订时间和内容我均不知道。

辩:你再回忆下,协议确定是在土地使用权取得之后签订的?

被:是的。

辩:客观上,你是否利用职务,为安普公司和杨天海提供了便利?

被:没有,我现在才知道杨天海后来又和别人联合开发了两块土地,他没找我,我也不知情。

辩:你认为这20万元是什么性质?

被:投资。

辩:20万元是怎么组成的?

被:提到这里我就感觉自己要掉眼泪,杨天海拒绝我之后,我就想算了,后来我哥哥说给邓晓勇听,邓晓勇很气愤,就自告奋勇地说去找杨天海,其中有我哥哥10万元,另外10万元是我买房子没钱邓晓勇借给我的,我把钱还给邓晓勇后,他们两个就去投资了。

辩:投资时,按照当时的房地产行情,你认为安普公司做项目收益多少?

被:具体数额不知道,2008年、2009年宜春区房地产市场很火爆。

检:补充发问,请法庭准许。

审:准许。

检:被告人,刚才检察员、辩护人都问了你投资的问题,这一情节,关于20万元投资主体,是你自己的投资行为还是你哥哥、邓晓勇两人投资,请你明确一下。

被:其中的10万元是我哥哥投资,另外10万元是邓晓勇的,协议也是邓晓勇签的。

检:你的意思是自始至终都是邓晓勇和你哥哥在投资,不是你投资,杨天海能证实这个问题吗?

被:从始至终都是邓晓勇找杨天海,我没有参与。

检:我们先谈事实,你说是邓晓勇在投资?

被:在顺城看守所做的笔录中,我说投资了10万元。

检:具体资金来源是一回事,你再次明确下是谁拿了20万元给安普公司投资?投资主体是谁?资金来源和投资主体是两个概念,希望今天你在法庭上如实回答。

被:投资主体以投资协议上签字为准,我没有参与。

检:从投资前20万元到一年后的40万元,这40万元安普公司实际给谁了?

被:我不知道,钱没到我手上,后来邓晓勇交给检察院了。

检:之前你回答这40万元借给陈志坤了,出借人是谁?

被:是邓晓勇和我哥哥商量的。

检:这与你是什么关系?

被:这笔钱通过我的存折转给陈志坤了,因为他们只相信我。

检:针对这个问题,我们请求法庭宣读邓晓勇的证言,证明内容这笔钱的归属。(宣读邓晓勇2010年12月29日在顺城看守所的证言,略)邓晓勇的证言证明两个问题:(1)20万元的投资本钱是胡一凡出的;(2)20万元投资变40万元后归属于胡一凡,整个过程邓晓勇充当的仅仅是名义上的合同签订者,实际投资人是胡一凡。我们认为,被告人在法庭上未如实供述。

审1:原审被告人胡一凡,现由法庭讯问你几个问题,希望你能如实回答。

被:是。

审1:对于20万元投资款,你刚才提到你哥哥和邓晓勇各出了10万元,你具体怎么跟你哥哥说的?

被:杨天海拒绝我后,邓晓勇说他去找杨天海,关于具体出资,我不太清楚,其中10万元是我原来买房子找邓晓勇借钱,我还给他的。

审1:你的意思是之前和杨天海商量过投资,所以杨天海没有同意,拒绝了你?

被:我哥哥准备了80万元,但后来不知道为什么没有同意。

审1:谁和杨天海谈的?

被:我和他谈的,因为这件事我哥哥的建材生意都没有做。最后的钱没有一分到我手上,我被刑拘后直到监狱服刑,后来我哥哥告诉我,陈志坤把钱还给邓晓勇了,邓晓勇又把钱交给了顺城区检察院。你们可以查我的存折和资金流向,我账上一分钱也没有。

检:请求法庭准许宣读胡一光的证言,证明内容:20万元的投资主体(宣读胡一光证言,略)。胡一光证言证实:其中的10万元是被告人胡一凡找其哥哥借的,但投资主体不是胡一光。

审:请辩护人对该证据发表质证意见。

辩:我没有异议,因为不属于新证据,而且不是庭审重点,我建议直接跳过去。

检:辩护人对抗诉书指控的事实不持异议,庭前与检察院达成了共识。

辩:对,我们对抗诉指控事实本身异议不大。

辩1:补充一下,检察机关认为胡一凡投资安普公司20万元,并获取了20万元的利润,我们对于性质持有异议。但关于这20万元实际出资人是谁,原审认定的事实部分实际也没有查清。

审:原审被告人胡一凡有无新证据提供?

被:有,关于贪污罪向法庭提交两个规范性文件:《中华人民共和国城镇国有土地使用权出让和转让条例》《东方省实施〈中华人民共和国城市房地产管理法〉办法》。

审:请检察员对原审被告人提交证据进行质证。

检:被告人所谓的证据是法律法规,我们认为不是证据,不需要质证。

审:法庭调查结束,现在进行法庭辩论。

审:法庭提醒控辩双方注意:(1)要紧紧围绕本庭归纳的审理重点进行辩论;(2)不准发表与本案无关的言论,不得使用不文明的语言,不得进行人身攻击;(3)一方发言时,另一方不得插话。

审:首先,请抗诉机关发表出庭意见。

检:我们受东方省人民检察院指派,代表本院,出席今天的法庭,依法履行职务,现对原审法院判决简要发表如下意见,请法庭注意。庭后,我们提交详细的出庭意见书。(1)原审被告人胡一凡以邓晓勇名义投资安普公司,获利20万元的事实,不宜认定为投资或委托理财,应认定为以投资为名的受贿。本案中的联合投资协议不符合投资应具有的平等、双方自愿、承担风险的一般特征。而在本案中,胡一凡与安普公司之间,双方主体之间系管理与被管理的关系,在胡一凡多次找杨天海投资的情况下,杨天海代表的安普公司也并非自愿签署协议;同时,协议约定高额固定回报,胡一凡无须承担任何风险,也不符合投资行为风险与回报成正比的一般特征,其本质是假借投资之名的一种权钱交易。(2)原审被告人胡一凡的行为应认定为受贿,证人邓晓勇的证言、证人杨天海的证言、原审被告人胡一凡供述,相互印证,基本吻合一致。(3)同时,请法庭注意,杨天海并非自愿的实际情况,胡一凡具有索贿情节,该情节作为量刑的加重情节请合议庭予以考虑。(4)关于受贿金额,建议20万元全额认定,理由是:根据最高人民法院、最高人民检察院《关于办理受贿刑事案件适用法律若干问题的意见》,胡一凡所谓的投资20万元是索贿的犯罪诱饵,不存在应得利益,索贿金额是之后获取的20万元,应当以受贿罪追究其刑事责任。出庭意见发表完毕。

审:下面由原审被告人自行辩护。

被:我刚才说得很清楚,(1)我的多次口供笔录均是在侦查机关欺骗、诱供的情况下作出的,不应采信;(2)我没有受贿,更没有索贿,指控我受贿与事实不符。请律师为我辩护。

审:下面由辩护人发表辩护意见。

辩:检察机关指控胡一凡犯受贿罪不成立。(1)请法庭注意,抗诉机关包括之前的

公诉机关在一审、二审程序中，也包括今天的再审没有提交一份关于胡一凡为安普公司或杨天海谋取利益的证据。检察机关指控这20万元是权钱交易，那么他们交易的基础是什么，用了权力干了什么事，胡一凡利用职务为杨天海提供了什么便利？关于这点没有任何证据证明。(2)胡一凡与安普公司签订的联合投资协议应认定为投资行为，而非犯罪行为。现实中，很多投资理财为了吸引顾客或增加收入，会有保底条款，而且当时安普公司正在进行房地产项目开发，缺少资金。安普公司办公室主任王方证言证实：当时安普公司资金不是很充足，杨天海让他拿点钱，王方拿了6万元，11个月后分红5万元。所以项目不像杨天海说的不差钱，而是很差钱，所有人投资都是百分百利润。我上周做过调查询问了杨天海，他说当时投资房地产是150%的利润，所以这种投资不属于犯罪行为。检察员对最高人民法院、最高人民检察院《关于办理受贿刑事案件适用法律若干问题的意见》第三条的解读比较片面，现有证据证明当时土地招标已结束，胡一凡没有为安普公司谋取任何利益，所以该条不符合本案情况。同时，根据第四条的规定，如果将这种行为解释为委托理财的话，需要所获收益明显高于正常收益的条件，但实际正常收益是多少，检察机关没有提供任何证据证明，也没有证据证明他所得收益远超出正常收益。因此，这20万元应认定为投资款，检察机关指控的事实不能成立，没有客观证据印证。我方请求驳回抗诉。

审：下面进行第二轮辩论，在第二轮辩论之前，法庭提醒控辩双方注意，已经发表过的意见不再重复发表。抗诉机关有无新的补充意见发表？

检：(1)关于原审被告人提出的侦查阶段刑讯逼供问题，依据法律规定，请被告人提供具体线索。同时，讯问笔录记载的时间、地点表明，检察机关对胡一凡的讯问都是在看守所隔天进行，胡一凡当庭明显未如实供述。(2)关于辩护人提出胡一凡是否"利用职务之便"的问题，第一，杨天海证言证实他找过胡一凡咨询土地招拍挂，这点胡一凡当庭也承认了。第二，房地产公司在取得土地使用权后存在转让登记手续办理等问题，并非取得使用权后国土资源局对开发商就不存在管理权了。第三，关于证人王方出资6万元的问题，王方为安普公司办公室主任兼任杨天海司机，私交非一般人能比；杨天海也证实，只有几个他需要感谢的朋友在安普公司投资，对王方的出资行为不能按照一般投资来认定，是熟人间的特殊投资关系，所以与原审被告人的行为不具有类比性。第四，关于辩护人提到的安普公司资金短缺，需要借钱，杨天海证言证实公司借款都是按照10%的利息，即使需要资金通常也不会以这种方式，所以杨天海之所以同意主要是考虑胡一凡的身份。胡一凡的供述也提到，没有拖延时间、没有设槛为难，这难道不是变相帮助？

审：原审被告人有无新的辩护意见？

被：(1)关于刑讯逼供，请法院依法查明，我前后被审讯八天八夜，申请法院向顺城看守所调查取证。除了这八天八夜外，把我的眼镜拿走，我根本看不到笔录内容。

(2)检察员所说的土地使用权转让登记手续，按照国土资源部规定，政府是服务性工作。(3)关于杨天海打电话咨询我土地招拍挂，这是我的本职工作，我有义务告知程序、释明法律规定，让他依法取得使用权。

审:辩护人有无新的辩护意见?

辩:(1)检察员刚才说杨天海找胡一凡咨询土地的招拍挂，是否单纯解答咨询也算提供便利，进而认定为犯罪?(2)检察员一再强调胡一凡不为难杨天海和安普公司，没有设槛卡扣就算提供便利，这是什么逻辑?履行正常的职务行为与提供便利是两种截然不同的性质，请检察员不要混淆，况且这只是一种类推，没有证据证明，不能因为证据可以为我所用，就在庭上攻击、对抗，要客观、真实，不能推断。(3)关于胡一凡提出的刑讯逼供问题，请求法庭调取同步录音录像，具体调查讯问时间，是否存在凌晨三四点钟变相刑讯逼供的情况。

辩1:补充两点，(1)审判长总结本案庭审焦点时说得很清楚，客观上，胡一凡是否利用职务之便为安普公司谋取利益。在案证据证实，杨天海的证言仅谈到“将来可能会有找胡一凡帮忙的时候”。另外，关于具体请托事项，检察机关也没有提供证据证明具体的时间、地点和事由等，所以客观上胡一凡为安普公司谋取利益没有，没有证据支持。(2)如果胡一凡为安普公司实际谋取利益的话，下一步才是受贿数额认定问题，同样在案证据不能证实。建议法庭驳回检察机关抗诉，维持原判。

审:检察员是否需要答辩?

检:(1)关于谋取利益，杨天海和胡一凡均证实，杨天海找胡一凡咨询，胡一凡没有为难杨天海，由于政府资源的稀缺性，这也是一种利益。(2)谋取的利益也可以是一种可预期的利益，基于这种预期利益，即使事后未实际谋取到，胡一凡作为国家机关工作人员，索取贿赂并不要求实际谋取到利益，因为索贿行为本身已经侵犯了国家工作人员职务行为的廉洁性。

审:原审被告人是否有新的补充意见?

被:(1)后续的登记工作是政府行政服务中心办理，不是我的职权范围。(2)2009年，杨天海将这笔钱汇到邓晓勇账上，我已经不分管土地招拍挂，我只管土地监察和储备，而且2008年、2009年我已经抽调到市监察局办公，局里明确分工其他人分管招拍挂。

辩:补充一点，根据胡一凡刚才的供述，他当时没有分管这块，没有这个能力，所以即使胡一凡主动、直接提出投资，不应理解为“索贿”，因为对杨天海而言胡一凡不在其位，不具有心理强制性。充其量是违纪行为，而非犯罪。

审:检察员对此是否需要答辩?

检:只有一点，邓晓勇证言证实投资20万元就是胡一凡用来搞钱，用这种形式掩盖非法目的，投资协议本身也很明确。

审:原审被告人胡一凡及其辩护人、检察员对本案的事实、证据和适用法律等均已发表了意见,并经相互辩论,各自的观点已阐述清楚,书记员已记录在案,合议庭评议时将予以充分考虑。

审:法庭辩论结束。

审:原审被告人胡一凡(起立),你现在可以向法庭作最后陈述。

被:我再重申两点,(1)检察机关讯问我的口供,是把我眼镜拿着后,骗取的,不应采信;(2)我不构成受贿罪。

审:经法庭调查、法庭辩论、被告人最后陈述,本案需要庭审审理的事项已经完成。因本案系检察机关抗诉再审的刑事案件,合议庭评议后将提请院长决定提交本院审判委员会讨论,定案后定期宣判。原审被告人查阅庭审笔录签字。

审:法警带原审被告人退庭。

审:现在休庭。(槌!)

(2)出庭意见书

东方省人民检察院
抗诉案件出庭检察员意见书

审判长、审判员:

根据《中华人民共和国刑事诉讼法》第二百四十五条的规定,我们受东方省人民检察院的指派,代表本院,出席今天的法庭,依法履行职务。现对原审人民法院判决发表如下意见,请法庭注意。

一、原审被告人胡一凡以邓晓勇的名义与安普公司签订的联合投资协议不应认定为"投资或委托理财",而应认定为以投资为名的受贿。

(一)本案中,所谓的"联合投资协议"不符合投资或理财应具有主体平等、双方自愿、承担风险的一般性特征,其本质是一种权钱交易。

1.所谓的"联合投资协议",双方主体之间存在管理与被管理的关系,不符合投资或理财的双方主体平等的一般性特征。原审被告人胡一凡时任宜春区国土资源局副局长兼土地储备中心主任,其中土地储备中心的职责包括储备土地、做好储备土地开发、管理等出让前准备工作。而安普公司作为房地产开发企业,正如证人杨天海证言所称,"他(胡一凡)现在正管我们,我们以后搞开发还有很多事情要找他帮忙"。双方之间是一种管理与被管理的关系,主体地位不平等。

2.所谓的"联合投资协议"并非双方主体自愿签署,不符合投资或者理财的双方自

愿性特征，其本质是一种权钱交易。杨天海证言："2007年上半年，胡一凡多次找我说想在我公司投资，并说想以邓晓勇名义来投资，先说投资50万，我没有同意，胡一凡又说投资40万，我还是没有同意，后来我和我的股东商量后就同胡一凡说入20万元。"该证言证实杨天海并非出于自愿，杨天海称主要考虑到原审被告人胡一凡时任宜春区国土资源局副局长兼土地储备中心主任的国家工作人员身份以及之后还有求于原审被告人的原因而同意。而胡一凡的供述，"本来打算要在他(杨天海)那里投资40万，结果只让我投资20万"，也印证了杨天海并非自愿的心理，同时也证实胡一凡具有索贿行为。胡一凡索贿的事实同时还有证人邓晓勇的证言印证，因此，所谓的"联合投资协议"其本质是一种权钱交易。

3.所谓的"联合投资协议"约定高额的固定回报而无须承担任何风险，不符合投资或者理财的风险与回报成正比的一般性特征。投资和委托理财最大的特征是风险性，借款一般约定利率，纵观本案，联合投资协议既没有约定风险承担，也没有约定固定利率，反而约定高额回报的零风险，明显不符合投资或委托理财的风险与回报成正比的一般性特征。

(二)原审被告人胡一凡的行为应定性为受贿。

关于胡一凡对外以邓晓勇名义签订协议并让邓晓勇具体经办，索贿20万一节，证人杨天海、邓晓勇证言与原审被告人胡一凡三次供述基本吻合，证据间相互印证。现摘录如下：

1.杨天海证言：2007年上半年，胡一凡多次找我说想在我公司投资，并说想以邓晓勇的名义来投资，先说投资50万，我没有同意，又说投资40万，我还是没有同意，后来我和我的股东商量后就同胡一凡说入20万，到时候不管盈亏，一起给40万，胡一凡也同意了，并说具体由邓晓勇来经办。

2.邓晓勇证言：2008年元月，胡一凡找到我说："我和安普地产经理杨天海已经说好了，本来打算要在他那里投资40万，结果只让我投资20万，你帮忙去办一下，因为我哥哥(胡一光)去办这件事不好。"他说完后，我就同意了。这样胡一凡就把我带着去和杨天海见了一面，这是我和杨天海第一次见面。见面后，胡一凡就把我和杨天海两人相互介绍一下，然后胡一凡对杨天海说："以后就让邓晓勇以他的名义搞这件事。"说完这些我就走了。

3.原审被告人胡一凡供述：2008年元月，我找到邓晓勇说："我和安普公司经理杨天海已经说好了，本来打算要在他那里投资40万，结果只让我投资20万，你帮忙去办一下，因为我哥哥(胡一光)去办这件事不好。"邓晓勇同意了，这样我就把邓晓勇带着去和杨天海见了一面，见面后，我就把邓晓勇和杨天海相互介绍一下，然后我对杨天海说："以后就要以邓晓勇的名义来搞这件事。"联合投资协议不是真正的投资协议，只是一个幌子，就是为了搞钱，别人查起来好说一点。

本案中，原审被告人胡一凡在任宜春区国土资源局副局长兼土地储备中心主任期间，利用自己国家工作人员身份，主动向其存在被管理关系的安普公司董事长杨天海要求投资，杨天海从开始拒绝到最后同意，主要考虑胡一凡的特殊身份及日后有求于原审被告人的原因，因此，联合投资协议只是胡一凡索取贿赂的幌子和工具，胡一凡主观上具有索贿目的和意图，客观上实施了索贿行为，应构成受贿罪，并具有索贿情节。

二、原审被告人胡一凡收受安普公司杨天海人民币20万元，建议全额认定为受贿金额。

1.最高人民法院、最高人民检察院《关于办理受贿刑事案件适用法律若干问题的意见》第三条第二款规定："国家工作人员利用职务上的便利为请托人谋取利益，以合作开办公司或者其他合作投资的名义获取'利润'，没有实际出资和参与管理、经营的，以受贿论处。"依据司法解释，国家工作人员利用职务上的便利进行各种"投资"并获取"利润"，若不同时具备实际出资和参与管理、经营两个条件，应视为受贿行为。本案中，胡一凡并没有同时具备两个条件，因此虽实际出资，但未参与管理、经营，仍属于受贿行为。

2.原审被告人胡一凡企图通过"联合投资协议"这个幌子掩盖其本质上"权钱交易"的索贿行为，以此逃避法律追究。因此，其所谓的"投资"20万是索贿的犯罪诱饵，不存在应当收益，因此对于其收受的20万元建议全额认定为受贿金额。

出庭意见暂时发表到此。

检察员：××
2013年12月2日当庭发表

(3)辩护词

胡一凡涉嫌贪污罪、受贿罪再审一案
辩护词

审判长、审判员：

东方秉正律师事务所接受原审被告人胡一凡之亲属委托，指派××、××担任其再审阶段的辩护人。经查阅全部案件资料，会见被告人，调查取证，结合庭审情况发表如下辩护意见：

一、事实认定

(一)被告人胡一凡没有为宜春区安普房地产置业有限公司(以下简称"安普公司")的房地产项目开发提供任何便利或谋取利益。

1.公诉机关在一审、二审乃至再审提交的证据中没有任何一项能够证明被告人胡一凡为安普公司谋取了利益。所谓权钱交易，即以“利用职权为他人谋取利益”为对价，获取不正当的物质利益的行为。而本案中，胡一凡并未利用任何职权，也未为杨天海及安普公司谋取任何利益，因此，权钱交易的基础均不存在，何来的权钱交易？

2.在胡一凡投资安普公司后，安普公司另外取得了两个地块，而这两个地块胡一凡毫不知情，说明安普公司并未期望胡一凡投资后能在其他项目上为其谋取利益。

3.抗诉机关认为胡一凡在项目上不设槛为难安普公司就是“谋取利益”，这纯属莫须有的罪名，按照此逻辑，只要正当办事就是为他人谋利，那将如何评判行政机关正常的职务行为和服务职能？

4.抗诉机关认为胡一凡为安普公司提供土地招拍挂流程的电话咨询属于“谋取利益”，更是无稽之谈。国家公务人员为他人提供业务流程咨询本身属于职务行为，将正当的职务行为理解为“谋利行为”是否过于偏颇？

5.从具体职能看，胡一凡担任国土资源局副局长，分管土地监察、土地利用、土地储备、信访，及土地储备中心的相关工作。联合投资协议签订时，安普公司已完成土地的招拍挂工作，也意味着胡一凡的职权没有能力为安普公司提供任何便利。

(二)胡一凡与安普公司签订联合投资协议属于正常的投资行为。

1.安普公司进行涉案项目开发时，资金缺口是胡一凡及其哥哥投资的直接动因。证人王方的证言摘录如下：“杨天海拿到我们公司现在开发的安普国际公馆的这块地准备搞房地产开发，这时候安普公司的资金也不是很充足，于是杨天海跟我提议说，‘你干脆拿点钱借给公司，等公司赚了钱以后，我就给你分点红钱’。这完了以后，杨天海还说公司差钱，这样我就又找朋友借了10万元交给公司财务了。”这一证言与杨天海提到的不差钱完全矛盾，抗诉机关无视这一矛盾及证言的系统解读，只将对抗诉机关有利的证言为其所用，对被告人不利的证言选择性忽略。同时，从证言证明力看，证人杨天海与本案存在一定利害关系，证人王方较为中立，其证言证明力更强，由此证明，安普公司当时是急需资金的。此种情况下，胡一凡与其兄确实通过邓晓勇将20万元投入安普公司，这一投资行为也客观上缓解了公司资金紧张的情况，属于投资上的互利共赢。

2.胡一凡及其哥哥的投资收益未超过该项目的正常利润。2009年正值国内房价疯涨的时期，鲜有闻房地产项目亏损，利润巨大是一种常态。证人王方证言证实，其对安普公司6万元的借款11个月后分红5万元。另根据我们对杨天海的走访了解到，当时安普公司的利润至少是150%，而胡一凡投资20万元13个月的回报率按照100%计算是符合当时房地产投资整体行情的，胡一凡的投资回报并未超过安普公司在该项目的投资收益。

3.投资协议约定“无论该项目经济效益如何均不增加或减少”。对于该份协议的解

读,该内容对胡一凡而言既是保底条款,也防止其获取更高的分红或利润,约束具有双向性,此类约定在投资合同中并不少见亦不违反投资的形式要件。故,单纯的合同文本不能仅作出对被告人不利的解读,胡一凡的行为属于正当的投资。

4.需强调的是,关于20万元投资款的具体资金来源,原审及再审当庭均未查清。证人邓晓勇、杨天海、胡一光及被告人胡一凡对于投资意向以及这20万元组成的言词证据之间相互矛盾,因此不能草率地将这20万全部认定为胡一凡的个人投资。

二、法律适用

最高人民法院、最高人民检察院关于《办理受贿刑事案件适用法律若干问题的意见》(以下简称《意见》)第三条:国家工作人员利用职务上的便利为请托人谋取利益,由请托人出资、合作开办公司或者进行其他合作投资的,以受贿论处,受贿数额为请托人给国家工作人员的出资额。国家工作人员利用职务上的便利为请托人谋取利益,以合作开办公司或者其他合作投资的名义获取利润,没有实际出资和参与管理、经营的,以受贿论处。第四条:国家工作人员利用职务上的便利为请托人谋取利益,以委托请托人投资证券、期货或者其他委托理财的名义,未实际出资而获取收益,或者虽然实际出资,但获取收益明显高于出资收益的,以受贿论处,受贿数额,前一情形以收益额计算,后一情形,以收益额与出资应得收益额的差额计算。

《意见》第三条规定的是国家工作人员收受干股,即完全不出资的情形;第三条第二款规定的"没有实际出资和参与管理、经营的,以受贿论处",使用的是"和"字而非"或"字,故认定受贿需要同时满足未"出资"和"管理、经营",所以胡一凡实际出资20万的事实足以排除第三条第二款的适用。

《意见》第四条规定的是国家工作人员委托理财,即实际出资的情形,本案应适用该条款,但本案中,被告人的应得收益是多少,进而获取收益是否明显高于出资应得收益?该待证事实检察机关并未提供证据予以证明。从整个一审、二审、再审情况看,检察机关未对安普公司房地产项目利润进行审核,亦无其他证据可以证明胡一凡的投资收益明显高于实际利润的情形,故认定胡一凡投资收益20万属于受贿的证据不足。

综上,原审判决并无不当,检察机关认为原审"认定事实和适用法律错误"的抗诉理由不成立,恳请人民法院本着慎重对待公民权利的原则,依法维持原判。

东方秉正律师事务所
律师:××、××

四、相关法律及规范性文件

中华人民共和国刑法(1997年修订)

第三百八十二条　【贪污罪】国家工作人员利用职务上的便利,侵吞、窃取、骗取或者以其他手段非法占有公共财物的,是贪污罪。

受国家机关、国有公司、企业、事业单位、人民团体委托管理、经营国有财产的人员,利用职务上的便利,侵吞、窃取、骗取或者以其他手段非法占有国有财物的,以贪污论。

与前两款所列人员勾结,伙同贪污的,以共犯论处。

第三百八十三条　【贪污罪的处罚】[①]　对犯贪污罪的,根据情节轻重,分别依照下列规定处罚:

(一)个人贪污数额在十万元以上的,处十年以上有期徒刑或者无期徒刑,可以并处没收财产;情节特别严重的,处死刑,并处没收财产。

(二)个人贪污数额在五万元以上不满十万元的,处五年以上有期徒刑,可以并处没收财产;情节特别严重的,处无期徒刑,并处没收财产。

(三)个人贪污数额在五千元以上不满五万元的,处一年以上七年以下有期徒刑;情节严重的,处七年以上十年以下有期徒刑。个人贪污数额在五千元以上不满一万元,犯罪后有悔改表现、积极退赃的,可以减轻处罚或者免予刑事处罚,由其所在单位或者上级主管机关给予行政处分。

(四)个人贪污数额不满五千元,情节较重的,处二年以下有期徒刑或者拘役;情节较轻的,由其所在单位或者上级主管机关酌情给予行政处分。

---

① 本条被2015年《刑法修正案(九)》第四十四条修订,取消了按照具体贪污数额设置法定刑的原有规定,按贪污数额或者贪污情节的严重程度,重新设置了贪污罪的法定刑,并增设了第三款从宽处罚规定第四款死缓犯的终身监禁规定。

修订前《刑法》第三百八十三条　对犯贪污罪的,根据情节轻重,分别依照下列规定处罚:

(一)个人贪污数额在十万元以上的,处十年以上有期徒刑或者无期徒刑,可以并处没收财产;情节特别严重的,处死刑,并处没收财产。

(二)个人贪污数额在五万元以上不满十万元的,处五年以上有期徒刑,可以并处没收财产;情节特别严重的,处无期徒刑,并处没收财产。

(三)个人贪污数额在五千元以上不满五万元的,处一年以上七年以下有期徒刑;情节严重的,处七年以上十年以下有期徒刑。个人贪污数额在五千元以上不满一万元,犯罪后有悔改表现、积极退赃的,可以减轻处罚或者免予刑事处罚,由其所在单位或者上级主管机关给予行政处分。

(四)个人贪污数额不满五千元,情节较重的,处二年以下有期徒刑或者拘役;情节较轻的,由其所在单位或者上级主管机关酌情给予行政处分。

对多次贪污未经处理的,按照累计贪污数额处罚。

对多次贪污未经处理的，按照累计贪污数额处罚。

第三百八十五条 【受贿罪】国家工作人员利用职务上的便利，索取他人财物的，或者非法收受他人财物，为他人谋取利益的，是受贿罪。

国家工作人员在经济往来中，违反国家规定，收受各种名义的回扣、手续费，归个人所有的，以受贿论处。

第三百八十六条 【受贿罪的处罚】对犯受贿罪的，根据受贿所得数额及情节，依照本法第三百八十三条的规定处罚。索贿的从重处罚。

中华人民共和国刑事诉讼法(2012年修正)[①]

第二百四十五条 【重新审判的程序】人民法院按照审判监督程序重新审判的案件，由原审人民法院审理的，应当另行组成合议庭进行。如果原来是第一审案件，应当依照第一审程序进行审判，所作的判决、裁定，可以上诉、抗诉；如果原来是第二审案件，或者是上级人民法院提审的案件，应当依照第二审程序进行审判，所作的判决、裁定，是终审的判决、裁定。

人民法院开庭审理的再审案件，同级人民检察院应当派员出席法庭。

最高人民法院、最高人民检察院
《关于办理受贿刑事案件适用法律若干问题的意见》(法发〔2007〕22号)

三、关于以开办公司等合作投资名义收受贿赂问题

国家工作人员利用职务上的便利为请托人谋取利益，由请托人出资，“合作”开办公司或者进行其他“合作”投资的，以受贿论处。受贿数额为请托人给国家工作人员的出资额。

国家工作人员利用职务上的便利为请托人谋取利益，以合作开办公司或者其他合作投资的名义获取“利润”，没有实际出资和参与管理、经营的，以受贿论处。

四、关于以委托请托人投资证券、期货或者其他委托理财的名义收受贿赂问题

国家工作人员利用职务上的便利为请托人谋取利益，以委托请托人投资证券、期货或者其他委托理财的名义，未实际出资而获取“收益”，或者虽然实际出资，但获取“收益”明显高于出资应得收益的，以受贿论处。受贿数额，前一情形，以“收益”额计算；后一情形，以“收益”额与出资应得收益额的差额计算。

---

① 本案审理时间跨度较长，其间经历2012年刑事诉讼法修正，其中二审、抗诉、再审时间分别为2012年3月23日、2013年8月2日、2016年11月9日，适用2012年修正后的刑事诉讼法及司法解释。

最高人民法院《关于适用刑法时间效力规定若干问题的解释》(法释〔1997〕5 号)

第十条 按照审判监督程序重新审判的案件,适用行为时的法律。

最高人民法院《关于适用中华人民共和国刑诉法》的解释(法释〔2012〕21 号)

第三百八十二条 对决定依照审判监督程序重新审判的案件,除人民检察院抗诉的以外,人民法院应当制作再审决定书。再审期间不停止原判决、裁定的执行,但被告人可能经再审改判无罪,或者可能经再审减轻原判刑罚而致刑期届满的,可以决定中止原判决、裁定的执行,必要时,可以对被告人采取取保候审、监视居住措施。

第三百八十三条 依照审判监督程序重新审判的案件,人民法院应当重点针对申诉、抗诉和决定再审的理由进行审理。必要时,应当对原判决、裁定认定的事实、证据和适用法律进行全面审查。

第三百八十四条 原审人民法院审理依照审判监督程序重新审判的案件,应当另行组成合议庭。

原来是第一审案件,应当依照第一审程序进行审判,所作的判决、裁定可以上诉、抗诉;原来是第二审案件,或者是上级人民法院提审的案件,应当依照第二审程序进行审判,所作的判决、裁定是终审的判决、裁定。

对原审被告人、原审自诉人已经死亡或者丧失行为能力的再审案件,可以不开庭审理。

第三百八十六条 除人民检察院抗诉的以外,再审一般不得加重原审被告人的刑罚。再审决定书或者抗诉书只针对部分原审被告人的,不得加重其他同案原审被告人的刑罚。

第三百八十八条 开庭审理的再审案件,系人民法院决定再审的,由合议庭组成人员宣读再审决定书;系人民检察院抗诉的,由检察人员宣读抗诉书;系申诉人申诉的,由申诉人或者其辩护人、诉讼代理人陈述申诉理由。

第三百八十九条 再审案件经过重新审理后,应当按照下列情形分别处理:

(一)原判决、裁定认定事实和适用法律正确、量刑适当的,应当裁定驳回申诉或者抗诉,维持原判决、裁定;

(二)原判决、裁定定罪准确、量刑适当,但在认定事实、适用法律等方面有瑕疵的,应当裁定纠正并维持原判决、裁定;

(三)原判决、裁定认定事实没有错误,但适用法律错误,或者量刑不当的,应当撤销原判决、裁定,依法改判;

（四）依照第二审程序审理的案件，原判决、裁定事实不清或者证据不足的，可以在查清事实后改判，也可以裁定撤销原判，发回原审人民法院重新审判。

原判决、裁定事实不清或者证据不足，经审理事实已经查清的，应当根据查清的事实依法裁判；事实仍无法查清，证据不足，不能认定被告人有罪的，应当撤销原判决、裁定，判决宣告被告人无罪。

第八章
渎职罪诉讼全过程训练
——以原审被告人潘玮欣玩忽职守案再审为例

一、选择本案的理由

第一，玩忽职守罪是过失犯罪中的典型罪名，本案具体涉及疏忽大意的过失的司法认定问题。玩忽职守案件，一般牵涉多人，危害结果由多人或数人的行为综合作用造成，即“一果多因”，对于已经造成的公共财产遭受损失的结果，如何判断行为人在行为时具有预见可能发生危害结果的义务和预见能力，以及行为与结果的因果关系，涉及罪与非罪的把握问题，也是司法实务的热点、难点问题。

第二，程序上，原审中，本案申诉人对起诉书指控的犯罪事实及罪名均无异议且当庭认罪悔罪，对原审有罪判决亦未上诉，判决生效后又走上了漫长的申诉之路，使得本案历经一审、指令再审、再审一审、再审二审、提审，对刑事诉讼进程及全貌有较好的展现，有助于法科学生动态中把握诉讼程序。

第三，本案是无罪辩护成功的典型案件，学生可以以刑事辩护为视角，重点学习辩护策略及辩护词的撰写。

二、本案的训练方法

本案训练共分3个阶段，每阶段2学时。

第一阶段：课前授课教师将起诉书、证据材料发给学生，使学生对案情提前了解及预习相关法律知识。上课后，首先，教师介绍案件背景、训练目的及要求：以分组形式，分别以公诉人、辩护人立场为视角对以下问题展开讨论：(1)本案中，公诉机关指控的被告人潘某犯玩忽职守罪是否成立，具体理由是什么？(2)从侦查阶段直至一审庭审，被告人均认罪悔罪，此种情况下，初审法官综合全案证据认定被告人有罪是否存在问题？(3)辩护策略的选择，在事实查明与法律适用二者之间，较优的辩护空间或辩护重点在

哪里？其次，布置学生下一次上课的任务及作业：刑事再审程序模拟法庭实训，将申诉状、新证据、再审决定书等材料发给学生，学生以控辩审三方自由组合并各自准备庭审大纲、出庭意见书、辩护词等。

第二阶段：上课后，首先，展开刑事再审程序模拟法庭实训，教师对本案模拟庭审流程进行点评。其次，就再审程序中指令再审、提审等程序性问题深入讲解、深化运用，着重强化再审与原审的程序异同。最后，在庭审基础上，教师引导同学归纳本案的焦点问题，布置作业：根据本案焦点问题讨论形成的意见，分别以再审法官、辩护人为视角撰写判决书和辩护词并提交。

第三阶段：课前学生上交作业。上课后，首先，教师将再审判决书、辩护词发给学生，由学生自行对照、评析。其次，教师评析学生法律文书撰写，深化对再审文书撰写的认识。最后，教师与学生交流本案训练的感想和体会，并对整个实训情况进行总结。

三、本案需要展示的法律文书和证据

本案的训练材料目录

<table>
<tr><td colspan="2">原审</td><td>1.公诉机关随案移送的证据材料
2.刑事判决书</td></tr>
<tr><td rowspan="2">审判监督程序</td><td>申诉</td><td>1.申诉状
2.申诉人的代理人提交的新证据
3.再审决定书</td></tr>
<tr><td>再审</td><td>1.辩护词
2.刑事判决书(见扫码材料)</td></tr>
</table>

（一）原审

1.起诉书（摘录）

2006 年 6 月 29 日，东方省南海市顺城区人民检察院起诉书指控：被告人潘玮欣在担任南海血液中心血源科内勤并掌管“南海市公民无偿献血领导小组办公室”（以下简称“献血办”）印章期间，于 2002 年 8 月、2003 年 3 月，在不清楚事实、未经过领导同意、批示，事后也未向主管领导汇报、未作用印登记的情况下，违反印章使用规定，两次在南海血液中心财务科科长孙红梅拿来的“银行开户申请书”上加盖印章，致使孙红梅将该单位代管的“无偿用血储备资金”转存。后该款被骗，造成 590 万元损失至今无法追回。被告人潘玮欣身为国家工作人员，在掌管献血办印章期间，违反相关法规关于印章管理的规定，不正确履行职责，致使公共财产、国家和人民利益遭受重大损失，其行为触犯了

《中华人民共和国刑法》第二百九十七条第一款的规定，犯罪事实清楚，证据确实、充分，应当以玩忽职守罪追究其刑事责任。依据《中华人民共和国刑事诉讼法》第一百四十一条的规定，提起公诉，请依法判处。

2.公诉机关随案移送的证据材料

证据目录①

序号	证明名称	证明内容
1	破案经过、情况说明	潘玮欣玩忽职守一案线索来源于南海市顺城区人民检察院侦办的原南海血液中心财务科科长孙红梅挪用公款案以及原东方华超物资有限公司法人李淳风诈骗案。经调查发现，潘玮欣在保管和使用献血办公章过程中，违反印章管理使用规定，在未经过领导同意的情况下，在银行开户申请书上加盖献血办公章，为他人挪用献血办专款和诈骗活动提供条件。2006 年 6 月 1 日，南海市顺城区人民检察院对潘玮欣涉嫌玩忽职守立案侦查，同年 6 月 2 日对其进行拘留
2	南海市人民政府、南海市人民政府公民献血领导小组文件	南海市人民政府献血领导小组系南海市人民政府下设的非常设机构，献血领导小组下设办公室，挂牌于南海血液中心；献血办的日常工作由血液中心血源科的工作人员完成
3	法人代码证	南海血液中心系事业单位法人
4	人事档案资料	潘玮欣系南海血液中心血源科科员，负责该科室内勤工作
5	南海血液中心科室岗位设置表及证明材料	南海血液中心血源科具有保管献血领导小组办公室印章的职责，该印章仅作为工作人员外出联系献血工作的介绍信、各项会议、活动通知及相关献血文件的签发使用；2002 年年初起，潘玮欣实际保管献血领导小组办公室印章
6	南海献血办出具的公函	2002 年 3 月 2 日，南海献血办向华夏银行永川支行出具公函，申请银行开户
7	银行开户申请书、银行进账单、转账支票、对账单及明细等	2002 年 8 月 3 日和 2003 年 3 月 1 日，南海献血办无偿献血储备金 800 万元，先后转存至华夏银行永川支行和南海商业银行光明路支行，2004 年 3 月 13 日 800 万元被他人转出
8	刑事判决书	2005 年，顺城区人民法院以被告人孙红梅犯挪用公款罪，判处有期徒刑 6 年；犯贪污罪，判处有期徒刑 7 年，合并执行有期徒刑 10 年。 顺城区人民法院以被告人李国华犯挪用公款罪，判处有期徒刑 4 年

① 鉴于本案原审、再审法院查明案件事实基本一致，且申诉、再审理由为法律适用问题，因此作者采用证据目录的形式简化证据罗列。

续表

序号	证明名称	证明内容
9	证人毛益民（南海市卫生局副局长）证言	血液中心的资金使用情况
10	证人丁晓宇（南海市卫生局医政处处长）证言	无偿献血储备金使用审批程序
11	证人张广桦（南海血液中心主任）的证言	血液中心不能随便在银行开户，如需开户要在单位党委会上研究，且开户首先要报我知道。献血储备金在华夏银行开户没有任何人向我请示，献血办的公章由潘玮欣保管，潘玮欣没有向我汇报，事前也没有请示
12	证人陈雯（南海血液中心书记）	献血办的专款管理涉及财务、银行等单位，存在银行开户把关不严的情况专项经费原则上要经过主管部门的批准，财务科长不主动汇报，领导也需要多过问，因制度不全，让犯罪分子钻了空子
13	证人毛思敏（南海血液中心血源科科长）证言	（2006年5月22日笔录）献血办的公章使用无文字规定，按惯例只是由专人负责保管，主要用于会议、发文、盖介绍信等。我任科长期间，对外发文时领导在公文上签字需要使用公章，除此之外其他使用献血办公章时没有履行规定，一直按延续下来的惯例操作。任科长期间，我忽略了对印章的严格管理，没有形成用印登记制度，造成献血办公章使用时把关不严，给国家造成了损失。我对两次使用公章开户的情况不知道，孙红梅开户没有找过我，潘玮欣在事前、事后也没有向我请示、汇报。（2006年7月7日笔录）我2002年年初任血源科科长，原科长章天美跟我交接工作时，还没有交接这枚公章，章子一直都在潘玮欣手中保管，后来我也没有另外换人，主要考虑她年纪大一些，在家的时间多一些。公章2002年8月至2003年3月由潘玮欣保管，2004年表彰会以后，5月时，潘玮欣说我自己总在她那里盖章，不如就交给我算了。那段时间工作搞顺了，也就没有让她管了。（2006年11月1日笔录）我没有见过华夏银行开户申请表，更没有在上面盖过章
14	证人周振宁（南海血液中心血源科副科长）的证言	2002年至2004年其任职期间，献血办的公章一直在潘玮欣手中保管
15	证人彭学光（南海血液中心献血招募科科员）的证言	2003年冬天，我在潘师傅办公桌上看到过公章，但是不是她在保管不清楚
16	证人徐自力（南海血液中心献血招募科科员）的证言	2002年到2003年，献血办的公章在潘玮欣那里保管

续表

序号	证明名称	证明内容
17	证人余美琴(南海血液中心财务科会计)的证言	献血办的专款在银行开户办理具体需要什么手续不清楚,开户是由李佳琪负责。献血办的专款从一家银行提出转入另一家银行的规范要求也没有具体规定。专款不需要领导签字,我在办理专款的账上也没有发现领导的签字。献血办的专款在银行转存过程中没有领导签字从而使单位领导对献血办专款的银行转存失去监控。孙红梅出事后才在财务上有了主任的私章
18	证人孙红梅(南海血液中心财务科科长)的证言	(2005年1月25日笔录)南海血液中心在中国农业银行有一笔800万元无偿献血专项资金,2002年7月,该行客户经理李国华找到我,问我如果该笔专项资金近期不提取的话,有没有意向转存到有高额利息的银行,我同意了。8月份,李国华电话联系我,说他联系了南海美生物贸公司的经理李淳风,可以将800万元专项基金转存到华夏银行永川支行,定期6个月。之后我直接拿着华夏银行开户申请表到血源科说要开个新户,血源科就按照流程盖了献血办的章子。银行开户手续不是我本人跑的,我将武汉血液中心的银行预留印鉴原件和相关复印件提供给李国华代为办理银行开户手续,李国华应该将这些证件转交给了李淳风办理。这800万元存入华夏银行后,华夏银行按活期利息的金额存入血液中心财务账上,将半年定期利息与活期利息的差额以现金形式给了李淳风。李淳风转给李国华,我从李国华手中获取华夏银行的利息差额共计36000元。2003年3月存款到期后,我又与李国华商量,用同样方式通过李淳风将这800万元转存至南海商业银行光明路支行。这期间李国华转给我“利息差”72000元。直到2014年3月,李国华电话里说钱被李淳风转走跑路了,他用伪造的印鉴提走了钱,现在想他和李国华一开始就设计好的骗我钱财,他们是一伙的。(2006年4月24日笔录)公章是由血源科科长毛思敏或潘玮欣负责保管,但献血办的公章是谁盖的记不清了。(2006年11月1日笔录)我两次盖章都是找潘玮欣盖的
19	证人李国华(中国农业银行永川支行客户经理)的证言	开户盖章的手续是孙红梅交代财务人员办的,所有的开户资料包括单位的银行预留印鉴原件和相关资料复印件也都是由孙红梅收齐后交给我们,他知道我是交给李淳风去办的,我明确告诉了他,不存在谁骗谁。谁也没有想到,李淳风会伪造印鉴把这800万元骗走
20	证人李淳风(南海美生物贸公司经理)的证言	其和孙红梅挪用公款的情况
21	证人方莉(南海商业银行光明路支行职员)的证言	2002年只要由业务室业务员同意并签字就可以在银行办理开户,原来开户手续办理不是太规范,管理也不是很严
22	被告人潘玮欣的供述和辩解	(第1次笔录)银行开户申请书上献血办的公章具体是谁盖上去的记不清了。(第2、3、4次笔录)银行开户申请书上加盖的献血办公章,是血液中心财务科科长孙红梅找我盖的,她是血液中心的领导,她找我,我按照流程盖章子,也不能说什么。

3.刑事判决书

南海市顺城区人民法院
刑事判决书

(2006)顺刑初字第×号

公诉机关南海市顺城区人民检察院。

被告人潘玮欣,南海血液中心科员(个人信息略)。

辩护人宋柯,东方秉凯律师事务所律师。

南海市顺城区人民检察院(2006)顺刑初字第×号起诉书指控被告人潘玮欣犯玩忽职守罪,向本院提起公诉。本院依法组成合议庭,于2006年7月6日公开开庭审理了本案。南海市顺城区人民检察院指派检察员××出庭支持公诉,被告人潘玮欣及其辩护人宋柯到庭参加诉讼。现已审理终结。

南海市顺城区人民检察院指控:被告人潘玮欣在担任南海血液中心血源科内勤并掌管"南海市公民无偿献血领导小组办公室"印章期间,于2002年8月、2003年3月,在不清楚事实,未经过领导同意、批示,事后也未向主管领导汇报、未作用印登记的情况下,违反印章使用规定,两次在南海血液中心财务科科长孙红梅拿来的"银行开户申请书"上加盖印章,致使孙红梅将该单位代管的"无偿用血储备资金"转存。后该款被骗,造成590万元损失至今无法追回。被告人潘玮欣身为国家工作人员,在掌管"南海市公民无偿献血领导小组办公室"印章期间,违反相关法规关于印章管理规定,不正确履行职责,致使公共财产、国家和人民利益遭受重大损失。

认定上述事实的证据有书证、证人证言、被告人供述和辩解等在卷为证。据此,认定被告人潘玮欣构成玩忽职守罪,请求依法判处。

被告人潘玮欣当庭对起诉书指控其犯罪事实无异议,并请求从轻处理。

经审理查明:南海市人民政府献血领导小组系南海市人民政府下设的非常设机构。献血领导小组下设办公室,挂牌于南海血液中心。献血办公室的日常工作由血液中心血源科的工作人员完成,血源科与献血办公室之间实行一套班子两块牌子的模式进行管理。献血办公室的印章由血源科专人管理和使用,该印章仅作为工作人员外出联系献血工作的介绍信、献血工作的各项会议、活动通知以及相关献血文件的签发之用。被告人潘玮欣原系血液中心血源科工作人员,负责该科室的内勤工作。并于2002年初起,负责保管南海市人民政府公民献血领导小组办公室印章。2002年8月和2003年3月,南海血液中心财务科科长孙红梅(犯贪污罪、挪用公款罪,合并执行有期徒刑十四年)为挪用本单位代管的无偿献血储备金,先后两次找到被告人潘玮欣,要求潘玮欣在其提供的银行开户申请书上加盖南海市人民政府公民献血领导小组办公室印章。被告人潘玮欣在不清楚事实,又未向领导请示、汇报的情况下,违反印章使用规定,两次为孙

红梅加盖了南海市人民政府公民献血领导小组办公室印章，致使孙红梅私自将其所在单位代管的无偿献血储备金人民币800万元，先后转存到华夏银行永川支行和商业银行光明路支行。后该款被他人从商业银行光明路支行骗取，造成590万元的经济损失资金未能追回。

上述事实，被告人潘玮欣在开庭审理过程中无异议，并有书证：南海市人民政府办公厅文件，南海市人民政府公民献血领导小组文件，南海血液中心事业法人代码证、被告人潘玮欣人事档案资料、南海血液中心科室岗位设置表及出具的证明材料、南海献血办出具的公函、银行开户申请书、银行进账单、转账支票、银行对账单及明细、传票、孙红梅的刑事判决书；证人毛益民、丁晓宇、张广桦、陈雯、毛思敏、周振宁、余美琴、孙红梅、李国华、李淳风、方莉、彭学光、徐自力的证言；南海市顺城区人民检察院出具的发破案经过及情况说明等。

本院认为，被告人潘玮欣身为在受国家机关委托代表国家行使职权的组织中从事公务的人员，违反国家相关法规的管理规定，不正确履行职责，致使公共财产遭受重大损失，其行为已构成玩忽职守罪，公诉机关指控罪名成立，本院予以确认。被告人潘玮欣如实供述自己罪行，并当庭认罪悔罪，可以从轻处罚。综合考虑被告人潘玮欣犯罪的事实、情节和对于社会的危害程度及其归案后的悔罪表现，宣告缓刑对其所居住社区没有重大不良影响，故依法对其适用缓刑。依据《中华人民共和国刑法》第三百九十七条第一款、第六十七条第三款、第七十二条、第七十三条之规定，判决如下：

被告人潘玮欣犯玩忽职守罪，判处有期徒刑一年，缓刑一年。

（缓刑考验期限，从判决确定之日起计算）。

如不服本判决，可在接到判决书的第二日起十日内，通过本院或者直接向东方省南海市中级人民法院提出上诉。书面上诉的，应当提交上诉状正本一份，副本二份。

审判长　×××

审判员　×××

审判员　×××

（院印）

二〇〇七年一月十六日

本件与原本核对无异议

书记员　×××

(二)审判监督程序

1.申诉①

(1)申诉状

申诉状

申诉人潘玮欣,基本情况略。

申诉人因不服东方省南海市顺城区人民法院(2006)顺刑初字第×号刑事判决、(2011)顺刑再字第×号刑事裁定、南海市中级人民法院(2011)南刑再终字第×号刑事裁定,现提出申诉。

请求事项:撤销东方省南海市中级人民法院(2011)南刑再终字第×号刑事裁定、南海市顺城区人民法院(2011)顺刑再字第×号刑事裁定、(2006)顺刑初字第×号刑事判决,改判申诉人潘玮欣无罪。

事实及理由:

1.原判认定"潘玮欣在不清楚事实,又未向领导请示、汇报的情况下,违反印章使用规定,两次为孙红梅加盖了南海市人民政府公民献血领导小组办公室印章",该认定证据不足、事实不清。

2.申诉人收集的新证据足以推翻原审认定的事实,申诉人不构成玩忽职守罪,应撤销原判,宣告申诉人无罪。

为此,请求人民法院对此案重新复查审理,从而维护国家法律的尊严,保障公民的权益。

此致

东方省高级人民法院

申诉人:潘玮欣

2014 年 3 月 25 日

---

① 本案申诉人的申诉历程旷日持久,为教学需要笔者仅展示最后一次申诉状,并对申诉情况作简单介绍:顺城区人民法院于 2007 年作出(2006)顺刑初字第×号刑事判决。宣判后,原审被告人潘玮欣未上诉,检察机关未抗诉。2008 年潘玮欣向顺城区人民法院提出申诉,该院于 2009 年作出驳回申诉通知书;潘玮欣不服,向东方省南海市中级人民法院提出申诉,该院作出驳回申诉通知书。潘玮欣仍不服,向东方省高级人民法院申诉,该院于 2010 年作出再审决定:(1)指令南海市顺城区人民法院对本案另行组成合议庭进行再审;(2)再审期间,不停止原判决的执行。2011 年顺城区人民法院经重新审理作出(2011)顺刑再字第×号刑事裁定:维持该院(2006)顺刑初字第×号刑事判决。潘玮欣不服,提出上诉。东方省南海市中级人民法院于 2011 年作出(2011)南刑再终字第×号刑事裁定:驳回上诉,维持原裁定。潘玮欣不服,再次向东方省高级人民法院申诉。

(2)申诉人的代理人[①]提交的新证据

证据目录

序号	证据名称	证明内容
1	南海市血液中心出具的证明	2002年6月潘玮欣至大连、青岛出差(申诉人据此说明最迟在其出差前即2002年6月已将献血办公章交出)
2	荣誉证书	南海市血液中心于2003年3月3日召开表彰大会,并颁发荣誉证书(申诉人据此说明期间印章被大量使用,故该印章不是申诉人保管)
3	证人李佳琪(南海血液中心财务科出纳)的证言	(2008年5月20日笔录)我在南海血液中心财务科任出纳,潘玮欣案案发时,我在休婚假,也没有谁问过我此事。2003年3月,我们财务科科长孙红梅让我到血源科去盖一个献血办卡户商业银行的开户资料,他本人打电话给血源科科长毛思敏说有章子要盖,孙红梅给我两张银行开户申请表,让我直接过去。我去了毛思敏科室,毛思敏在两张银行开户申请表上盖了章,之后将开户资料交给了万科长本人。我没有在潘玮欣手上盖过章
4	证人孙红梅(血液中心财务科科长)的证言	(2008年6月3日)关于两次盖章,第一次可能是我去的,第二次是我让李佳琪去的,我给血源科科长毛思敏打电话告知是银行开户,让李佳琪去,不然她盖不了,毛思敏答复来盖章。第一次可能是我去的,也可能是别人去的,记不太清了,但肯定都是需要科长同意的。我没有说章子是潘玮欣盖的,当时也没有用章登记制度
5	证人周振宁(南海血液中心血源科副科长)的证言	(2008年7月4日)潘玮欣曾经保管过公章,但是否一直在她手上我不能肯定,之前检察官向我询问时,考虑不多,回答不准确
6	证人徐自力(南海血液中心献血招募科科员)的自书材料	(2008年9月11日)之前我作证“2002年至2003年期间印章由潘玮欣保管”,其实当时记得并不是很清楚,只是笼统的印象,再加上在检察院心里紧张,所以当时的表述并不准确

(3)再审决定书

东方省高级人民法院
再审决定书

(2013)东刑再申字第×号

南海市顺城区人民检察院指控原审被告人潘玮欣犯玩忽职守罪一案,南海市顺城

① 最高人民法院、最高人民检察院、司法部《关于逐步实行律师代理申诉制度的意见》规定:“对于不服司法机关生效裁判和决定的申诉,逐步实行由律师代理制度。”故,这里使用“代理人”称谓。

区人民法院于2007年1月16日作出(2006)顺刑初字第×号刑事判决:被告人潘玮欣犯玩忽职守罪,判处有期徒刑一年,缓刑一年。宣判后,被告人潘玮欣未提出上诉。判决发生法律效力后,潘玮欣不服,以原判事实不清,存在新证据为由,先后向南海市顺城区人民法院和东方省南海市中级人民法院提出申诉。南海市顺城区人民法院和东方省南海市中级人民法院分别于2009年2月20日、2009年11月23日作出(2008)顺刑监字第×号、(2009)南刑监字第×号驳回申诉通知。之后,潘玮欣向本院提出申诉。本院于2010年11月21日作出(2010)东刑申字第×号再审决定:一、指令南海市顺城区人民法院对本案另行组成合议庭进行再审;二、再审期间,不停止原判决的执行。南海市顺城区人民法院再审后于2011年6月20日作出(2011)顺刑再字第×号刑事裁定:维持本院(2006)顺刑初字第×号刑事判决。潘玮欣不服,提出上诉。东方省南海市中级人民法院于2011年11月18日作出(2011)南刑再终字第×号刑事裁定:驳回上诉,维持原裁定。潘玮欣不服,以原判事实不清,存在新证据为由,向本院提出申诉。

本院受理后依法组成合议庭对本案进行了审查,经阅卷、询问申诉人,现已审查完毕。

本院认为,潘玮欣的申诉理由符合《中华人民共和国刑事诉讼法》第二百四十二条、《最高人民法院关于适用〈中华人民共和国刑事诉讼法〉的解释》第三百七十五条第二款规定的应当重新审判的情形。依照《中华人民共和国刑事诉讼法》第二百四十二条第(一)项、第(三)项,第二百四十三条第二款,《最高人民法院关于适用〈中华人民共和国刑事诉讼法〉的解释》第三百七十五条第二款第(一)项、第(五)项、第(六)项,第三百七十九条第一款,第三百八十二条之规定,决定如下:

一、本案由本院提审;

二、提审期间,不停止原判决的执行。

二〇一四年六月十日

(院印)

2.再审①

辩护词

尊敬的审判长、审判员:

申诉人潘玮欣玩忽职守罪再审一案,东方秉凯律师事务所接受申诉人潘玮欣亲属的委托,指派律师邹健作为潘玮欣的辩护人提供辩护。辩护人接受指派后,会见了申诉人,查阅了相关案卷,进行了相关调查,依据事实和法律发表辩护意见如下:

---

① 本案经东方省人民检察院建议依法书面审理。

原审判决认定潘玮欣构成玩忽职守罪，证据不足、事实不清，认定法律错误，应宣告申诉人无罪。理由如下：

一、事实查明：辩护人提交的新证据足以推翻原审认定事实。

原审定案的主要证据系南海市血液中心原财务科科长孙红梅在他案的供述、证人毛思敏的证言及申诉人潘玮欣的供述。

1.孙红梅在他案的三次供述即本案证言出入较大，第一次没有具体说明章子是谁盖的，第二次仅证实献血办的印章由毛思敏或潘玮欣负责保管，但具体谁盖的记不清；仅第三次证言谈到“两次均找潘玮欣盖的”。辩护人提交的2008年6月3日证人孙红梅的新的证言足以推翻其第三次证词，证实公章是其让李佳琪找毛思敏盖的，且与证人李佳琪的证言相互印证。

2.新证据关键证人李佳琪的证言直接证实，2003年毛思敏在涉案的两张银行开户申请表上盖了章，且与证人孙红梅证言部分吻合。直接推翻原审证人毛思敏关于“2002年8月至2003年3月献血办的公章由潘玮欣保管”“孙红梅开户没有找过我”等证词。同时，证人孙红梅证言证实，毛思敏系本案嫌疑对象，与本案有利害关系，其证言真实性存疑。

3.新证据证人周振宁证言、徐自力的情况说明对原审作证情况及自身证言的真实性作出澄清或更正，结合南海市血液中心出具的证明、荣誉证书等旁证，足以推翻原审认定的“2002年至2003年期间印章由潘玮欣保管”的事实。

综上，不能仅凭申诉人潘玮欣的有罪供述认定盖公章一节事实，原审事实不清、证据不足。

二、法律适用：即使认定孙红梅加盖献血办公章的行为在申诉人保管印章期间，也不应认定申诉人构成玩忽职守罪。

1.现有证据证实：申诉人潘玮欣保管印章期间，献血办公章管理的实际情况较为混乱，潘玮欣主观不存在过失，590万元无偿献血储备金未能追回的客观损失不应由潘玮欣一人担责。证据分析，第一，该公章开始由原血源科科长保管，血源科科长退休后将公章交给潘玮欣。新科长毛思敏到任后，第一时间并未将公章收回自己保管，而是继续放置于潘玮欣处。那么在公章管理的整个过程中，应当说血液中心对该公章的管理职权并不明确。血源科科长毛思敏让潘玮欣保管公章的主要原因是“她年纪大一些，在家的时间多一些”，在具体管理公章过程中，潘玮欣既未接受过公章管理的专门培训，也没有任何领导给予强调，因此，并不能要求潘玮欣当然知晓公章管理的相关规定。如果因为潘玮欣保管过公章就认定其当然具有管理公章的职责，那么是否可以认为公章在谁手上，谁就当然产生相关责任？第二，献血办的公章使用范围仅限于工作人员外出联系献血工作的介绍信、各项会议、活动通知及相关献血文件的签发，故潘玮欣并不明知或可能知道错误使用公章会造成国家巨大的经济损失。

2.即使认定潘玮欣在孙红梅提供的开户银行申请表上加盖公章，让潘玮欣承担责任不具有期待可能性。孙红梅作为血液中心财务科科长，拿着银行开户的申请表，要求保管公章的潘玮欣在上面盖章，潘玮欣没有丝毫理由提出合理怀疑。孙红梅身为科长，办的又是她所管理的相关业务，此种情况下，要求潘玮欣这样的普通员工，拒绝为孙红梅这个科长办理其工作范围内的业务行为加盖公章，显然不符合一般工作规律及常识常情判断。特别需要指出，在一个公章管理极其不明确甚至相对混乱的单位，此种情况下要求潘玮欣让孙红梅去找领导签字更有些不切实际。在潘玮欣的思维中，孙红梅就是领导，所以盖章也就理所当然。

3.申诉人的行为与590万元的经济损失之间不具有因果关系。造成590万元公共财产损失的根本原因是孙红梅、李淳风等人利用血液中心管理制度的漏洞实施的犯罪行为，即使认定潘玮欣在孙红梅提供的开户申请表上加盖了公章，但孙红梅的转存行为、李淳风偷换预留印鉴的行为才是造成590万元损失的直接原因。试想，如果血液中心对该笔款项有着严格的管理制度，孙红梅将该笔款项一次、两次转存，怎么可能无任何人察觉？所以，潘玮欣的行为与公共财产损失之间也不具有因果关系。

综上，原审事实不清、证据不足、适用法律错误，请求撤销原判，改判申诉人潘玮欣无罪。

辩护人：邹　健

2014年9月11日

四、相关法律及规范性文件

中华人民共和国刑法(1997年修正)

第三百九十七条　【滥用职权罪】国家机关工作人员滥用职权或者玩忽职守，致使公共财产、国家和人民利益遭受重大损失的，处三年以下有期徒刑或者拘役；情节特别严重的，处三年以上七年以下有期徒刑。

第九十三条　【国家工作人员的范围】本法所称国家工作人员，是指国家机关中从事公务的人员。

国有公司、企业、事业单位、人民团体中从事公务的人员和国家机关、国有公司、企业、事业单位委派到非国有公司、企业、事业单位、社会团体从事公务的人员，以及其他依照法律从事公务的人员，以国家工作人员论。

第七十二条[①] 【缓刑的条件】对于被判处拘役、三年以下有期徒刑的犯罪分子，根据犯罪分子的犯罪情节和悔罪表现，适用缓刑确实不致再危害社会的，可以宣告缓刑。

被宣告缓刑的犯罪分子，如果被判处附加刑，附加刑仍须执行。

中华人民共和国刑事诉讼法(2018 年修正)

第二百四十一条　【申诉的提出】当事人及其法定代理人、近亲属，对已经发生法律效力的判决、裁定，可以向人民法院或者人民检察院提出申诉，但是不能停止判决、裁定的执行。

第二百四十二条　【因申诉而重新审判的情形】当事人及其法定代理人、近亲属的申诉符合下列情形之一的，人民法院应当重新审判：

(一)有新的证据证明原判决、裁定认定的事实确有错误，可能影响定罪量刑的；

(二)据以定罪量刑的证据不确实、不充分、依法应当予以排除，或者证明案件事实的主要证据之间存在矛盾的；

(三)原判决、裁定适用法律确有错误的；

(四)违反法律规定的诉讼程序，可能影响公正审判的；

(五)审判人员在审理该案件的时候，有贪污受贿，徇私舞弊，枉法裁判行为的。

第二百四十三条　【提起审判监督程序的主体及理由】各级人民法院院长对本院已经发生法律效力的判决和裁定，如果发现在认定事实上或者在适用法律上确有错误，必须提交审判委员会处理。

最高人民法院对各级人民法院已经发生法律效力的判决和裁定，上级人民法院对下级人民法院已经发生法律效力的判决和裁定，如果发现确有错误，有权提审或者指令下级人民法院再审。

最高人民检察院对各级人民法院已经发生法律效力的判决和裁定，上级人民检察院对下级人民法院已经发生法律效力的判决和裁定，如果发现确有错误，有权按照审判监督程序向同级人民法院提出抗诉。

人民检察院抗诉的案件，接受抗诉的人民法院应当组成合议庭重新审理，对于原判决事实不清楚或者证据不足的，可以指令下级人民法院再审。

---

①　本条被 2011 年《刑法修正案(八)》第十一条修订。修订后内容为："对于被判处拘役、三年以下有期徒刑的犯罪分子，同时符合下列条件的，可以宣告缓刑，对其中不满十八周岁的人、怀孕的妇女和已满七十五周岁的人，应当宣告缓刑：(一)犯罪情节较轻；(二)有悔罪表现；(三)没有再犯罪的危险；(四)宣告缓刑对所居住社区没有重大不良影响。宣告缓刑，可以根据犯罪情况，同时禁止犯罪分子在缓刑考验期限内从事特定活动，进入特定区域、场所，接触特定的人。被宣告缓刑的犯罪分子，如果被判处附加刑，附加刑仍须执行。"

第二百四十五条 【重新审判的程序】人民法院按照审判监督程序重新审判的案件,由原审人民法院审理的,应当另行组成合议庭进行。如果原来是第一审案件,应当依照第一审程序进行审判,所作的判决、裁定,可以上诉、抗诉;如果原来是第二审案件,或者是上级人民法院提审的案件,应当依照第二审程序进行审判,所作的判决、裁定,是终审的判决、裁定。

最高人民法院关于适用《中华人民共和国刑事诉讼法》的解释(法释〔2012〕21号)

第三百七十一条 当事人及其法定代理人、近亲属对已经发生法律效力的判决、裁定提出申诉的,人民法院应当审查处理。

案外人认为已经发生法律效力的判决、裁定侵害其合法权益,提出申诉的,人民法院应当审查处理。

申诉可以委托律师代为进行。

第三百七十二条 向人民法院申诉,应当提交以下材料:

(一)申诉状。应当写明当事人的基本情况、联系方式以及申诉的事实与理由。

(二)原一、二审判决书、裁定书等法律文书。经过人民法院复查或者再审的,应当附有驳回通知书、再审决定书、再审判决书、裁定书。

(三)其他相关材料。以有新的证据证明原判决、裁定认定的事实确有错误为由申诉的,应当同时附有相关证据材料;申请人民法院调查取证的,应当附有相关线索或者材料。

申诉不符合前款规定的,人民法院应当告知申诉人补充材料;申诉人对必要材料拒绝补充且无正当理由的,不予审查。

第三百七十六条 具有下列情形之一,可能改变原判决、裁定据以定罪量刑的事实的证据,应当认定为刑事诉讼法第二百四十二条第一项规定的"新的证据":

(一)原判决、裁定生效后新发现的证据;

(二)原判决、裁定生效前已经发现,但未予收集的证据;

(三)原判决、裁定生效前已经收集,但未经质证的证据;

(四)原判决、裁定所依据的鉴定意见,勘验、检查等笔录或者其他证据被改变或者否定的。

第三百七十九条 上级人民法院发现下级人民法院已经发生法律效力的判决、裁定确有错误的,可以指令下级人民法院再审;原判决、裁定认定事实正确但适用法律错误,或者案件疑难、复杂、重大,或者有不宜由原审人民法院审理情形的,也可以提审。

上级人民法院指令下级人民法院再审的,一般应当指令原审人民法院以外的下级人民法院审理;由原审人民法院审理更有利于查明案件事实、纠正裁判错误的,可以指令原审人民法院审理。

第三百八十二条　对决定依照审判监督程序重新审判的案件，除人民检察院抗诉的以外，人民法院应当制作再审决定书。再审期间不停止原判决、裁定的执行，但被告人可能经再审改判无罪，或者可能经再审减轻原判刑罚而致刑期届满的，可以决定中止原判决、裁定的执行，必要时，可以对被告人采取取保候审、监视居住措施。

第三百八十三条　依照审判监督程序重新审判的案件，人民法院应当重点针对申诉、抗诉和决定再审的理由进行审理。必要时，应当对原判决、裁定认定的事实、证据和适用法律进行全面审查。

第三百八十四条　原审人民法院审理依照审判监督程序重新审判的案件，应当另行组成合议庭。

原来是第一审案件，应当依照第一审程序进行审判，所作的判决、裁定可以上诉、抗诉；原来是第二审案件，或者是上级人民法院提审的案件，应当依照第二审程序进行审判，所作的判决、裁定是终审的判决、裁定。

对原审被告人、原审自诉人已经死亡或者丧失行为能力的再审案件，可以不开庭审理。

第三百八十六条　除人民检察院抗诉的以外，再审一般不得加重原审被告人的刑罚。再审决定书或者抗诉书只针对部分原审被告人的，不得加重其他同案原审被告人的刑罚。

第三百八十九条　再审案件经过重新审理后，应当按照下列情形分别处理：

（一）原判决、裁定认定事实和适用法律正确、量刑适当的，应当裁定驳回申诉或者抗诉，维持原判决、裁定；

（二）原判决、裁定定罪准确、量刑适当，但在认定事实、适用法律等方面有瑕疵的，应当裁定纠正并维持原判决、裁定；

（三）原判决、裁定认定事实没有错误，但适用法律错误，或者量刑不当的，应当撤销原判决、裁定，依法改判；

（四）依照第二审程序审理的案件，原判决、裁定事实不清或者证据不足的，可以在查清事实后改判，也可以裁定撤销原判，发回原审人民法院重新审判。

原判决、裁定事实不清或者证据不足，经审理事实已经查清的，应当根据查清的事实依法裁判；事实仍无法查清，证据不足，不能认定被告人有罪的，应当撤销原判决、裁定，判决宣告被告人无罪。

第三百九十一条　对再审改判宣告无罪并依法享有申请国家赔偿权利的当事人，人民法院宣判时，应当告知其在判决发生法律效力后可以依法申请国家赔偿。